KB216556

한국 근·현대 민중중심 제천의례 조명

한국종교
연구총서
16

한국 근·현대
민중중심
제천의례 조명

원광대학교 종교문제연구소 기획

박광수 김동환 박인규 염승준 이재헌 임병학 조성환 허석 지음

　오늘날 한국종교에 관한 연구를 살펴보면, 대체로 기성종교에 대한 연구를 중심으로 집적되어 왔습니다. 이런 상황속에서 근래에 들어 동학에 대한 관심이 높아지고, 한국의 자생종교에 대한 관심이 늘어가고 있는 것은 고무적인 일입니다. 근현대 한국사회는 조선후기 쇠락의 시기에 이어 대한제국 시기와 통감부시기, 일제치하의 식민지시기, 해방 후 한국전쟁에 이은 남북분단시기 등은 그야말로 혼돈과 격랑의 시대였습니다. 이러한 시기에 민중이 중심되어 자생적으로 꽃피운 한국의 종교문화는 그 자체로 의미 있을 뿐만 아니라 세계 종교문화사에서도 보기 드문 현상입니다. 때문에 이에 대한 종합적인 연구가 지속적으로 이루어져야 합니다.

　원광대학교 종교문제연구소는 근현대 한국자생종교, 새로운 민족종교에 대한 연구를 지난 반세기 동안 수행해 오면서, 최근 근·현대 민중 중심 제천(祭天)의례의 역사적 전개와 특성에 대한 종합적인 연구를 추진해 왔습니다. 조선조 후기와 일제강점기 국가적 위기상황에서 민족의 정신과 역사를 전승하기 위해 민중들이 중심이 되어 제천의례가 전국 곳곳에서 행해졌습니다. 그러나 불행히도 이에 대한 사료집이나 연구서가 체계적으로 간행된 적은 없었습니다. 따라서 이에 대한 기초 사료 연구가 필요할 뿐만 아니라, 제천의례가 행해졌던 장소에 대한 답사와 조사 연구, 그리고 현재에도 이루어지고 있는 제천의례에 대한 종교인류학적 참여 연구가 이루어져야 합니다.

주지하듯, 제천의례는 고대로부터 고려왕조 시기까지 국가적 차원에서 통치자가 주관하여 진행되었을 뿐만 아니라 민중과 함께 일반화되어 설행되어 왔습니다. 그러나 조선왕조 시기에 와서 유교의 통치이념이 정착함에 따라 중국을 천자국(天子國)으로 조선을 제후국(諸侯國)으로 스스로 낮춤으로써, 공개적 제천의례의 성격과 구조도 변화되었고, 종국에는 제천의례가 전면적으로 중단되기에 이르렀습니다. 근세에 이르러 고종이 대한제국을 선포함과 동시에 원구단을 설치하고 제천의례를 행함으로써 독립국가로서의 면모를 드러냈으나, 일제 압력에 의해 국가적 차원의 제천의례는 더 이상 행해지지 못하고 중단되었습니다.

특히, 근대 시기에 조선왕조의 국가적 제천의례가 중단된 상황에서 민중적 제천의례의 성격은 오히려 강화되었습니다. 조선조 후기와 일제강점기라는 국가적 위기에 처하여 국가 차원의 제천의례를 행하지 못하는 상황에서 일반 백성들이 숨어서 제천의례를 지낸 역사적 사료들이 산재해 있습니다. 일제강점기를 비롯하여 해방 이후 많은 학자들이 제천의례에 대한 주목할 만한 연구 업적이 부분적으로 산출되고 있는 시점입니다.

원광대학교 종교문제연구소는 2017년 '한국 근·현대 민중 중심 제천(祭天)의례의 역사적 전개와 특성'이란 주제로 한국연구재단의 일반공동연구지원사업을 3년간 진행해 왔습니다. 연구소장인 본인을 포함하여 원광대학교 동양학대학원 임병학 교수, 서울대학교 종교학과 최종성 교수, 김도현 문화재청 전문위원 등 4명이 공동연구에 참여하였습니다. 다음의 연구성과물들은 이 사업의 일환으로 진행되었던 민중 중심의 제천의례 중 민족종교에 관한 내용들입니다.

한국의 민족종교가 1860년 동학 창도 이래로 발생하였기에 단행본의 처음을 조성환 박사의 「동학에서의 제천의례의 일상화」로 삼았고, 그리고 김동환 연구원의 「대종교의 제천의례」, 허석 교수의 「원불교의 법인기도의 정신적 자기희생과 종교적 함의」, 임병학 교수와 함께 공동저술한 「대종교 · 원불교의 제천의례와 역학적 의미」, 박인규 박사의 「증산계 종단의 치성의례」, 이재헌 박사의 「금강대도의 경천사상과 치성」으로 구성하였습니다. 이와 함께 임병학 교수의 「『주역』으로 해석한 고구려의 제천의례와 삼족오」와 염승준 교수의 「마테오 리치 천학의 철학사적 위상 비판을 위한 시론」을 더하여 제천의례에 대한 다양한 시각으로 연구를 시도했습니다.

이 책에 담긴 민중 중심 제천의례의 민족종교에 대한 다양한 연구들은 오랜 세월 긴 학문의 과정을 묵묵히 걸어왔던 연구자들이 있었기에 가능하였습니다. 이 자리를 빌려 함께 참여해 주신 연구자 한분 한분에게 큰 감사의 마음을 전합니다. 또한 출판이 어려운 상황에서도 이 책이 세상에 빛을 볼 수 있도록 도움을 주신 도서출판 모시는사람들의 박길수 대표님께 감사의 마음을 전합니다.

근현대 한국 역사의 대전환기 속에서 한국의 민족종교들은 민중들의 삶 속에 깊이 뿌리를 내리고 사회, 경제, 문화 등의 다양한 분야에서 큰 영향력을 행사해 왔습니다. 이번 민중 중심 제천의례에 대한 연구를 통해 한국 민족종교의 사상과 활동의 규명에 한 발 나아가기를 바랍니다. 여전히 우리 주변에서 설행되고 있지만 오늘날 우리가 잊고 있는 소중한 역사의 한 부분을 세상에 드러내준 모든 분들께 감사드립니다.

원광대학교 종교문제연구소 소장
박광수 교수 합장

동학에서의
제천의례의 일상화*

— 해월 최시형의 '향아설위'를 중심으로

조 성 환 원광대학교 원불교사상연구원 책임연구원

* 이 글은 2020년 7월 4일에 원광대학교에서 개최한 〈2020 민중 중심 제천의례 콜로키움〉
에서 발표한 「동학에서의 제천의례에 대한 철학적 해석 - 해월 최시형의 향아설위를 중심
으로」를 수정한 것이다. 이날 귀중한 코멘트를 해 주신 원광대학교 박광수 교수님과 서울
대학교 최종성 교수님께 깊은 감사를 드린다

I. 들어가며

주지하다시피 한반도 지역에서의 제천행사에 관한 기록은 『삼국지』 「위지」 〈동이전〉에 처음으로 보이는데,[1] 이 기록이 사상사적으로 의미 있는 이유는 당시의 중국과 매우 대조적인 양상을 보여주기 때문이다. 중국에서는 제천의례가 천자(天子)만이 지낼 수 있는 매우 제한된 정치의례였던 반면에 한반도와 만주 일대에서는 온 나라 사람들이 모여서 음주 가무를 즐기는 국민적 행사의 성격을 띠었다. 그런 점에서 그것은 단순한 '제천의례'라기보다는 '제천행사'의 성격을 겸한 제천의례라고 할 수 있다. 그리고 그 행사의 성격도 제사라는 종교적 측면은 물론이고, 음주(飮酒)와 가무(歌舞)를 동반하는 축제적 성격과 예술적 측면까지 겸비했다.[2] 그뿐만 아니라 "온 나라 사람들이 모였다[國中大會]."라는 서술로부터 민회(民會)의 원형으로 해석되기도 한다.[3] 이처럼 고대 동북아시아의 부족국가에서는 제천행사가 중국과 다

---

1 서영대, 2009, 「한국 고대의 제천의례」, 『한국사 시민강좌』 45, 7쪽.
2 역사학계에서는 흔히 고대 한국의 제천행사를 '왕권 강화'를 위한 정치적 의례라고 설명하곤 하는데, 중국과 비교해 보면 오히려 정반대로 해석될 수 있는 여지가 크고, 그 성격도 정치적 측면을 넘어서 종합적으로 이해되어야 한다.
3 김석근, 2005, 「고대 국가의 제천의식과 민회(民會) - 한국정치사상사의 '고층'과 '집요

른 독특한 성격을 지녔고, 그런 만큼 한국 사상의 특징을 연구하는 데 중요한 단서가 된다. 하지만 시간이 지남에 따라 전 국민이 참여하는 축제라기보다는 나라에서 주관하는 국가 행사로 그 성격이 변모하고, 그마저도 조선 시대에 들어오면 공식적으로 폐지되기에 이른다.

물론 민간에서는 숨어서 제천의례를 지냈다고 알려져 있는데,[4] 그것이 한층 조직적인 형태로 전환된 것은 조선 말기에 자생 종교가 탄생한 시기에 이르러서이다. 선행 연구에 의하면, 개벽(開闢)과 개천(開天)을 표방한 동학·대종교·증산교·원불교에서는 공통적으로 초기에 제천의례를 지냈다는 기록이 있다. 특히 동학은 '천도(天道)'라는 별칭에서 알 수 있듯이 '하늘'을 철학의 중심 주제로 삼았다는 점에서 제천의례와 모종의 연관성을 생각할 수 있다. 하지만 시천주(侍天主)와 같이 천인관(天人觀)에서 근본적인 전환이 시도된 점을 감안하면 제천의례상에서도 어떤 변화가 생겼으리라고 추측할 수 있다.

한편 최제우(1824-1864)에 이어 동학을 이끈 최시형(1827-1898)은 시천주의 대상을 인간을 넘어 만물에까지 확장시켰다[萬物莫非侍天主].[5] 아울러 인간에 대해서도 "하늘님을 모시고 있다[侍天主]."에서 "사람이 하늘이다[人是天]."[6]라는 식으로, 하늘과 인간의 일체성을 더욱 강조하였다. 이에 따라 의례의 형태도 달라졌는데, 대표적인 것이 조상에 대한 제사이다. 최시형은

저음'을 찾아서」,『한국정치연구』14-1.

4   최종성, 2008,「숨은 천제 - 조선후기 산간제천 자료를 중심으로」,『종교연구』53. 참고.

5   『해월신사법설』제7편「대인접물」, 154쪽. 본 글에서 인용한 『해월신사법설』의 원문과 번역의 쪽수는 이규성, 2011,『최시형의 철학』, 이화여자대학교출판부에 의한 것이다.

6   『해월신사법설』「천지인·귀신·음양」, 142쪽, 제7편「대인접물」148쪽.

제사를 지낼 때에 벽을 향해 지내지 말고[向壁設位] 나를 향해 지내라고[向我設位] 설파한 것으로 유명하다. 이는 종래에 유교에서 행하던 조상제사를 폐지하지는 않았지만, 그 형태를 뒤집었다는 점에서 파격적이라고 할 수 있는데, 여기에서 우리는 다음과 같은 물음을 던질 수 있다. 내가 하늘이고(人是天)[人是天] 나를 향해 제사를 지낸다면[向我設位] 결국 동학에서 말하는 조상제사는 '나라는 하늘에 대해 지내는 제천의례'가 아닌가? 더 나아가서 김지하(1941-)의 해석대로 동학에서는 "밥이 하늘이다."라고 한다면,[7] 평상시에 밥을 먹는 행위는, 최시형의 표현을 빌리면 하늘이 하늘을 먹는 '이천식천(以天食天)'에[8] 다름 아니고, 그런 점에서 제천의례의 다른 형태로 이해할 수 있지 않을까? 이렇게 생각해 보면 최시형의 향아설위는 제천의례의 새로운 지평을 열었다고 할 수 있다. 이 글에서는 이러한 점에 착안하여 최시형의 향아설위(向我設位)에 담긴 철학적 의미를 '제천의례의 일상화'로 해석하고자 한다.

동학의 제천의례를 논하기에 앞서 먼저 조선 초기에 일어난 제천의례를 둘러싼 논쟁 하나를 소개하겠다. 그 이유는, 이 논쟁에서 변계량(1369-1430)은 단군을 '시조'라고 말했는데, 이 '시조' 개념이 최시형에게 이르면 어떻게 달라지는지를 대비시킴으로써 최시형에서의 사상적 전환을 부각시키기 위해서이다. 이어서 선행 연구를 바탕으로 초기 동학에서 제천의례가 어떤 식으로 행해졌고, 그 특징이 무엇인지를 간략히 살펴본 뒤에, 마지막으로 최시형이 말기에 설파한 향아설위가 어떤 점에서 제천의례적 성격을 띠는지 고찰하고자 한다.

---

7 이병룡, 〈김지하 시, 「밥」〉, 《중소기업뉴스》(온라인), 2014.01.13.
8 『해월신사법설』「이천식천(以天食天)」, 196-197쪽.

II. 본론

1. 조선 초기의 제천의례 논쟁—변계량의 동국제천설

조선이 개국한 지 약 25년이 지난 태종 16년(1416) 여름, 전국에 극심한 가뭄이 들었다. 이에 대한 대책을 둘러싸고 조정에서는 한 차례 논쟁이 일어났다. 하늘에 기우제를 지내도 되는지 아닌지를 둘러싼 논란이었다. 당시의 일반적인 통념상 제후국인 조선에서는 기우제를 지낼 수 없었다. 황제에게만 허용된 특별한 의례였기 때문이다. 그러나 경승부윤 변계량(1369-1430)은 생각이 달랐다. 그는 단군을 주된 근거로 삼아 하늘에 제사를 지내도 된다는 동국제천설(東國祭天說)을 주장하였다.[9]

대저 5일 동안 비가 안 오면 보리가 없어지고, 10일 동안 비가 안 오면 벼가 없어집니다. 그런데 이제 10여 일이 지나도 비가 내리지 않는데, 아직도 하늘에 제사 지내기를 의심하는 것이 옳겠습니까? (…) 또한 나라의 제도가 예문(禮文)에 의거하여 교사(郊祀)를 폐지한 지 몇 년이 되었습니다. 그러나 우리 동방(東方)에서는 하늘에 제사 지내는 도리가 있었으니 폐지할 수 없습니다. (…) 우리 동방은 단군이 시조인데, 단군은 하늘에서 내려왔지 천자가 분봉하지 않았습니다. 단군이 내려온 것이 당요(唐堯)의 무진년(戊辰年)의 일이므로, 오늘에 이르기까지 3천여 년이 됩니다. 하늘에 제사 지내는 의례가 언제부터 시작되었는지는 모르겠습니다만, 천여 년이 되도록 바

---

9 변계량의 '동국제천설'에 대해서는 김경탁, 1992(초판은 1965), 「하느님 관념 발달사」『한국문화사대계(X) - 종교·철학사(上)』, 고대민족문화연구소출판부와 조성환, 2012, 「바깥에서 보는 퇴계의 하늘섬김사상」『퇴계학논집』제10호, 322-323쪽 참조.

꿘 적이 없습니다. (…) 신이 생각하기에 하늘에 제사 지내는 의례는 폐지할 수 없습니다.[10]

이 상소문에서 변계량은 서로 다른 계통의 두 설을 하나로 엮어서 자신의 주장을 정당화하였다. 하나는 동국제천설이고, 다른 하나는 단군시조설이다.[11] 동국제천설은 동방(한반도)에서 천 년 넘게 제천의례를 실행해 왔다는 주장이고, 단군시조설은 동방(고조선)은 단군이 건국한 나라라는 국가관이다. 하지만 양자는 내용상 계통이 다르다. 하나는 국가 행사를 말하고 다른 하나는 건국신화에 속하기 때문이다. 그런데 변계량은 양자를 교묘하게 결합시킴으로써 제천의례를 정당성을 주장하였다. 즉 단군은 하늘에서 내려온 천신(天神)이고, 동방(고조선)은 천신이 건국한 나라이기 때문에 제후국이 아니다, 따라서 제천의례를 거행해도 무방하다는 것이다.

이러한 논법은 거시적인 관점에서 보면 훗날 제천의례가 단군의례로 해석될 수 있는 '가능성'도 열어 놓고 있다는 점에서 주목할 만하다. 이러한 해석의 가능성은 실제로 500여 년 뒤인 대종교에서 현실화되었다. 1910년에 탄생한 대종교는 하늘과 단군을 일치시키는 교리 체계를 바탕으로 1916년에 구월산 삼성사에서 환인·환웅·환검(단군)의 신위를 모시고 최초로 제

---

10 夫五日不雨, 則無麥; 十日不雨, 則無禾, 厥今浹旬不雨, 而尙且疑於祭天可乎? (…) 且國制, 據禮文廢郊祀, 數年于玆矣. 然吾東方有祭天之理, 而不可廢, (…) 吾東方, 檀君始祖也. 蓋自天而降焉, 非天子分封之也. 檀君之降, 在唐堯之戊辰歲, 迄今三千餘禩矣. 祀天之禮, 不知始於何代, 然亦千有餘年, 未之或改也. (…) 臣以爲, 祀天之禮, 不可廢也. 『태종실록』 16년(1416) 6월 1일 2번째 기사. 원문과 번역은 『조선왕조실록』 홈페이지 참조.

11 이 기사의 맨 마지막에 사관이 변계량의 학설을 분수에 넘는 주장이라고 폄하하면서 '東國祀天之說(동국사천지설)'이라고 명명했는데, '동국제천설'이라는 표현은 여기에서 착안하였다.

천의례를 거행하였다. 국조 숭배와 천신 숭배가 하나의 의례로 통합된 것이다.[12] 반면에 동학의 최시형에 이르면 '시조' 관념이 단군에서 하늘(천지)로 바뀌고, 유교의 조상제사가 제천의례로 해석되게 된다(제3장에서 상술).

2. 수운의 제천의례─하늘에 가르침을 구하다

최종성의 연구에 의하면, 수운 최제우는 동학을 창시하기(1860) 이전부터 이미 제천의례를 시행하고 있었다.[13] 가령 수운은 『을묘천서』를 얻은 이듬해(1856) 여름에 천성산에서 홀로 제단을 쌓고 하늘에 기도를 드렸다.

> (1856년 여름) 폐백을 받들고 승려 한 사람과 함께 양산 통도사가 있는 천성산에 들어가 삼층 제단을 쌓고[結築三層壇] 49일 동안 축원하기로 계획하였다[計爲四十九日而祝願]. 마음으로는 항상 하늘님의 강령과 함께하기를 염원하고[心所恒念與天主降靈] 오로지 명교(命敎)가 있기를 바랄 뿐이었다[只望有命敎矣].(『최선생문집 도원기서』)

이 기사는 최종성의 동학의례에 관한 일련의 논문들에 공통적으로 인용되었고,[14] 윤석산(1946-)이 번역한 『도원기서』에도 원문과 번역문이 수록

---

12 노길명, 1996, 「대종교의 제천의례」, 『한국신흥종교연구』, 경세원, 180-181쪽, 198쪽 참조.
13 최종성, 2019, 「초기 동학의 천제(天祭) : 제천(祭天)과 기천(祈天)」, 『종교와 문화』 제37호. 초기 동학의 제천의례에 대해서는 이 논문에 상세하게 소개되어 있다.
14 최종성, 2008, 「숨은 천제」, 『종교연구』 53집, 78쪽; 최종성, 2009, 「초기 동학의 신학과 의례학-천제와 수심정기」, 『한국문화』 45집, 163쪽; 최종성, 2019, 「초기 동학의 천제(天祭) : 제천(祭天)과 기천(祈天)」, 『종교와 문화』 제37호, 32쪽. 이하 최종성

되어 있는데, 마지막 문장의 경우에는 두 사람의 번역이 약간 다르다.[15] 최종성이 심소항념(心所恒念)과 여천주강령(與天主降靈)을 붙여서 한 문장으로 번역한 데 반해, 윤석산은 양자를 끊어서 심소항념(心所恒念)의 목적어로 여천주강령(與天主降靈)과 지망유명교(只望有命敎)를 풀이하였다. 아울러 최종성의 해석에서도 10여 년을 사이에 두고 약간의 변화가 있다. 나는 기본적으로 최종성의 번역을 따르는데, 이들 사이의 차이를 표로 나타내면 다음과 같다.

최종성(1)	2008 2009	마음으로는 항상 천주의 강령이 함께한다고 생각하고 오로지 명교가 있기를 바랄 뿐이었다.
최종성(2)	2019	마음으로는 천주의 강령이 함께하기만을 늘 염원하였고 천주의 명교가 있기를 바랄 뿐이었다.
윤석산	2012	마음속에 항시 생각하는 것은 한울님 강령과 더불어 다만 명교 계시기를 바랄 뿐이었다.
조성환	2020	마음으로는 항상 하늘님의 강령과 함께하기를 염원하고 오로지 명교가 있기를 바랄 뿐이었다.

위의 네 가지 해석은 비록 미묘한 차이는 있지만, 수운의 제천의례의 특징을 포착하는 데에는 큰 문제가 없다. 이 사료에 의하면 수운은 '하늘님(천주)의 강령과 함께하기를 염원함과 동시에 하늘님이 가르침을 내려 주시기를 바라는 마음'으로 제천의례를 거행하였다. 제천의례의 목적이 강우(기우제)나 풍요(추수감사제)가 아니라 '강령'이나 '강화'에 있는 것이다. 내가 생각하기에 바로 이 점이야말로 이전의 제천의례와 구별되는 특징일 것이다.

(2008), 최종성(2009), 최종성(2019)로 각각 약칭.

15 윤석산 역주, 2012, 『도원기서』, 모시는사람들. 원문은 172쪽 하단 맨 마지막 줄에, 번역문은 18쪽에 각각 수록되어 있다.

더 주목할 만한 점은 위의 기사에서 『동경대전』에 나오는 강령주문이나 본주문 또는 강화지교(降話之敎)와의 유사성이 보인다는 점이다. 가령 "항상 하늘님의 강령이 함께하기를 염원한다[恒念與天主降靈]."라는 표현은 강령주문에 나오는 '지기금지원위대강(至氣今至願爲大降)'을 연상시킨다. 그리고 이 '강령'이 내 몸 안에서 함께[與] 살고 있는 하늘님의 영기[天靈氣]를 가리킨다고 이해한다면, "내 안의 하늘님을 모시기를 염원한다."고 하는 시천주(侍天主) 명제의 초보적 형태로도 해석될 수 있다. 그렇게 되면 본주문의 "하늘님을 모시고 있음을…평생 잊지 않는다[侍天主…永世不忘]."와도 상통한다. 또한 '명교(命敎)'라는 개념은 수운이 자신의 신비체험을 회고하면서 "안으로는 가르침이 있었다[內有降話之敎]."고 한 서술과도 상통한다.

한편 동학이 창시된 지 3년 뒤인 1863년의 정부 측 기록에 의하면, 수운은 "매달 초하루와 보름날에 깊은 산속에 들어가서 제단을 차리고 하늘에 제사 지내면서 주문을 외워 신이 내려오게 했다."고 한다.[16] 비록 정부 측 기록이긴 하지만, 제천과 주문 그리고 강신이 동시에 언급되고 있다는 점에서 무시할 수 없는 기사이다. 이 사료에 의하면 매달 초하루에 하는 제천(祭天)은 주문과 함께 '강신(降神)'이라는 목적을 달성하기 위한 수단으로 사용되고 있다. 주지하다시피 주문은 동학 창시 이후에야 탄생한다.[17] 따라서 이 기사를 그대로 믿는다면, 동학이 창시되면서부터는 '강신'의 방법으로 '제

---

16 『고종실록』 고종 즉위년(1863) 12월 20일 6번째 기사 "선전관 정운구가 최제우와 동학에 대해 보고하다". 최종성, 「숨은 천제」, 79쪽 참조.
17 수운은 『동경대전』에서 주문을 하늘님으로부터 받았다고 하기도 하고, 하늘님의 계시를 받아 자신이 지었다고 하기도 했다. "나(상제)의 주문을 받아서 사람들로 하여금 나를 위하게 하라[受我呪文, 敎人爲我].", 『동경대전』 「수덕문」; "나(수운) 또한 한 해가 다 되어…한편으로는 주문을 짓고[我亦幾至一歲…一以作呪文].", 『동경대전』 「논학문」.

천' 이외에도 '주문'이 사용되기 시작했다고 볼 수 있다.

3. 해월에서의 조상제사의 전환—하늘이 부모다

해월 시대의 제천의례에 관한 기록은 많지 않다. 1871년에 이필제가 영해 지역에서 '교조 신원'을 기치로 해월과 함께 거병할 당시에 천제를 지냈고,[18] 해월이 지상의 구주(九州)에 대응하는 하늘의 구성(九星)을 제사지냈다는 기록이 보이는 정도이다.[19]

여기에는 해월 사상의 특징도 관련되어 있을 것이다. 주지하다시피 해월은 수운이 체험한 하늘을 일상생활에서 만나고자 하였다. "새소리도 하늘님이다.", "어린아이를 때리는 것은 하늘님을 때리는 것이다.", "사람의 소리가 하늘의 소리이다." 등이 그것이다. 동시에 해월에서는 '하늘님' 관념이 구체적인 천지(天地)로 전환됨과 동시에 천지를 부모로 섬겨야 한다는 '천지부모' 사상이 새롭게 등장했다.[20] 이러한 일련의 사상적 변화는 의례상에서도 변화를 초래했는데, 대표적인 예가 조상제사이다. 해월은 벽을 향해 제사 지내지 말고 나를 향해 제사 지내라는 향아설위(向我設位)를 설한 것으로 유명하다.

최시형의 향아설위 설법은 『해월신사법설』 제19편 「향아설위」에 나오는데, 거기에는 해월의 인간관과 천관(天觀)이 집약되어 있다. 이것은 향아설위가 해월 사상의 필연적인 결과임을 시사하는 것인데, 구체적으로 살펴

---

18 최종성, 「초기 동학의 천제」, 36-49쪽.
19 최종성, 「초기 동학의 신학과 의례학」, 166-167쪽.
20 『해월신사법설』 「천지부모」.

보면 다음과 같다.

> 사람은 모두 하늘님의 영기를 모셔서 생활하는 것이다[人皆以侍天主之靈
> 氣生活者也]. (…) 사람이 하늘님의 영기를 모시고 있으면 살아 있는 것이고,
> 그렇지 않으면 죽은 것이다. 시체의 입에 한 숟가락의 밥을 넣고 기다려도
> 밥 한 알도 먹지 못하는 것은 하늘님이 체내에서 이미 떠나서 먹고 싶은 마
> 음과 먹고 싶은 기운이 나지 않기 때문이다.[21]

여기에서는 '시천주(하늘님을 모시고 있다)'라는 표현에서 알 수 있듯이, 동
학을 창시한 최제우가 제시한 새로운 인간관이 서술되었다. 다만 천주(하늘
님)를 '천주의 영기(天主之靈氣)'로 좀 더 구체적으로 표현했다는 점이 다르
다. 여기에서 영기(靈氣)는 최제우의 개념으로 말하면 지기(至氣)나 일기(一
氣)에 해당하는데(『동경대전』), 최제우는 이 지기나 일기가 구체적으로 무엇
을 의미하는지는 설명하지 않았다.

반면에 최시형은 "천주의 영기가 몸 안에 있으면 살아 있는 것이고 없으
면 죽은 것이다."라고 말했기 때문에, 이때의 '영기'는 우리의 생명을 유지하
게 하는 일종의 '근원적 생명력'을 가리킴을 알 수 있다. 그리고 하늘님[天主]
은 '영기'를 인격화해서 표현한 것이다. 이러한 인간관은 윤리(유교)나 이성
(서구)보다는 생명의 관점에서 인간을 이해하고자 하는 인간관으로, 동학이
유학을 고수하는 척사파나 서구를 지향한 개화파와는 다른 제3의 길을 지
향하였음을 단적으로 보여주는 대목이다.

그렇다면 이러한 시천주적 인간관이 향아설위나 제천의례와는 어떤 연

---

21 『해월신사법설』「향아설위」, 187쪽.

관성이 있을까? 이에 대한 해답을 찾기 위해서 본격적으로 '향아설위'에 관한 내용을 살펴보기로 하자. 「향아설위」편의 첫머리는 다음과 같은 문답으로 시작된다.

신사(神師)께서 물으셨다: "제사를 지낼 때에 향벽설위가 옳은가? 향아설위가 옳은가?"

손병희가 대답했다: "향아설위가 옳습니다."

신사께서 말씀하셨다: "그렇다. 이제부터는 향아설위가 옳으니라. 그러면 제물을 차릴 때에 급하게 집어 먹었다면 다시 차려서 제사를 지내는 것이 옳겠느냐, 아니면 그대로 지내도 옳겠느냐?"

손천민이 대답하였다: "그대로 제사를 지내는 것이 옳습니다."

이 대화에 의하면, 적어도 이 시점부터는 손병희나 손천민과 같은 동학의 핵심 리더들 사이에서 향아설위가 당연하게 받아들여졌다는 것을 알 수 있다. 그렇다면 향아설위는 어떤 맥락에서 긍정되었을까? 그 배후에 깔려 있는 철학적 근거는 무엇일까? 이에 대해서 최시형은 다음과 같이 말한다.

또 말씀하셨다: "제사지낼 때에 몇 대조까지 받드느냐?"

김연국이 대답하였다: "보통 4대까지 제사를 받들고 그 이상은 매년 봄과 가을에 시향을 베풀 뿐입니다."

또 말씀하셨다: "시향은 몇 대조까지 하느냐?"

대답하였다: "20대 안팎을 지나지 않는데, 그 이상은 알 수 없습니다."

신사가 말씀하셨다: "20대나 30대를 거슬러 올라가면 반드시 시조가 있는데, 시조의 영(靈)은 받들지 않는가? 사람은 모두 부모가 있으니, 부모로

부터 시조에까지 거슬러 올라가면 시조는 누가 낳았겠는가? 예로부터 '하늘이 만민을 낳았다[天生萬民].'고 하였나니, 시조의 부모는 하늘님[天主]이다. 그러므로 하늘을 모시고[侍天] 하늘을 받드는[奉天] 것이 곧 시조를 받드는 것이니[奉始祖], 부모제사를 지낼 때에 정성을 다해야 마땅하며 시간은 정오에 하는 것이 옳다."

이 대화에서 최시형은 "시조의 부모는 하늘님이다."라고 하면서 시조를 인간에서 하늘로 전환시켰다. 여기에는 최시형의 독특한 철학이 깔려 있는데, 최시형에 의하면 만물의 진정한 부모는 '하늘'이다. 여기에서 하늘은 '자연 세계' 전체를 의미하고, 전통적인 개념으로는 '천지'에 해당한다. 최시형은 『해월신사법설』의 「천지부모」편에서 만물은 자연의 은혜로 태어나서 자라기 때문에 천지야말로 궁극적인 부모라고 말했다. 그래서 만물의 부모는 천지가 되고, 만물은 천지의 자식으로 간주된다. 이것이 최시형의 '천지부모 만물동포' 사상이다. 최시형은 최제우의 '천주'를 '천지'로 재해석하여 자신만의 독특한 천지부모 사상을 전개한 것이다.[22]

그래서 최시형의 '하늘님[天主]'은 일차적으로 천지의 인격적 표현으로 이해된다. 즉 천지라는 부모님의 다른 표현이 하늘님인 것이다. 또한 천지를 부모로 모시는 이상 효도의 대상도 인간에서 천지로 바뀐다.[23] 그래서 조상

---

22 최시형의 천지부모 사상에 대해서는 황종원, 2014, 「최시형의 천지 관념 연구-전통 유학과의 연관관계를 중심으로」, 『대동철학』 68집; 김용휘, 2017, 「해월 최시형의 자연관과 생명사상」, 『철학논총』 90집; 조성환, 2019, 「원주 동학을 계승한 장일순의 생명사상」; 조규태 외, 2019, 『강원도 원주 동학농민혁명』, 모시는사람들, 47-50쪽과 조성환, 2020, 「최시형의 생태철학과 지구도덕-동학에서의 철학의 창조와 도덕의 전환」, 『근대한국 개벽운동을 다시읽다』, 모시는사람들, 52-55쪽 참조.
23 "천지부모를 길이 모셔 잊지 않는 것을 깊은 물가에 이르듯이 하고, 엷은 얼음을 밟는

제사는 인간부모를 모시는 사대봉사에서 천지부모를 모시는 하늘제사로 전환된다. 바로 여기에서 조상의례와 제천의례가 일치하게 된다. 이렇게 최시형은 자신의 천지부모설을 바탕으로 조상제사를 하늘제사(천지제사)로 재해석하였다.

이어서 최시형은 왜 향아설위를 해야 하는지를 설명한다.

> 임규호가 물었다: "향아설위는 어떤 이치에서 하는 것입니까?"
>
> 신사께서 말씀하셨다: "나의 부모는 시조로부터 몇 만대에 걸쳐 혈기를 계승하여 나에게 이른 것이다. 또한 부모의 심령은 하늘님[天主]으로부터 몇 만 대를 계승하여 나에게 이른 것이다. 부모가 죽은 뒤에도 혈기는 나에게 남아 있고 심령과 정신도 나에게 남아 있다. 그래서 제사를 받들고 신위를 세우는 것은 자손을 위하는 것이 본위가 된다. 평상시에 식사를 하듯 이 신위를 세운 뒤에 지극한 정성을 다해 심고(心告)하고, 부모가 살아 계실 때의 교훈과 위업의 뜻을 생각하면서 맹세하는 것이 옳다."

여기에서 최시형은 "부모의 혈기가 시조로부터 몇만 대를 거쳐 나에게 이르렀다."라고 한 뒤에, 바로 이어서 "부모의 심령이 하늘님으로부터 몇만 대를 거쳐 나에게 이르렀다."라고 덧붙였다. 두 문장에서 부모의 혈기와 심령, 시조와 하늘님은 각각 대구를 이룬다. 이로부터 '시조'는 '하늘님'의 다른 말임을 알 수 있다. 즉 하늘님을 나의 시조로 간주한 것이다. 이것은 앞에서 살펴본 천지부모설과 상통하는 생각이다.

> 듯이 하여, 지성으로 효도를 다하고 극진히 공경을 다하는 것은 사람의 자식 된 도리이다. 자식 된 자가 부모를 공경하지 않으면 부모가 크게 노하여 가장 사랑하는 자식들에게 벌을 내리나니 경계하고 삼가라." 『해월신사법설』 「천지부모」 132쪽.

최시형은 이어서 "나는 하늘님의 혈기와 심령을 간직하고 있기 때문에 나를 위해 제사를 지내야 한다."고 말했다. 이것은 앞에서 살펴본 "사람들은 모두 하늘님의 영기(靈氣)를 모시고 산다."는 시천주적 인간관과 상통하는데, 향아설위의 당위성은 바로 여기에서 도출된다. 즉 나의 부모는 하늘인데, 그 하늘의 영기가 나에게 보존되어 있기 때문에 나를 향해 제사를 지내야 한다는 것이다. 이 논리는 최시형의 천지부모설에 최제우의 시천주 사상이 가미된 것이다. 즉 최시형의 천지부모설에 의해서 조상제사가 하늘제사로 바뀌었고, 거기에 다시 최제우의 시천주 사상이 결합되어 하늘에 대한 제사가 나를 향한 제사로 해석된 것이다. 달리 말하면 '향천설위(向天設位)'와 '향아설위(向我設位)'가 일치된 것이다.

4. 향아설위의 함축—제천의례의 일상화

위 대화의 마지막 부분에서 최시형은 다음과 같이 말했다.

평상시에 식사를 하듯이 신위를 세운 뒤에 지극한 정성을 다해 심고(心告)하고, 부모가 살아 계실 때의 교훈과 위업의 뜻을 생각하면서 맹세하는 것이 옳다.

먼저 맨 마지막의 "부모가 살아 계실 때의 교훈과 위업의 뜻을 생각하라."는 말에서 향아설위가 종래의 부모제사를 폐기하는 것이 아님을 알 수 있다. 즉 하늘에 대한 제사와 부모에 대한 제사를 겸하는 제사가 향아설위인 것이다.

더 중요한 것은 그다음 문장인데, "평상시에 식사를 하듯이 (…) 지극한 정성을 다해 심고하고."라는 말에서 향아설위가 평소의 식사와 크게 다르지 않음을 알 수 있다. 왜냐하면 동학에서는 평소에도 식사를 하기 전에 하늘 님에게 알리는 식고(食告)를 하기 때문이다. 실제로 이다음에 이어지는 조 재벽과의 대화에서 최시형은 식고가 곧 심상(心喪)이라고 하였다.

> 조재벽이 물었다: "상(喪)을 하는 기간은 어떻게 하는 것이 좋습니까?"
> 신사가 답하였다: "심상백년(心喪百年)이면 된다. 천지부모를 위해서 식 고(食告)하는 것이 바로 심상백년이다. 사람이 살아 있을 때에 부모 생각을 잊지 않는 것이 '영세불망(永世不忘)'이고, 천지부모 네 글자를 지키면[守] '만 고의 사적이 분명해진다.'는 말이다."

여기에서 최시형은 평소에 천지부모에게 식고(食告)하는 것이 '심상백년' 이라고 설명하고 있다. 즉 평소에 식사하면서 천지부모에게 고하는 것이 바 로 부모에 대한 제사라는 것이다. 그리고 이러한 주장을 동학주문 '영세불 망(永世不忘) 만사지(萬事知)'를 전거로 들면서 정당화하고 있다. 심상백년 하듯이 '평소에 천지부모를 생각하는 것'이 '영세불망'의 의미이고, 그렇게 하면 '만사가 분명해진다[萬事知]'는 것이다.

이 해석에 의하면 제사란 특별한 의례가 아니라 평소에 식사하는 것이 곧 제사가 되는 셈이다.[24] 달리 말하면 평소에 식사할 때에 하늘님에게 고하는 것이 조상제사이자 제천의례가 된다. 여기에서 제사와 식사의 구별은 사라

---

24 차옥숭은 김지하의 해석과 해월의 '향아설위'를 언급하면서 해월에서는 "제사가 식사 다."라고 지적하였다. 차옥숭, 2017, 「천도교의 음식문화: '만사지 식일완(萬事知 食一 碗)' - 밥의 의미를 중심으로」 『종교문화비평』 32, 165-170쪽.

진다. 이것은 김지하식으로 말하면 '일상의 성화(聖化)'라고 할 수 있다.[25] 동학 도인이 매일매일 식사하면서 식고를 하는 것이 제천의례를 하는 것과 다르지 않기 때문이다.

뒤집어 말하면 동학에서는 굳이 따로 날을 정해서 제천의례나 조상제사를 지내지 않아도 된다. 매일매일, 매 끼니 매 순간이 모두 의례의 연속이기 때문이다. 그래서 특별한 날을 정해서 의례를 지낸다는 것 자체가 큰 의미가 없다. 훗날 천도교에서 제천의례가 중시되지 않은 것도 이러한 이유에서 일 것이다.

한편 최시형 철학에서는 식고(食告)뿐만 아니라 식사(食事) 자체가 하나의 성스러운 행위로 해석될 수 있다. 그 이유는 우리가 뭔가를 먹고 싶어 하는 것은 하늘님과 감응하고 있다는 신호이기 때문이다.

> 사람은 모두 하늘님의 영기를 모셔서 생활하는 것이다. 사람이 먹고 싶은 생각이 드는 것은 하늘님이 감응하시는 마음이고, 먹고 싶은 기운은 하늘님이 감응하시는 기운이며, 사람이 맛있게 먹는 것은 하늘님이 감응하는 감정이고, 사람이 먹고 싶은 생각이 없는 것은 하늘님이 감응하지 않기 때문이다. 사람이 하늘님의 영기를 모시고 있으면 살아 있는 것이고, 그렇지 않으면 죽은 것이다. 시체의 입에 한 숟가락의 밥을 넣고 기다려도 밥 한 알도 먹지 못하는 것은 하늘님이 체내에서 이미 떠나서 먹고 싶은 마음과 먹고 싶은 기운이 나지 않는 것이다. 이것이 하늘님이 감응할 수 없는 이유이다.(『해월신사법설』「향아설위」187쪽.)

---

25 김지하, 2012, 「인간의 사회적 성화」(1986년작), 『남조선 뱃노래』, 자음과 모음.

이에 의하면 인간이 뭔가를 먹고 싶어 한다는 것은 내 안에 하늘님이 들어 있음을 확인하는 것이다. 이것을 최시형은 '하늘님과의 감응'이라고 표현했다. 나와 내 안의 하늘님이 서로의 존재를 느낀다는 것이다. 그런 의미에서 샤머니즘적으로 말하면 '접신'의 순간이라고도 할 수 있다. 이처럼 최시형에게서 인간이 허기를 느끼거나 식욕을 느끼는 것은, 단순한 생물학적인 생리 현상이 아니라 종교적인 감응 현상이다. 그래서 우리는 거의 매 끼니마다 신을 느끼고 교감한다고 할 수 있다.

한편 허기를 느낀 뒤에 실제로 음식을 먹는 행위는 그 음식에 들어 있는 영기(靈氣)를 먹는 것이고, 그로 인해 그 영기가 나에게 이동하는데, 이것을 최시형은 '하늘이 하늘을 먹는' 이천식천(以天食天)과 영기가 변화하는 기화(氣化)라고 하였다. 음식 중에서도 최시형이 특히 주목한 것은 '밥'이다. 인간은 밥에 담긴 하늘의 영기를 섭취함으로써 활동할 수 있고, 하늘은 그러한 인간의 활동을 통해서 자신의 조화를 드러낼 수 있다. 이와 같은 상호의존관계를 "하늘은 사람에 의지하고 사람은 밥에 의지한다. 만사를 아는 것은 밥 한 그릇을 먹는 것이다[天依人, 人依食. 萬事知, 食一碗]."[26]라고 하였다. 하늘(자연)은 밥을 매개로 사람에게 활동할 수 있는 힘을 주고, 사람은 그 힘을 가지고 하늘의 조화를 대신 '표현'한다는 것이다.

이렇게 보면 밥을 먹는다는 것은 하늘을 먹는 것이고, 그 자체로 성스러운 행위이다. 동시에 나 역시 하늘이기 때문에 하늘이 하늘을 먹는 '이천식천'에 다름 아니다. 이렇게 생각하면 '식고' 의례는 '식사'라는 본 의례를 시작하기 위한 일종의 사전 의례에 해당하는 셈이다. 마찬가지로 제사상을 차리는 것도 식사라는 본격적인 의례를 행하기 위한 준비 작업의 일환으로 이

26 『해월신사법설』 「천지부모」

해할 수 있다. 따라서 제사상을 차리는 과정에서 '정성'은 대단히 강조되지만, 어떤 음식을 어떻게 차려야 하는지의 '형식'은 그다지 중시되지 않는다. 식사를 하는 행위 자체가 가장 중요한 의례이기 때문이다.

III. 맺음말

동학은 제2차 아편전쟁으로 북경이 함락되고, 그로 인해 중국적 세계 질서가 무너지던 해에 탄생한 한국의 자생 사상이다. 따라서 동학의 탄생은 그동안 중국적 틀에서 사유하던 한국인이 비로소 자신의 틀을 창조하여 사유하기 시작했음을 의미한다. 그것을 보여주는 대표적인 관념이 동학의 '하늘'과 '개벽'이다. '개벽'은, '척사'나 '개화'와 대비되는 개념이라는 것에서 알 수 있듯이, 중국적 유학(척사파)이나 서구적 근대(개화파)와는 다른 "새로운 세계를 스스로 열어 보겠다."는 의지의 표현이었다.[27] 그리고 '하늘'은 그 새로움을 하늘의 재해석에서 찾고자 했다는 것을 시사한다.

그러나 이때의 새로움은 이전에 없었던 전적으로 새로운 것은 아니었다. 그 흔적은 고대 한반도의 제천행사에서 찾을 수 있다. 동학에서 "모두가 하늘이다."라고 하듯이, 고대의 제천행사에서는 "모두가 '하늘경험'(정진홍)을 하였다." 그런 의미에서 동학은 '다시개벽'이라는 슬로건에 걸맞게 일종의 '르네상스'라고 할 수 있다. 그러나 그 르네상스는 다산 정약용(1762-1836)이 꿈꿨던 것과 같은 중국 유학의 부활이 아니라 고대 한국 사상의 부활이다. 즉 중국의 천자가 독점하던 하늘경험을 모두에게 되돌려 주자는 의미에서

---

27 조성환, 2018, 『한국 근대의 탄생』, 모시는사람들.

의 르네상스인 것이다.

　동학의 제2대 교주인 해월 최시형은 이 하늘경험을 특별한 날과 특별한 대상이 아닌 일상과 만물에까지 확장시켰다. 일종의 '일상의 성화'를 감행한 것이다. 그 대표적인 예가 향아설위이다. 그는 자신의 천지부모설과 수운의 시천주적 인간관을 바탕으로 종래의 향벽설위를 향아설위로 전환시킴으로써, 유교적 조상의례에 제천의례적인 의미를 부여하였다. 나아가서 하루에 세 번 식사하는 행위 자체가 향아설위이자 제천의례라는 해석의 가능성을 열어 놓았다. 그래서 동학에서의 제천의례는 일상 의례로 바뀌게 된다. 매 순간 살아가면서 하늘(천지부모)을 느끼고 공경하는 행위가 바로 '동학하기'라는 것이 최시형의 메시지이기 때문이다.

대종교의 제천의례*

김 동 환 사단법인 국학연구소 연구원

* 이 글은 필자가 2020년 8월 『한국종교』 제48집에 발표한 「대종교의 제천의례」를 바탕으로 하였다.

Ⅰ. 머리말

우리 민족에게 제천이란 하늘(하느님)과의 교감이다. 그것은 전래 신교 사상(神敎 思想)을 토대로 나타나는 문화 의식의 한 양상으로 특히 하느님 공경[敬奉天神]과 밀접하다. 대종교를 중광(重光)한 홍암 나철(1863-1916)은 1909년 1월 15일(음력) 단군대황조신위를 모시고 '경봉천신의 예[天祭]'를 올림으로써 대종교를 일으켰다. 그리고 1916년 8월 15일(음력) 순교(殉敎)에 앞서서도, 구월산 삼성사에 삼신을 모시고 '하느님 공경의 예[天祭]'를 드림으로써 생을 마감했다. 천제로 도를 세우고 천제로 생을 마친 것이다.

이것은 제천이 전래 신교의 근본임을 일깨우는 것으로,[1] 제천이야말로 대종교[神敎]의 처음이자 끝임을 알려 준다. 대종교에서의 제천은 종교적으로 하늘의 근본으로 되돌아가려는 행위인 동시에, 하늘의 대광명을 끊이지 않고 이 땅에 이으려는 인간 최고의 기도라고 할 수 있다. 하느님 공경은 홍익의 정신태(精神態)인 하늘에 대하여 보본(報本)하기 위한 것으로 고구려만 하더라도 '경천조(敬天祖)'를 오대종지의 으뜸으로 삼았다. 그리고 천조

---

1 이것은 전래하는 神敎史書에 "위로 天神을 위해 弘益의 뜻을 높이 한다[上爲天神揭弘益之義]."(『太白逸史』「蘇塗經典本訓」)라는 내용과 "하늘에 제사지냄을 종교로 삼았다[祭天爲敎]."(『三聖記』上)는 내용에서도 확인되는 부분이다.

의 뜻과 은혜를 잊지 않기 위하여 집집마다 사당을 만들어 세시 때마다 제를 드렸으며, 매사를 사당에 삼가 고할 뿐만 아니라, 살아 계신 어버이처럼 믿고 의지하였다. 이규보(1168-1241)가 당 시대에 집집이 모셔진 단군 영정을 보고 읊은 시(嶺外家家神祖像 當年半是出名工)를 보면, 고려조까지도 이러한 정신이 계승되었음을 짐작할 수 있다.

이러한 하늘 공경의 정신적 배경에는, 천상(天上)의 연장이 지상(地上)의 국가라는 관념과 함께 천상의 천제(天帝)가 인사백반(人事百般)을 지배한다는 생각이 깔려 있었으며, 지상 국가의 제왕은 한결같이 천제의 자손이라는 자긍심이 있었기에 그 조신(祖神)을 지성껏 받들게 되고 천제에게서 불가침의 권위도 부여받았다는 인식이 작용하였다.[2]

그러므로 역대의 여러 신교 관련 단·사·묘(壇·祠·廟)들이 하느님 공경의 중요한 증적(證迹)이며, 경봉천신의 성소였던 것이다. 나철이, 1909년 10월 3일 개천절 행사를 통해 경봉천신의 대례를 마련한 것도 이러한 전통을 계승한 것이라 할 수 있다.

또한 어느 집단의 정체성을 논할 때, 종교적 요소가 중요한 부분을 차지한다는 것이 종교학·민속학·인류학 등을 연구하는 학자들의 공통된 견해다. 그중에서도 종교의식은 집단의 문화적 단결에 소중한 수단이라는 것에 대부분 긍정한다. 더욱이 절대자의 교감 의식이 종교의식의 핵심을 차지한다는 점도 주목할 부분이다. 제천이 그 집단 정체성의 근간을 이루고 있다는 주장이 힘을 얻는 이유다.

우리는 수많은 외세 침략을 경험했다. 그 과정 속에서 가장 많은 핍박을

---

2 노길명, 1995, 「대종교의 제천의례」, 『한국의 제천의례』, 수원가톨릭대학교전례연구소 제2회 학술발표회논문집, 87쪽 참조.

받은 것이 정체성이다. 특히 신교(神敎)의 종주(宗主)가 되는 단군과, 그와 관련한 문화가 가장 많이 시련을 겪었다. 그러한 요소들이 정체성(주인 의식)을 동반한 역사의식 형성에 바탕이 되었기 때문이다. 주목되는 것은 단군 관련 문화소(신교 · 홍익인간 · 개천절 · 단기연호 등등)들이, 사회적 화합이나 통일, 나아가 세계화 시대에도 묻어 둘 수 없는 현재진행형적 가치들이란 사실이다.

한편 단군 관련 제반 문화의 중심에 제천이라는 연결 고리가 작용해 왔다는 것도 눈여겨볼 일이다. 특히 개천절은 전래 신교 제천의 현대적 부활로 자리 잡은 경절로, 소도 · 제천 · 영고 · 동맹 · 무천 · 팔관 등과 시간을 달리한 이음동의적 문화가치라 할 수 있다. 그럼에도 일각에서는 민족과 더불어, 이러한 현상을 '만들어진 전통'으로 바라보면서, 마치 고발 · 폭로라도 하듯 폄훼하기도 한다.[3] 또한 우리가 피상적으로 알고 있던 유구한 전통의 허상을 폭로하며, 국가나 민족을 둘러싼 전통 창조의 거대 담론이라 내뱉기도 한다.[4] 그러나 우리에게 개천절을 포함한 단군 문화는, 근대에 들어 갑자기 '만들어진 전통'이 아니다. 그것은 우리 역사에 연면히 '이어 온 전통'이며, '만들어진 고대'의 잔영이 아니라 '이어져 온 고대'의 상징물이다.

대종교의 제천의례와 관련한 이 글의 의도도 이와 무관치 않다. 대종교의 제천의례가 단순한 근대의 창작물이 아니라 우리 역사에 연면히 이어 온 민족적 제전이라는 믿음 때문이다. 그러나 이 제전이 우리의 정체성과 신교문화의 중요한 토대임에도 불구하고, 그동안 체계를 갖춘 심도 있는 연구는

---

3 이성시(박경희 옮김), 2001, 『만들어진 고대-근대 국민국가의 동아시아 이야기』, 삼인 참조.
4 에릭 홉스봄(박지향 외 옮김), 2004, 『만들어진 전통』, 휴머니스트 참조.

많지 않았다.[5]

　그러므로 이 글에서는 대종교의 제천의례 전반을 개략적으로 고찰하고
자 한다. 물론 대종교 제천의례의 기원, 역사적 전개, 근대적 복원, 제천의
식 등이 모두 하나하나의 연구물로 엮어져야 하지만, 이 글에서는 요약을
통해 한 편으로 구성하고자 한 것이다.

5　대종교의 제천의례와 관련된 기존의 직간접적인 연구물들은 아래와 같다. 노길명,
　1995,「대종교의 제천의례」위의 책. ; 김동환, 2002,「대종교와 홍익인간사상: 弘巖思
　想과 대종교의 五大宗旨를 중심으로」『국학연구』제7집, 국학연구소. ; 최윤수, 2002,
　「우리 겨레의 하느님 신앙」『국학연구』제7집, 국학연구소. ; 이욱, 2003,「대종교의
　선의식과 단군의례」『신종교연구』제8권, 한국신종교학회. ; 정경희,「한국 仙道의
　수행법과 제천의례」『도교문화연구』제21집, 한국도교문화학회, 2004. ; 이욱, 2006,
　「근대 제천의례를 통해 본 민족정체성 연구」『국학연구』제11집, 국학연구소. ; 윤관
　동, 2006,「近代 韓國仙道의 祭天儀禮 硏究: 대종교를 중심으로」『도교문화연구』제
　24권 24호, 한국도교문화학회. ; 박광수, 2009,「대종교의 단군신화 수용과 제천의례
　의 체계 연구」『종교교육학연구』제29권, 한국종교교육학회. ; 이욱, 2010,「조선 및
　한국 근대의 제천문화」『선도문화』제8권, 국학연구원. ; 김동환, 2013,「대종교 聖地
　청파호 연구:종교지리학적 관점을 중심으로」『국학연구』제17집, 국학연구소. ; 김동
　환, 2013,「한국종교사 속에서의 단군민족주의:대종교를 중심으로」『선도문화』제15
　권, 국학연구원. ; 허태근, 2015,『홍암 나철의 대종교 중광과 朝天 硏究』, 부경대학교
　박사학위논문. ; 김동환, 2015,「홍암 나철 죽음의 대종교적 의미」『국학연구』제19집,
　국학연구소. ; 조남호, 2019,「일제강점기 강화의 마니산 참성단과 삼랑성에 대한 대
　종교계열 학자들의 연구」『선도문화』제27권, 국학연구원.

Ⅱ. 대종교의 제천의례

1. 기원

우리 민족의 하느님 관념은 유구한 세월을 거쳐 오늘에 이르렀다.[6] 우리의 하느님 신앙 역시 신교(神敎)로부터 경천교(敬天敎)라는 이름으로 고려시대로 이어지고, 한말까지 민간신앙으로 그 모습이 이어져 왔다. 조선 중기까지는 한자어인 상제(上帝)·천신(天神) 등으로 칭해지던 것이, 한글문학의 발전과 더불어 하느님 칭호가 나타난 것이다.[7] 본디 불교나 유교에서는 인격신으로서의 하느님이란 존재가 없었다. 그러한 상황 속에서도 뿌리 깊게 하느님 신앙이 지속되어 온 것은, 하느님에 대한 믿음이 우리 민족의 성정에 자리를 잡아, 어떠한 종교를 접하더라도 통하고 포용하는 하느님이었기 때문이다.[8]

이렇듯 시간과 종교를 초월한 우리 민족의 하느님에 대한 보편적 숭배 의식은 20세기 초까지도 연결되었다. 이것은 선교사인 곽안련(郭安連, Charles A. Clark, 1878-1961)의 다음 기록에서도 확인할 수 있다.

> 언더우드가 절간에서 불승을 만났는데, "하느님은 주재신이고 부처는 그 밑에 자리한 하급신에 지나지 않는다."고 불승이 말했다면서, 언더우드는

---

6 현상윤, 2000, 『조선사상사』(影印本), 민족문화사, 12쪽. ; 김경탁, 1972, 「한국원시종교사(Ⅱ)-하느님관념발달사」『한국문화사대계(宗敎·哲學史)』Ⅵ, 고려대민족문화연구소, 117쪽.
7 최윤수, 「우리 겨레의 하느님 신앙」위의 책, 252쪽 참조.
8 김동환, 2007, 「고구려 삼신신앙에 대한 연구」『올소리』제4호, 국학연구소 참조.

"분명히 한국에서는 불교 신자 · 유교 신자 · 무속 숭배자 할 것 없이 모든 종교인들이 하느님을 절대자로 숭배한다."고 말했다.[9]

  이러한 하느님 신앙의 전통을 고조선 건국 이전부터 '해'를 하느님으로 인식하고 '환님' 또는 '한님'으로 부르면서 숭배했던 가치에서 찾기도 했다.[10] 환웅과 해모수가 같은 뜻으로, 둘 다 이 땅에 강림한 '하느님의 아들'이라는 주장이나,[11] 단군과 해모수를 동일인으로 보고 해모수는 '해머슴애'가 한자로 표기된 것이며 단군 또한 '해의 아들[日子]'이라는 의견을 통해서 알 수 있듯이,[12] 고조선이나 고구려의 최고신은 하느님이었고 그 상징은 '해[日]'였으며, 단군이나 해모수는 '하느님의 대리자'로도 나타났다.[13] 더욱이 신교 사서에서는 단군 해모수를 한 존재에 대한 지칭으로도 사용한 것을 보면,[14] 단군과 해모수를 '하느님의 대리자'라는 동일 의미로 파악해도 무리가 없음을 알 수 있다.

---

9   Charles A. Clark, 1961, Religions of Old Korea, The Christian Literatrue Society of Korea, p.196.
10 윤내현, 1994, 『고조선연구』, 일지사, 702쪽.
11 이병도 · 김재원, 1959, 『韓國史(古代篇)』, 을유문화사, 74-75쪽 참조.
12 김상기, 1986, 「國史上에 나타난 建國說話의 檢討」 『東方史論叢』(改訂版), 서울대학 교출판부, 6-7쪽 참조.
13 최남선은 태양과 天, 그리고 神의 상징화 관계를 다음과 같이 설명했다. "조선에서 天帝를 칭하는 Hanar-nim이란 말도, 고대에는 태양 그것의 인격적 호칭에 不外하였던 것으로 태양이야말로 세계의 主로 삼았음을 窺知할 수 있다. …(중략)… 원래 天을 추상적으로 인정하지 못하고 태양이란 具象의 존재로 본 것도 그러하려니와, 이 구상적 요구가 더욱 親近味를 요구할 때에, 天 곧 태양인 神의 側近的 鎭護를 생각하게 되고, 이 요구에 응하여 神山이란 信仰現象이 그 민족적 생활 중에 나타나게 되었다."(최남선, 1973, 「불함문화론」 『육당최남선전집』 2, 현암사, 45쪽.)
14 『太白逸史』 「高句麗國本紀」 第六.

또한 단군이나 해모수뿐만 아니라, 기자(箕子) 역시 그 어원이 '기ㅇ지'로서 '태양의 아들'이라는 최남선(1890-1957)의 주장,[15] 그리고 또 다른 기자(奇子)의 의미 역시 '태양의 아들'이라는 기록이나,[16] 고구려의 시조 동명이나 신라의 시조 혁거세 또는 불(弗)・붉-밝-박(朴) 등도 모두 광명한 하느님과 연결되어 있다.[17] 고주몽의 '고(高)' 또한 '해(解)'와 같은 의미로 보고 태양의 의미와 동일시하기도 한다.[18] 그러므로 우리 민족은 하늘의 태양인 '붉'에 따라서, 땅에는 '붉'산(백두산)을 심고 인간에는 '붉'신도(神道)를 세웠으며 인류에 대하여는 '붉'종족으로 나타나니, 우리 스스로가 신명의 족속이요 태양의 자손이며 하느님의 후계자임을 내세웠다.[19] 한마디로 우리 민족 고대 국가의 신앙 양태는, 하늘의 후계자인 우리 민족이 광명한 하느님과 교감하기 위해 부단히 노력하는 모습으로 형상화되었던 것이다. 그것이 바로 상고 제천의례의 시발이다.

그러므로 대종교 제천의례의 기원 역시 단군제천으로 거슬러 올라간다. 하늘을 열고[開天][20] 세상의 질서를 세운 삼신일체 하느님에 대한 보본정성

---

15 최남선, 1973, 「조선상식」『육당최남선전집』 3, 현암사, 257쪽.
16 『檀奇古史』「奇子朝鮮」第一世 西余條. 여기서는 奇子를 태양의 아들이며 皇孫이라 말하고, 기자의 姓은 桓이며, 이름은 西余로서, 前檀朝 19세 縱年의 아우인 菁莪王 縱善의 曾孫이라고 적고 있다.
17 유동식, 1978, 『韓國 巫敎의 歷史와 構造』, 연세대학교출판부, 50쪽.
18 김경탁, 위의 책, 133쪽.
19 안재홍, 1992, 「조선상고사감」『민세안재홍선집』 3, 지식산업사, 75쪽.
20 神敎史書인 李嵒의 『단군세기』에는 開天의 배경을 다음과 같이 새겼다. "처음 빛 비로소 비친 이 땅에 삼신께서 밝게 세상에 임하셨고 환인천제 먼저 법을 내셔서 덕을 심음이 크고도 깊도다. 모든 신이 의논하여 환웅을 보내셔서 환인천제 조칙 받들어 처음으로 하늘을 여셨도다[朝光先受地 三神赫世臨 桓因出象先 樹德宏且深 諸神議遣雄 承詔始開天]."(『檀君世紀』「六世檀君達門」). 또한 『태백일사』에는 개천의 의미를 "세상을 다스리도록 내려보낸 것을 開天이라 한다. 개천은 고로 능히 庶物을 창조하는데

(報本精誠)이 곧 대종교 제천의 기원이다. 그러므로 대종교에서 개천(開天)이라 함은 '세상을 다스리도록 하늘이 열린 것'을 일컫는 것이다.

대종교의 교사(教史)인 『규원사화(揆園史話)』에서는 이러한 제천의 전통을 '오랜 세월 이어 온 우리의 국가 제전[東方萬世之國典]'으로 단정했다.

> 태백산(백두산-인용자 주)은 신시씨가 오르내린 신령한 땅이며, 단군이 임금 자리를 계승하고 시작한 땅이기 때문에, 제사 또한 태백에서 처음으로 행해졌다. 이것은 오랜 세월 이어 온 우리의 국가 제전이 되었다. 그때문에 옛 임금들은 반드시 먼저 하느님[上帝, 가장 크고 높은 으뜸 되는 신-필자 주], 그리고 단군삼신을 공경하여 섬기는 것으로 도를 삼았다.[21]

라는 내용이 그것이다. 제천의 성소(聖所)와 제주(祭主) 단군, 그리고 제천의 이유와 제천의 대상이 드러나 있다. 또한 삼신이란 우리 고유의 하느님 신앙과 관련된 용어로 『규원사화』를 보면 다음과 같이 적혀 있다.

> 삼신은 곧 하늘과 땅을 열고 백성과 사물을 만들어 다스린 삼신을 말하는 것이다. 제석 등의 말은 비록 불가의 『법화경』에서 나왔지만 역시 하늘임금의 뜻이다. 이것은 단지 옛 역사가 승려의 손으로 옮겨진 까닭일 뿐이

이것은 바로 虛와 같은 것이다. 인간 세상을 구한다 함을 開人이라 한다. 개인은 때문에 능히 인간 세상의 일을 순환시킨다. 이는 魂의 俱衍을 뜻한다. 산을 다스리고 길을 내는 것을 開地라 한다. 개지는 때문에 능히 세상의 일들을 開化한다. 이는 지혜를 함께 닦음이다[徒有三千遣往理世之謂開天 開天故 能創造庶物 是虛之同體也 貪求人世之謂開人 開人故 能循環人事 是魂之俱衍也 治山通路之謂開地 開地故 能開化時務是智之雙修也]").(『太白逸史』「神市本紀」)는 의미로 적고 있다.

21 『揆園史話』「檀君紀」.

니, 망령되게 잘못되었다고만 할 수는 없다. 옛날 사마상여(司馬相如)가 한 나라 무제에게 아뢰어 "폐하께서 겸손하게 사양만 하시고 내어 비치지 않으신다면 이는 삼신(三神)의 기쁨을 끊는 것입니다." 하였는데, 그 주석에 삼신은 상제를 말한다 하였으니, 삼신이란 말은 당시 한나라에도 통용되었던 것이다.[22]

중국의 유가(儒家) 서적인 『풍속통의(風俗通義)』, 『독단(獨斷)』에도 삼신이 등장하고, 묵가(墨家)의 『묵자』 「비정하(非政下)」에는 삼신이 무왕(武王)의 꿈속에 나타나 경계한 이야기가 나온다. 또한 『사기』 「진시황본기」와 「봉선서」・「세가」・「열전」, 『한서』 「교사지(郊祀志)」와 「사마상여전(司馬相如傳)」・「양웅전(揚雄傳)」, 『후한서』 「제사지」 등에서도 삼신과 삼신산에 대한 기록이 적지 않게 발견된다. 우리의 불가(佛家) 사서인 『삼국유사』 「기이(奇異)」 부분에서도 김유신(595-673)과 관련하여 "유신공이 백석(白石)을 처형하고 백미(百味)를 갖추어 삼신에게 제사를 지내니 모두 나타나 흠향하였다."[23]라는 기록이 실려 전한다.

일찍이 신채호(1880-1936)는 고대 삼한도 삼신설에 의해 만들어졌으나 삼신에 대한 믿음이 타락하면서 붕괴 일로로 치닫게 되었다는 인식을 보였다.[24] 그는 삼신이야말로 우리 고유 신앙(신채호는 仙敎라 칭함)의 주체로서 기독교의 삼위일체나 불교의 삼불여래와 흡사하다고 이해했다.[25] 정인보

---

22 『揆園史話』 「檀君記」.
23 『三國遺事』 「奇異」.
24 신채호, 1982, 「조선상고사」 『단재신채호전집(개정판)』 상, 형설출판사, 109쪽.
25 신채호, 1982, 「동국고대선교고」 『단재신채호전집(개정판)』 별집, 형설출판사, 48-49쪽.

(1893-1950)도 중국 문헌에 보이는 고구려의 영성(靈星)·사직(社稷)·수신(隧神)·제천(祭天) 등이 별개가 아니라 모두 제천을 나타내는 것으로 단정했다. 특히 영성제야말로 다른 제사가 아닌 삼신하느님에 대한 제로 단정했는데,『사기』「봉선서」에 고구려의 '천신삼신'을 '태일삼성(太一三星)'으로 잘못 옮겨 번역했음을 논리적으로 공박했다. 오히려 정인보는 우리 삼신신앙의 전통이 한나라에 옮겨져 그들의 사책에 나타나게 되었다고 주장했다. 이것은 동이족이 세운 은나라가 천·지·인 삼신을 신앙의 대상으로 삼았다는 윤내현(1939-)의 주장[26]보다도 훨씬 충격적인 것이다. 정인보는 우리의 천제와 중국 한족(漢族)의 교사(郊祀)가 서로 다르므로, 시기는 분명치 않지만 진한시대보다 훨씬 이전에, 산동 부근에서 조선족과 한족 간에 치열한 종교적 충돌이 있었을 것으로 추측했다.

또한 정인보는 중국의 기록에서 소도(蘇塗, 제천을 올리는 성지)를 부정적으로 이해한 부분을 질타하면서 "소도의 기풍이 이러하게 된 것은 전혀 위족념(衛族念)으로 좇아 고취됨이니, 이때에 있어서는 전승(戰勝)이 곧 '홍익(弘益)'이다. 그 신앙의 경향을 보더라도 요급(要急)을 따라서 기구(祈求)하는 바 다르매, 같은 삼신을 섬기면서도 그 영우(靈佑)가 그 요급한 데에 치우치기를 각기 바랐으니, 백전(百戰)하던 국가는 삼신의 영우가 군사(軍事)에 내릴 것을 믿어,『삼국지』〈동이전〉 부여조에 '부여는 군사가 있을 때면 천(天)에 제(祭)하였다.' 하였으니, '군사제천'이라 함과 '소도작전'이라 함이 그 내용에 있어 하나니…."[27]라는 의견을 피력했다.

대종교의 경전 노래 가운데 가장 오래되고 중요한 원본(原本) 신가(神歌,

26 윤내현, 1988,『商時代 崇帝思想-中國의 天下思想-』, 민음사, 12-14쪽 참조.
27 정인보, 1983,「조선사연구下(典故甲)」『담원정인보전집』4, 연세대출판부, 193쪽.

얼노래)가 있다. 그 전래 내력에 대해 『고사기(古事記)』를 인용하여 말하기를 "고구려의 제사 때에 이 곡을 상가(常歌)하고 또 임진시(臨陣時)에 사졸이 가(歌)하여서 군기(軍紀)를 조(助)하였다."라는 기록이 있다.[28] 종교적 의례를 통하여 군사적 사기를 고무하기 위한 것이었음을 알 수 있다. 신채호가 고구려의 조의선인을 상고 소도 제단의 무사(武士)로 이해한 것도 같은 맥락이다.[29]

2. 전개

앞서 언급했듯이 우리의 제천은 단군제천으로부터 출발한다. 『규원사화』「단군기」에는 다음과 같은 기록이 있다.

> 마리산(摩利山)에는 또한 참성단(塹城壇)이 있는데, 이곳이 바로 단군이 제단을 설치하고 하늘에 제사를 지내던 두악(頭嶽)이다. …(중략)… 대저 단군이 하늘에 제사를 지냄은 단지 두악에서만이 아니었다. 북으로 사냥을 나가면 곧 태백(백두산-인용자 주)에서 제사를 지내고, 남으로 순행할 때는 곧 두악에서 제사를 지냈다. 갑비고차는 바닷가에 있어서 배를 통하기에 용이하므로 남쪽을 순행할 때는 반드시 들러 제단에 제사를 지내던 곳이다. 항차 그 땅은 홀로 떨어져 있으면서 고요하고 평온하며 산악은 정결하고 바다

---

28 종경종사편수회편, 1971, 『대종교중광육십년사』, 대종교총본사, 96쪽. 신교 사서에는 고구려 광개토대왕이 군진에 나갈 때마다 병사들로 하여금 '於阿歌'를 부르게 하였고 삼신께 제를 올릴 때도 天樂을 사용했다는 기록도 보인다.(『太白逸史』「高句麗國本紀」)

29 신채호, 1982, 「조선사연구초」『단재신채호전집(개정판)』중, 형설출판사, 104쪽.

와 하늘은 가든히 개어 있으니, 곧 안존하고 깊으며 밝게 빛나는 기운이 사람으로 하여금 신명이 오르내리는 것을 스스로 느끼게 해 준다.[30]

단군 시대의 제천이 북쪽에서는 백두산에서 남녘에서는 마리산에서 이루어졌다는 것도 확인할 수 있다.[31]

이러한 단군제천의 전통은 기자 시대에도 그 흔적을 엿볼 수 있다. 기자조선에서도 사당에서 제사를 드렸으며, 우리나라가 단목성인으로부터 처음으로 국가와 사직과 백성들이 있게 되었다는 전통을 그대로 따랐다.[32] 이종휘(李鍾徽, 1731-1797)의 『신사지(神事志)』를 보면, "그 후 기자가 동쪽으로 와 문물예악의 다스림을 행하였다. 기자가 주 무왕(周 武王)을 위하여 홍범구주(洪範九疇)를 베푸니, 그 셋째 항이 팔정(八政)이며 그 세 번째가 사(祀)라고 하였는데, 근본에 보답하고 조상을 생각하며 제사 지내면서 '신명과 사귀는 것[交神明]'이다. 기씨의 시대에는 신(神)이 크게 순하여 백성이 따를 바를 알고 나라 안이 태평하였다. 그러나 그 일은 너무 멀고 단절되어 후세에 그 의식을 기억할 수 없고, 위만의 말엽에 이르러 신인(神人)이 주관함이 없었다."[33]라고 하였다.

한편 대종교의 제2대 교주이자 교사(敎史)의 상당 부분을 정리한 김교헌(金敎獻, 1868-1923)은, 『속완위여편(續宛委餘編)』을 인용하여 "동녘에 단군께서 먼저 나시어 갸륵하신 교화로써 백성에게 두텁고 부지런함을 가르치시

30 『揆園史話』 「檀君記」.
31 한편 『단군세기』에는 摩利山이 摩璃山으로 적혀 있다. 이것은 '마리'라는 한자가 '머리[首]'를 음차하여 기록한 것으로, '머리산[頭嶽]'이란 것을 확인시켜 준다.
32 김교헌, 1914, 『神檀實記(歷代祭天)』, 대종교총본사, 33쪽.
33 『修山集』 「東史」 〈神事志〉.

니 모두 강한 겨레가 된지라. 천신교(天神敎)의 이름을 부여는 이른바 대천교(代天敎)요, 신라는 이른바 숭천교(崇天敎)요, 고구려는 이른바 경천교(敬天敎)요, 고려는 이른바 왕검교(王儉敎)니 해마다 10월에 '하느님께 절[拜天]'하였다."는 기록을 남겼다.[34] 이것은 단군신앙의 흐름이 역대로 명칭을 달리하여 흘러온 것을 말하는 동시에, 대천 · 숭천 · 경천 · 배천과 같이 제천과 밀접함을 언급한 것이다.

상고 우리 민족 제천의 전통은 영고 · 동맹 · 무천 · 소도 · 상달제 · 팔관 등과 연결되어 있으나, 그 명칭의 역사적 흐름은 정확하지 않다. 다만 부여의 영고, 고구려의 동맹, 예의 무천, 삼한의 소도 등이 진수(陳壽, 233-297)의 『삼국지』에 다음과 같이 간략 설명되어 있을 뿐이다.[35]

은나라의 정월에는 하늘에 제를 지내는데 나라의 가장 큰 모임으로 날마다 먹고 마시고 노래하고 춤춘다. 이를 영고라 하였다. 이때는 형벌을 그치고 죄수를 풀어 주었다[以殷正月祭天 國中大會 連日飮食歌舞 名曰迎鼓 於是時斷刑獄 解囚徒].

시월에 하늘에 제사를 지내는 것이 나라의 큰 모임으로 동맹이라고 한다[以十月祭天 國中大會 名曰東盟].

항상 시월에 하늘에 제사를 지내는데, 밤낮없이 술 마시고 노래하고 춤

---

34 김교헌 外/김동환 편역, 2006, 『檀祖事攷』, 흔뿌리, 28-29쪽. 한편 『속완위여편』이란 책은 중국 명나라의 문학자 王世貞(1526~1590)이 지은 『宛委餘編』의 續卷으로 추정되지만, 현재 드러나지 않고 있다. 왕세정의 호는 弇州山人으로, 문장은 반드시 秦 · 漢을 본받고 시는 盛唐을 모범으로 삼을 것을 주장하면서, 문학복고운동에 힘을 기울인 인물이다.
35 『三國志』「魏書」〈東夷傳〉.

을 추니, 이름하여 무천이라 하였다[常用十月節祭天 晝夜飮酒歌舞 名之爲舞天].

시월 농사가 끝나면 다시 이와 같이 하는데 신을 섬기는 것이다. 나라에서 각각 천신에 제사 지내는 제주(祭主)가 하나 있는데, 이름하여 천군이라고 한다. 또한 여러 나라 각각에는 특별한 읍이 하나 있는데, 이를 소도라고 한다. 큰 나무를 세우고, 방울과 북을 매달고, 신을 부린다. 비록 도망자가 그곳으로 피하면 체포하지 못한다[十月農功畢 亦復如之 信鬼神 國邑各立一人主 祭天神 名之天君 又諸國各有別邑 名之爲蘇塗 立大木 縣鈴鼓 事鬼神 諸亡逃至其中 皆 不還之].

이와 유사한 기록이 범엽(范曄, 398-45)의 『후한서(後漢書)』에도 그대로 실려 있다. 김교헌은 『삼국지』에 언급된 위의 내용만이 아니라, 『삼국사기』와 『문헌비고』 등에 실린 백제의 제천, 신라의 신궁(神宮) 제사, 가락국(駕洛國)의 시조사당 제사 등이 대종교의 역대 제천의 흐름과 무관치 않은 것으로 보았다. 또한 발해 때에도 백두산에 보본단(報本壇)을 설치하고 해마다 제사를 지냈다는 것이다.[36] 대종교 중광의 선언서인 〈단군교포명서〉에도,

어린애들의 가운데 머리카락을 길게 늘여 땋는 데 쓴 긴 베 조각을 단계(壇戒)라 함은 발해국에서 어린애를 처음 낳았을 때에 그 부모가 대황조묘(大皇祖廟)에 몸소 가서 찾아뵙고 고하면서, "명이 길게 지켜지옵소서[保壽命]."와 "질병을 물리쳐 주옵소서[祛疾病]." 등 글자를 오색(五色)의 긴 베 조각에 써서, 어린애 머리카락에 매어 달아 두고 영계(靈戒)를 받았다고 하던

---

36 김교헌, 『神檀實記(歷代祭天・壇祠殿廟)』 위의 책, 32-34쪽 참조.

옛 풍습이오.[37]

라는 기록을 통해, 발해에 대황조묘[神祖廟] 제사가 있었음을 알려 준다. 대종교에 전하는 또 다른 문건에도 발해에 영보각(靈寶閣)과 보본단(報本壇)이 존재했다는 사실이 전해진다.[38] 대종교의 교사『규원사화』에도 "발해 때는 보본단(報本壇)이 있었고, 고려 때는 성제사(聖帝祠)가 있었으며, 요나라에는 목엽산(木葉山)의 삼신묘(三神廟)가 있었고, 금나라에는 개천홍성제(開天弘聖帝)의 사당이 있었다. 우리 세종께서는 단군묘(檀君廟)를 평양에 설치하였는데, 세조 원년에 위패를 고쳐 '조선시조단군지묘(朝鮮始祖檀君之廟)'라 하였다."는 내용이 있다.[39] 고려 시대의 성제사(聖帝祠)는 본디 단군과 고구려의 시조인 동명왕을 모신 신묘(神廟)로, 조선 시대에 단군묘(檀君廟)로 불리다가 영조 때에 와서 숭령전으로 변칭되었다.

김교헌은『요사(遼史)』를 인용하여 "요의 태조가 영천(永川) 목엽산에 사당을 세워, 동쪽을 향하여 천신위(天神位)를 설치하고, 사당 뜰에 단목(檀木)을 심었으니 이름이 군수(君樹)며, 앞에는 여러 나무를 심어서 조회 받는 반열(班列)을 상징하고, 또 모퉁이에 두 나무를 심어서 신문(神門)이라 했다. 해마다 황제와 황후가 군수 앞에 이르러서 친히 잔을 올리고 음복(飮福)하며, 군사의 일이 있으면 반드시 먼저 이 사당에 고하더니, 이에 삼신(三神)의 신주(神主)를 모시고 푸른 소와 흰 말을 잡아 제사지냈다."는 내용을 적었다.[40] 금나라 개천홍성제에 대해서도『금사(金史)』에 그 내용이 실려 전한

---

37 『대종교중광육십년사』 앞의 책, 87-88쪽.

38 정열모 편, 1949,「三一神誥奉藏記」『譯解倧經四部合編』, 대종교총본사, 42-45쪽.

39 『揆園史話』「檀君記」.

40 김교헌,『神檀實記(歷代祭天·壇祠殿廟)』위의 책, 32-33쪽. 백연 김두봉도 "명칭으로

다. 금나라 대정(大定) 12년(1172)에, 백두산은 왕이 일어난 곳이니 예(禮)에 따라 당연히 존숭해야 하며, 이 산에 작(爵)을 봉하고 사당을 세우도록 의논하였다. 이에 12월에 예부(禮部)·태상(太常)·학사원(學士院)이 아뢰어 칙명을 받들어 흥국영응왕(興國靈應王)에 봉하고 산 북쪽에 사당을 세웠다.[41] 이후 명창(明昌) 4년(1193) 10월에 이것을 다시 개천홍성제(開天弘聖帝)로 삼게된 것이다.

고려의 팔관(八關) 역시 전래해 온 제천사신(祭天事神)의 행사였다. 송나라 사람 서긍(徐兢, 1091-1153)은 『선화봉사고려도경(宣化奉使高麗圖經)』에서,

신이 듣기로 고려(고구려를 말함-인용자 주)는 본래 신을 두려워하여 믿고 음양구기(陰陽拘忌)와, 병이 들면 약은 먹지 않고 부자(父子) 사이 같은 아주 가까운 육친이라도 서로 보지 않고 오직 저주와 염승(厭勝)을 알 따름이다. 전대의 역사에 이르기를 "그 풍속이 음란해서 저녁이 되면 으레 남녀가 떼지어 노래하고 즐기며 귀신·사직·영성(靈星)을 제사하고, 10월에 하늘을 제사하기 위해 큰 모임을 갖는데 그것을 동맹(東盟)이라 부른다. 그 나라 동쪽에 굴이 있는데 수신(襚神)이라 부르고, 역시 10월에 맞아다가 제사한다." 하였다. 왕씨(王氏)가 나라를 차지한 이후 산에 의지하여 나라 남쪽에 성을

말하면 삼한의 천군제라든지 부여의 영고회, 예의 무천회, 箕氏의 報本祭, 고구려의 동맹회, 신라의 太白山祠, 백제의 四仲祭, 발해의 檀戒祝, 遼의 君樹祭, 金의 長白山柵, 고려의 三聖祠祭, 조선의 崇靈殿祭 등이 異名同體의 기념입니다. 의식으로 말하면 삼한, 부여, 예, 고구려 등 모든 나라에서는 전국의 공동 거행으로 삼한은 대표자를 선출하여 國邑에 祭하고 그 남아 세 나라는 민중이 會集頒祝하였으며 箕氏, 신라·발해, 遼·金, 고려, 조선 등 모든 나라는 國君이 親祭하거나 혹 降香代祭하였습니다."라는 의견을 통해 개천절의 역대 명칭과 제천 형식을 언급하였다.(김두봉,「開天節歷」《독립신문》 1921년 11월 11일.)

41 『金史』「禮志」〈長白山神條〉.

쌓고 건자월(建子月, 북두성의 자루 끝이 子의 방향을 가리키는 달)에 관속들을 거느리고 의장물[儀物]을 갖추고 하늘에 제사한다. 후에 거란의 책명(冊命)을 받을 때와 그들이 세자(世子)를 세울 때에는 역시 거기서 예식을 거행하였다. 그들이 10월에 동맹하는 모임은, 지금은 그달 보름날 소찬을 차려 놓고 그것을 팔관재(八關齋)라 하는데 의식이 극히 성대하다.[42]

라는 기록을 남겨 놓았다. 팔관이 제천행사로 고구려의 동맹을 이어받은 것이라는 점이 주목된다. 또한 신라의 팔관 역시 토속신앙 행사와 연관된 것으로,『삼국사기』에 고구려로부터 전해졌음을 암시하는 기록이 실려 있다. 당시 고구려에서 정치가 혼미해져 말기적 현상이 나타나자, 신라의 거칠부(居柒夫, 502-579)가 고구려에 밀정으로 갔을 때에, 고구려 승려 혜량(惠亮)이 신라에 귀부할 결심을 하고 약속하였다는 일화와 관련된다. 거칠부가 어느 곳의 사찰에 머물고 있었는지는 정확히 알 수 없으나, 신라가 죽령(竹嶺) 이북을 점령하였을 때에 그가 혜량을 다시 만난 점으로 미루어 현재의 경기도 이남 또는 충북 이북의 어느 절이었을 것으로 추측된다. 혜량은 진흥왕 12년(551)에 신라에 귀화하여 거칠부의 천거에 의하여 사주(寺主, 國統)가 되었고 백고좌강회(百高座講會)와 팔관회(八關會)를 최초로 주관하였다.[43]

팔관회가 제천과 연관된 것을 암시하는 구절은 『고려사』에 나오는 '훈요십조' 여섯째 부분에서도 확인할 수 있다. 즉 "여섯 번째, 짐이 지극히 원하는 바는 연등회(燃燈會)와 팔관회(八關會)를 개최하는 것에 있으니, 연등은 부처를 섬기는 까닭이며, 팔관은 하늘과 오악(五嶽)·명산(名山)·대천

---

42 『宣化奉使高麗圖經』第17卷「祠宇」.
43 『三國史記』「列傳」〈居柒夫〉.

(大川)·용신(龍神)을 받드는 이유에서이다. 후세에 간신들이 이를 더하거나 줄이도록 아뢰는 것은 마땅히 금지시키도록 하라. 짐 또한 처음에 맹세하기를, '모이는 날(會日, 연등회와 팔관회를 여는 날)에는 국기(國忌)를 범하지 말고, 군신이 같이 즐기겠다고 했으니 마땅히 공경하게 따라 행하도록 할 것이다.'라고 하였다."[44]

즉 신라나 고려 팔관의 기원이 고구려의 동맹이며, 그 동맹은 바로 단군 제천으로 거슬러 올라간다는 것을 알 수 있다. 신채호 역시 고려의 팔관이 제천의례임을 강조하면서 "『고려사』 팔관회의 의식이나 『금사』의 배천의례(拜天儀禮)가 거의 같다. 구장(毬場) 가운데 부계(浮階)를 쌓고(『금사』에 '築臺'라 함) 군신(君臣) 백성이 한가지로 모아 제례를 행하는 바로, 『금사』에서는 제천의(祭天儀)를 요(遼)의 구속(舊俗)이라 하였으며, 『요사』는 요망(遼亡) 백 년 후에 수습한 역사로, 이런 제례의 유래를 상서(詳敍)한 것이 없고, 『여사(麗史)』 팔관회는 신라고사(新羅古事)라 하고, 신라 팔관회는 고구려 동맹회(東盟會)의 끼친 것이요, 고구려 동맹회는 부여·마한의 제천이니, 그 유래의 오래임을 알지라."[45]라는 기록을 통해, 고려의 팔관과 금의 제천의가 유사한 것이며 그 기원이 상고 제천에 있다고 주장하였다.

이러한 고려의 팔관이 신라로부터 유래했다는 인식은 최남선의 언어학적 주장에도 동일하게 드러난다.

팔관(八關)은 요컨대 '밝'의 구칭어(具稱語)일 '밝안(붉은)'의 대자(對字)로

---

44 『高麗史』「世家」〈太祖〉.
45 신채호,「조선상고문화사」『단재신채호전집(개정판)』상 위의 책, 394쪽.

서, 신라의 '부루'에 대한 고려 때의 호칭이었던 것입니다.[46]

3. 복원

조선은 유교적 성리학을 국시(國是)로 하여 성립된 나라다. 그것은 소중화주의의 이념적 틀이자 중화사관(中華史觀, 春秋史觀)의 바탕이라 해도 지나치지 않다. 그 기준 속에서는 중국이 세상의 중심이요, 중국 외의 것은 다 오랑캐다. 또한 외세와의 대립 관계에서 자기를 높이고 남을 낮추는 것이 중화사상의 기본적인 틀이기도 하다. 불행하게도 우리 전통 사회(특히 조선조 이후)를 지배해 온 가치가 바로 유교적 성리학(중화주의)이라 할 수 있다. 따라서 조선조에서의 단군 역시 고조선의 혈연적 시조라는 형식적 지위밖에 없었다. 오히려 주 문왕의 책봉을 받은 기자에게는 중화적 권위와 함께 문화적 시조라는 실질적 지위가 부여되었다. 성리학을 표방한 조선에서의 모든 역사적·종교적·문화적 중심축으로 기자가 서게 되었다. 한마디로 조선조의 모든 사상(事象)이 중국 중심으로 경도된 것이다.

이러한 가치 구조 속에서 성리학적 범주를 벗어난 사고는 금기시되었다. 더욱이 우리 고유의 정체성을 통한 사유는 근본적으로 불가능하였다. 북애자(北崖子)의 다음 탄식이 그러한 시대 분위기를 잘 보여준다.

내가 남몰래 냉소하면서도 애석해하는 것은, 근세의 학자들이 한(漢)나라의 서적에 얽매여 유교의 술수에 빠지고 흐리멍덩해져 '외이(外夷)'라는 말을 스스로 달갑게 받아들여서 걸핏하면 '화이(華夷)'의 논리를 입에 올리

---

46 최남선, 1974, 「朝鮮의 固有信仰」『육당최남선전집』 9, 현암사, 253쪽.

는 일이다. 어느 성대한 잔치 자리에서 손님이며 벗들과 함께 모였는데, 모두 뛰어난 말솜씨로 그럴싸한 말들을 하는 무리들이기에 내가 취기를 빌려 팔뚝을 걷어 올리고 탄식하며 이르기를 "그대들이 모두 '화이'를 말하는데, 우리가 어찌 중화가 아닐 것이며 중원이 도리어 오랑캐가 됨을 그대들이 어떻게 알겠는가! …(중략)… 때문에 공자가 왕의 다스림이 널리 미치지 못함을 개탄하고 여러 나라가 번갈아 침범함을 한탄하며 뜻이 있어서 『춘추』를 지었기에, 중화를 받들고 오랑캐를 내친다는 말이 이때 비로소 쓰여지게 되었다. 만약 공자가 우리나라에서 태어났더라면 오히려 중토를 가리켜 오랑캐의 땅이라고 어찌 말하지 않았겠는가!" 하니, 모든 사람들이 비웃기도 하고 혹은 놀랍게 생각하기도 하였으며 적지 않게는 사뭇 수긍하는 자도 있었으나, 결국에는 모두 쾌히 응하지 않기에 내가 상을 박차고 일어나니 사람들이 모두 광기가 매우 심하다고 말하였다. 탄식할 노릇이다.[47]

한편 전통 사회에서의 제천권(祭天權)은 정체성과 밀접한 관련이 있었다. 그러므로 그것을 상실한다는 것은 주권을 잃는다는 것과 상통하는 의미가 있었다. 중국이 조선을 제후국으로 한정시키면서 제천의례의 정당성 문제가 부각된 것도 이러한 연유에서다. 조선 고종 때인 1897년 대한제국이 성립되면서 고종의 황제 등극 의례로서 하늘에 제사를 드리는 제단인 원구단이 건축되고, 그 원구단에서 등극 의례가 거행되었다. 고종 황제가 중국으로부터 독립된 황제의 권위를 확보하기 위해 원구단을 짓고 제천의례를 올린 것은, 세조 3년 이후 440년 만의 일이었다. 중국의 천자만이 하늘에 제사를 올릴 수 있다는 사대주의를 물리치고 우리가 바로 하늘의 자손이며, 진

---

47 『揆園史話』「太始記」.

정한 독립국의 백성임을 내외에 알린 것이다.

북애자의 『규원사화』에도 나타나듯, 단군의 가르침과 제천행사는 신교 (神敎)로 성립되어 우리나라의 고유 신앙 또는 고유 풍습으로 강인하게 전 승되어 내려온 것이다. 삼한 삼국시대의 동맹·무천·교천 등의 제천행사 와 고구려의 대선·국선·조의 등 관직, 동명성왕이 조천하였다는 조천석, 신라의 현묘지도, 발해의 보본단, 고려의 성제사, 요의 삼신묘, 금의 개천홍 성제묘, 제나라의 팔신제, 한대(漢代)의 치우제, 고려의 팔성신앙, 조선의 삼 신신앙과 평양의 단군묘 등이 모두 그 유제(遺制)라 할 수 있다.[48]

그러므로 대종교 전래의 문적인 『단군교오대종지서(檀君敎五大宗旨書)』[49] 에서는 신교의 오대종지 가운데 '하느님 공경'을 으뜸으로 꼽았다. 이러한 정신은 고구려 시대 때 염조신(念祖神)으로부터 구한말 경봉조신(敬奉祖神) 으로 이어졌으며, 대종교를 일으킨 나철 역시 경봉천신(敬奉天神)의 종지로 계승하였다.

김교헌 역시 단군신앙의 본체인 신교(神敎)를, 부여는 대천교(代天敎), 신 라는 숭천교(崇天敎), 고구려는 경천교(敬天敎), 발해는 진종교(眞倧敎) 등으 로 불렀고, 그 밖에 신교의 속칭으로서 장교(掌敎)를 선인(仙人)이라고도 하 여 왕검선인·신지선인·지제선인·남해선장(徘天生) 등으로 칭했다 한다. 또한 해모수·주몽·혁거세를 천선(天仙)으로, 남해차차웅·김수로왕을 대 선(大仙)으로, 명림답부·김유신을 국선(國仙)으로 칭했고, 고구려 관직에

---

48 한영우, 1988, 「북애자의 《규원사화》, 조여적의 《청학집》」 『한국의 문화전통』, 을유 문화사, 135쪽.
49 『단군교오대종지포명서』는 한국종교사의 정통이라 할 수 있는 神敎의 흐름을 체계적 으로 정리한 유일한 서책이라 할 수 있다. 단군신앙을 부활시키는 데 선각자 역할을 했 던 白峰神師가 친히 교열한 이 책은, 표지를 포함하여 33쪽으로 이루어진 필사본이다.

대종교의 제천의례 | **55**

조의선인(皂衣仙人)이 있으며, 신라에는 선랑(仙郎, 花郎)이 있다고 설명했다. 이러한 기풍은 고려에도 계승되어 왕검교(王儉敎)라 하였고, 신교의 제천을 팔관재・연등이라 하였음을 적시했다. 또한 강감찬・홍언박과 같은 신교의 독실한 신자가 나오기도 했으며, 요・금에서도 신교가 계속해서 융성했다는 논리를 폈다.[50]

특히 김교헌은 신교가 쇠퇴한 시기를 몽고 침략 이후로 보았다. 즉 몽고가 라마교를 적극 포교하고 금나라의 신교를 금할 때, 고려에서도 신교의 문호가 폐색되기 시작했다고 본 것이다. 이러한 인식은, 대종교가 몽고 침입에 의한 팔관 행사의 단절을 교맥(敎脈)의 단절로 이해하고 있는 것도 이와 무관치 않다.[51] 대종교를 일으킨 나철의 다음 기록에서도 그러한 의식을 그대로 확인할 수 있다.

> 몽고의 고려 침학(侵虐) 이족(異族)의 혐의(嫌疑)로다/서적문기(書籍文記) 다 뺏고 교문제전(敎門祭典) 다 폐절[52]

나철은 몽고의 침략으로 인해 교문제전(敎門祭典, 즉 팔관)이 단절된 것으로 이해했다. 이것은 우리 고유 제천의 폐관(閉關)이 곧 국권의 상실과 연결되는 인식을 보여준 것이다. 그러므로 나철의 인식에서 제천의 복원은 정체성의 부활 또는 국권의 회복과도 무관치 않았다. 나철이 단군신앙(神敎, 대종교)을 일으킴에 창교(創敎)가 아닌 중광(重光, 다시 일어남)을 내세운 것이

---

50 김교헌, 1923, 『神檀民史』, 大倧敎西二道本司(中國・上海) 참조.
51 김득황, 1964, 『韓國思想史』, 南山堂, 216쪽 참조.
52 『대종교중광육십년사』 위의 책, 229쪽.

나, 그 중광의 방법으로 천제(天祭)를 택한 것에서도 알 수 있다. 즉 단절된 천제를 복원함으로써 단군신앙의 흐름을 부활시킨 것이다. 중광의 의미를 새긴 대종교단의 다음 기록에서도 확인되는 부분이다.

> 이에 대종사(홍암 나철을 말함-인용자 주)는 신교(神敎)의 중광과 종도(倧道)의 재천(再闡)으로써 민족의 앞날을 바로잡고 병탄당하려던 조국의 쇠운을 회복시킴과 아울러 동양 평화와 인류의 자유 행복을 증진시키려는 대이념(大理念)하에, 한배검의 영계를 받들어 4366년 기유(1909) 음정월 15일 자시(子時)를 기하여 동지 오기호(吳基鎬)·강우(姜虞)·최전(崔顓)·류근(柳槿)·정훈모(鄭薰模)·이기(李沂)·김인식(金寅植)·김춘식(金春植)·김윤식(金允植) 등, 수십 인과 함께 한성(漢城) 북부(北部) 제동(齋洞) 취운정(翠雲亭) 아래 8통 10호 육간 초옥 북벽(北壁)에 단군대황조신위를 모시고 제천(祭天)의 대례(大禮)를 행하시며 〈단군교포명서〉를 공포하시니, 고려 원종 때 몽고의 침입으로부터 7백 년간 폐색되었던 신교의 교문이 다시 열리어 한말의 암흑풍운 속에도 일맥의 서광이 민족의 앞날을 밝게 비치었으니, 이날이 곧 우리 겨레의 새 역사를 창조한 거룩한 날이요 우리 대교의 중광절(重光節)인 것이다.[53]

나철이 중광을 내세운 것도, 몽고 침입 이후 7백 년간 단절되었던 위와 같은 종교적인 맥을 다시 세웠기 때문으로 풀이된다. 즉 단군신앙 고유 제전인 팔관(八關)이 몽고의 침략으로 무너졌다는 것이다. 그런 까닭에 나철은

---

53 같은 책, 80쪽.

순교 당시 유서를 통해서도 진실한 정성을 위해 팔관의 재계(齋戒)[54]가 있음을 일깨웠다.[55] 팔관은 고려조 이지백(李知白)의 상소 내용에서도 전래되어 온 선랑(仙郎)의 유풍이었다는 사실이 확인되었고,[56] 고려 의종은 선풍(仙風)과 팔관회를 받들어 따를 것을 명한 바가 있으며,[57] 그 행사 내용도, 백희가무(百戲歌舞)와 사선악부(四仙樂部), 다섯 길이 넘는 채붕(綵棚) 설치와 모든 신하들이 포홀행례(袍笏行禮)를 하는 등의 불교적 행사와는 완전히 다른 전래 행사였다.[58]

나철에 의한 대종교 중광은 한국 제천문화의 재건에도 커다란 역할을 했다.[59] 그 대표적인 사건이 개천절의 부활이다. 개천절은 전래 신교정신문화(神敎精神文化)의 기반인 홍익인간과 쌍벽을 이루는 유산으로, 〈단군교포명서〉(1904)의 서두에 10월 3일을 '개극입도지경절(開極立道之慶節)'이라고 밝힌 데서 기인한다. 후일 나철이 이것을 계승하여 1910년 9월 27일(음력) 의

---

54 팔관재계란, 고려 때의 팔관재에서 임금과 백성이 한가지로 하느님께 제사하되 '생물을 죽이는 것, 도적질하는 것, 음란한 것, 망령되이 말하는 것, 술을 마시는 것, 높은 평상에 앉는 것, 비단옷을 입는 것, 함부로 듣고 봄을 즐기는 것' 등의 여덟 가지 허물을 금하자는 의식이다.

55 대종교총본사편, 1954, 「密論」『홍암신형조천기』, 대종교총본사, 57-58쪽.

56 『高麗史』卷第九十四 列傳 第七 徐熙.

57 『高麗史』卷第十八 世家 卷第十八 毅宗 二十四年.

58 『高麗史』卷第六十九 志卷第二十三 禮十一 嘉禮雜儀 仲冬八關會儀.

59 노길명은 1909년 대종교의 重光祭天에 대한 의미 부여로 다음의 세 가지를 들고 있다. 첫째, 소멸된 민족 전래의 단군신앙을 제도 종교로 重光시킴으로써 민간신앙 차원의 단군신앙을 조직화된 신앙 공동체로 발전시켰다는 점, 둘째, 한민족이 天孫임을 일깨워 민족 정체성을 확립시킴으로써 외세 열강들로부터 민족적 자존심을 지켰다는 점, 셋째, 구사회의 내지는 중화적 세계관으로부터 벗어날 수 있는 계기를 만들었다는 점, 등이 그것이라는 주장이다.(노길명, 「大倧敎의 祭天儀禮」위의 책, 92쪽.)

식규례를 제정 발포하면서, '개천절은 강세일(降世日)과 개국일(開國日)이 동시 10월 3일이라 경일(慶日)을 합칭(合稱)함'이라고 규정함으로써, 개천절의 명칭을 분명하게 했다.[60]

그러므로 개천절은 우리의 정체성과 불가분의 관계가 있다. 그것은 전래 천제를 계승한 행사로, 하늘과 직접 교감하는 인간(혹은 집단)이 바로 천하의 주인이라는 의식을 담고 있다. 일제강점기 대종교계 학자들의 주장 역시 이러한 인식과 대동소이하다. 최남선은 제천과 개천절의 불가분성을 다음과 같이 강조했다.

> 보본반시(報本反始) 생활 원리의 근저에 대한 반성 및 진신(振新)의 상시적 노력은 조선 민족 윤리상에 있는 중대한 일목표이니, 이 민덕(民德)이 구체화된 것이 시간적 행사에 있어서는 일년 일차의 제천 중심의 전 민족 경절이요, 시방 말로 하면 개천절이란 것이다.[61]

그리고 "대저 '밝의 뉘(붉은이)'의 행사 중에는 1년에 한 번씩 하느님께 제사를 드리고 이 기회에 국가 민족 전체에 관한 대사를 회의 결처(決處)하는 것이 특별히 중대한 것인데, 이 대제를 옛날 부여국에서는 영고라 하고, 고구려국에서는 동맹이라 하고, 예국에서는 무천이라 하는 것처럼, 따로 이름을 지어 쓰기도 하였지마는, 보통 이것을 '밝의 뉘'라고 일컬으니, 대개 광명의 세계에 있는 듯한 모임이라는 뜻이며, 이 제사에 무수한 등을 켜서 광명

---

60 『대종교중광육십년사』 위의 책, 160쪽.
61 최남선, 「開天節」 《동아일보》 1927년 10월 29-30일.

이 세상에 그득하게 함은 또한 천상 광명계를 표상하는 것이었습니다."[62]라는 주장이 최남선의 견해다. 즉 신라 이전의 제천제례의 전통 또한 '붉은이(팔관)'와 연결된다고 말한 것이다. 또한 개천절의 연원을 말하면서, 누가 만들었다거나 언제부터 시작했다는 것이 아니라, 우리 민족 배태기(胚胎期)로부터 구원한 민속적 사실로 자연히 성립되고 발달해 나온 것이라고 설명했다.[63] 또한 개천의 의미를 인문(人文)의 시작으로 보면서, 어디까지나 종교적이며 철학적이며 예술적이라고 덧붙였다.[64]

안재홍(1891-1965)은 "해마다 이 개천절을 국경일로 기념하게 된 것이고, 동시에 국조이신 단군의 성적을 옹호하고 유지하는 사업은 문득 민족정기를 똑바로 세워 독립과 자유와 통일 단합을 재촉하는 기본 조건의 하나로 되는 것이다."라고 개천절의 의미를 부여했고, 조소앙(1887-1958) 또한 우리 민족이 단군의 개천 건국 이래 동방에서 가장 유구한 역사와 찬란한 문화를 가졌다고 자부하면서, 고구려의 무위(武威)와 신라·백제·고려·조선의 문화를 자립하면서 오늘에 이르렀으니 세계 어느 민족에 비하여도 손색이 없었고 이렇듯 찬란하고 유구한 문화 위에 독립 자주하여 온 것은 물론이고 문화적으로도 영도적 지위에 있었음을 자타가 부인할 수 없는 것이라고 단정하였다. 정인보 역시 1935년 발표한 글에서 시월(十月) 개천절의 철학적 의미를, 개천(開天)의 의미가 단군이 하늘의 부탁을 받아 홍익인간의 뜻을 이 땅에 새긴 것으로 해석함으로써, 천자신손(天子神孫)으로서의 자부심과 문화민족으로서의 유구함을 강조하여 민족적 단결을 일깨웠다.

---

62 최남선, 「조선상식문답」『육당최남선전집』 3 위의 책, 55쪽.
63 최남선, 「開天節」《동아일보》 1927년 10월 29-30일.
64 최남선, 「開天節」《동아일보》 1926년 11월 7일.

한편 개천절과 함께 대종교 제천의 중요한 한 축이 '선의(示亶儀)'다. '선의'의 '선(示亶)' 자는 '시(示)'와 '단(亶)'이 합쳐진 글자다. 말 그대로 진실한 믿음을 아뢰는 의미다. 『강희자전』에는 "시전절(時戰切)로 소리는 선(繕)이며 하늘(하느님)에 제사 지내는 것이다."로 실려 있다.[65] 그러므로 '선의'란 하느님께 제사로써 아뢰는 우리 고유의 제천의를 일컫는다. 또한 개천절이 '제천을 행하는 날'이라면 '선의'는 '제천을 행하는 의식'으로 이해할 수 있다. 나철은 수백 년 이어 온 유교적 의례로부터 벗어나 신교 고유의 의례를 만들었다. 나철이 '선의'를 제정한 배경을 보자.

비로소 홍몽(鴻濛)이 열리자 이에 태백산에 나리사 나라를 세우시며 교문을 열으시고 이 겨레를 교화하신 지 217년에 도루 한울에 오르시니 빛나게 우에 계시어 밝게 아래로 살피시거늘, 이 사당은 지난 세상에 제사를 받들었고 한얼을 위하여 향불로써 공경을 다하더니, 어쩌다가 수백 년 앞부터 교문이 닫히고 지금 수십 년 동안에 선의(示亶儀)까지 없어져서 한얼과 사람이 서로 느끼는 길을 끊었더니, 얼마나 다행하게 한울운수가 돌아와서 한임께서 사람의 마음을 깨우치시사, 대종교가 다시 일어난지라.[66]

나철은 고려 팔관의 폐관과 함께 수십 년 끊긴 '선의'를 언급하였다. 아마도 1789년(정조 13) "삼성사를 개수(改修)하고 제사의식을 개정(改正)하였다. 삼성사는 환인·환웅·단군을 제사하는 사당으로 문화현 구월산에 있

---

65 張玉書 等/王引之 等 校改本, 1996, 『康熙字典』, 江南古籍出版社(中國·上海), 861쪽. 時戰切音繕也 祭天也.
66 『대종교중광육십년사』 위의 책, 192쪽.

는데, 본도에 명하여 봉심(奉審)해 개수하게 하고, 친히 제문을 지어 근시(近侍)를 보내어 치제(致祭)하였다."[67]라는 삼성사의 마지막 제사를 떠올린 듯하다.

이러한 배경 속에서 이해한다면, 나철이 순교(殉敎) 직전에 행한 구월산 삼성사 제천은 우리 전례사(典禮史)에 몇 가지의 중요한 의미를 남겼다 할 수 있다. 먼저 삼신의 신위를 모시고 행한 근대 최초의 제천이었다는 점이다. 또한 하느님께 올리는 우리 고유의 제천의례인 선의식(示亶儀式)을 처음으로 재현했다는 점도 꼽을 수 있다. 더불어 당대의 생활이라고 할 수 있었던 유교적 제례의식에서 과감히 벗어나, 새롭게 홀기(笏記)를 제정하여 우리의 전통적 제천의례를 시현·정착시켰다는 것도 그 하나가 된다.

아무튼 나철은 대종교의 중광을 통해 개천절 제정과 선의의 의례를 마련하였다. 나아가 전래 신교의 제천의례의 복원을 완성했다. 개천절을 제정하여 제천의 당위를 회복하고 '선의'의 완성을 통해 제천 질서를 바로잡은 것이다.

4. 의식

대종교 제천의식을 선의식(示亶儀式)이라 한다. 선의식이란 나철이 대종교를 중광하면서 복설(復設)한 우리 민족 전래의 제천의식으로, 정해진 홀기(笏記)를 통하여 인간이 하늘에 드리는 최고의 치성례라 할 수 있다. 또한 선의식의 제정을 통한 나철의 제천보본은 예로부터 삼신일체 하느님께 드리는 천제(天祭)를 복원시켰다는 점에서 전례사적(典禮史的) 의미가 남다르

---

67 『조선왕조실록』 정조13년 기유(1789) 6월 6일.

다. 즉 나철의 제천은 삼신의 신위를 모시고 행한 근대 최초의 천제였다는 점과, 하느님께 올리는 우리 고유의 제천의례인 선의식을 처음으로 부활시켰다는 점이 그렇다. 또한 당대의 생활이라 할 수 있었던 유교적 제례의식에서 완전히 벗어나, 새롭게 홀기(笏記)를 제정하여 우리 고유의 제천의례를 시현·정착시켰다는 점에서도 의의를 찾을 수 있다.[68]

이것은 "고대 임금들이 반드시 상제 및 단군삼신을 공경하여 섬김으로써 도를 삼았다."[69]라는 기록과 함께, 제천의 중요성을 강조한 다음의 내용을 계승한 것으로 이해된다.

> 대개 존비(尊卑)의 예절은 신을 공경하는 데서부터 일어났다. 상하 존비의 차례가 정해지매 선왕의 세상을 다스리는 방법이 행해지고 신을 공경하는 예가 제천하는 것보다 큰 것이 없으니, 만고에 통하고 사방에 이르며 사람으로서 하늘을 두려워 할 줄 모르는 사람이 없었다.[70]

나철이 선의식을 처음 마련하고 시행한 것은 그의 죽음을 앞두고서다.[71] 제천으로 대종교를 중광하고 제천으로 '선의'를 완성하고자 했던 것이다. 나철은 1916년 음력 8월(이하 음력), 삶을 정리하기로 결심하고 구월산 삼성사를 찾았다. 8월 9일에 사당의 수리를 끝내고 천수를 드리며 향을 피우고 경배예식을 거행하였다. 다음 날 10일에는 수도실을 정하고 북벽에 작은 천

---

68 김동환, 「대종교와 홍익인간사상」『국학연구』제7집 위의 책, 307-308쪽 참조.
69 『揆園史話』「檀君記」.
70 『揆園史話』「檀君記」.
71 『대종교중광육십년사』위의 책, 190-191쪽. ; 김동환, 「홍암 나철 죽음의 대종교적 의미」위의 책, 55-108쪽 참조.

진(天眞)을 모셨다. 그리고 11일에는 '전수연삼진리보구리오고계(專修研三眞理普救離五苦界)'란 주련(柱聯)을 친서하여 앞 기둥에 붙이게 하고 폐문수도에 들어갔다. 13일의 경배식 후에는 가배절(嘉俳節)에 행할 선의식 제천의례를 익히었다. 처음 행하는 선의식의 예행연습을 행한 것이다. 14일 나철은 목욕재계하고 다음 날 가배절에 드릴 제물과 제천의례에 고유할 〈주유문(奏由文)〉과 〈악장(樂章)〉 등을 정성껏 준비하였다. 그리고 15일 가배절 자시(子時) 정각에 선의식 제천의례를 거행하였다. 삼신을 합하여 제천을 올린 것도 처음이었고 또 진설한 제수(祭需)가 유교적 제전과는 근본적으로 달랐다. 한편 이날 선의식에는 삼성사 부근 전동마을에서 새로 봉교한 교우 31명이 참사하였다.[72]

선의식은 크게 예원(禮員)과 순서, 제수(祭需)와 제구(祭具)로 나눌 수 있다. 예원은 주사(主祀, 제의를 주관하는 이)・전의(典儀, 예의와 예식을 지도하는 이)・도식(導式, 홀기를 부르고 예원과 祭祀人을 인도하는 이)・봉향(奉香, 香盒을 받들어 天香을 주사에 드리는 이)・봉지(奉贄, 穀贄/絲贄/貨贄를 주사에게 드리는 이)・봉찬(奉餐, 天水/天來/天果와 天飯/天湯을 주사에게 드리는 이)・주유(奏由, 주유문을 읽는 이)・주악(奏樂, 악장을 부르는 이)・원도(願禱, 원도를 드리는 이) 등으로 구성되며,[73] 선의식의 차례와 내용은 다음과 같다.[74]

　一. 개의식(開儀式, 제천에 올리는 모든 참사인들이 제 자리를 잡고 준비하는 순서)

　一. 참령식(參靈式, 주사(主祀)가 천향(天香)을 피워 제단에 올리고 세 번 절하는

72 『대종교중광육십년사』 위의 책, 191-192쪽.
73 같은 책, 191-192쪽.
74 같은 책, 194-198쪽 참조.

순서])

　一. 전폐식(奠幣式, 곡지(穀贄)·사지(絲贄)·화지(貨贄)를 올리는 순서)

　一. 진찬식(進餐式, 음식을 올리는 순서)

　一. 주유문(奏由式, 주유문을 읽어 아뢰는 순서)

　一. 주악식(奏樂式, 한울노래[天樂]을 불러 올리는 순서)

　一. 원도식(願禱式, 원도의 글을 정성껏 사뢰는 순서)

　一. 사령식(辭靈式, 주사가 천향을 피우고 세 번 절하는 순서)

　一. 폐의식(幣儀式, 참사인들 모두 제단에서 물러나는 순서)

　또한 제수는 제폐(祭幣)와 제품(祭品)으로 구분할 수 있다. 제폐는 신폐(神幣)라고도 하며 제천의례에 올리는 폐백이다. 곡지(穀贄, 벼·보리·조·기장·콩을 겉곡식 그대로 정결하게 골라서 각각 한 되씩)와 사지(絲贄, 삼베·무명·명주를 각각 3자 3치씩)와 화지(貨贄, 금전·은전·동전 세 닢으로 현재는 새 돈을 3·3수로 올림)로 나뉜다. 제품은 제사에 사용하는 제물로 천수(물. 자정에 처음 받는 물)와 천래(밀을 말하는 것으로 가을에 심어서 겨울과 봄을 지나 여름에 열매를 맺어 사시의 정기를 갖춘 곡식)와 천과(배), 그리고 천반(흰쌀밥)과 천탕(미역국)과 천채(고사리나물)가 있다.

　제구는 선의식에 쓰는 여러 가지 기구로 천향(天香)과 천화(天花)와 천촉(天燭, 혹은 天燈)이 있다. 천향은 백단향(白檀香)을 일컫는 것이나 자단향(紫檀香)으로 대신 쓰기도 한다. 천화란 무궁화로 무궁화는 목근(木槿) 혹은 신수(神樹)라고도 칭한다. 그리고 천등은 백침지(白椊脂)를 말하며 석단(石檀) 또는 백랍(白蠟)이라고도 한다. 처음엔 참깨기름을 대용했으나 지금은 초를 사용한다. 또한 제구 가운데 제기(祭器)는 원(ㅇ)·방(ㅁ)·각(△)을 본떠 만든 것을 사용하도록 규정하였다. 원·방·각은 대종교의 진리를 나타내는 상징이다. 발해 시대의 국상(國相) 임아상(任雅相)이 『삼일신고해설』에서 대종교의 삼진(三眞)인 성(性)·명(命)·정(精)과 연관시켜 그 이치를 설명한 것에 기원을 둔다.[75]

Ⅲ. 맺음말

대종교의 종지(宗旨) 중 가장 으뜸이 경봉천신(敬奉天神, 공경으로 하느님을 받들 것)이다. 또한 그 공경의 최고 수단이 제천이다. 대종교의 경전에 "사람이 하늘을 공경치 않으면 하늘도 사람에 응답치 않으니, 풀과 나무들이 비·이슬·서리·눈을 받지 못함과 같다."[76]라는 가르침이나, "사람이 하느님을 지극히 받들면 하느님 또한 사람에게 정기를 내리니, 갓난아이에게는 젖과 같고 언 몸에는 옷과 같은 것이다. 만약 정성 없이 높이면 귀먹고 눈멀어서, 들으나 들림이 없고 보아도 보임이 없다."[77]라는 구절은 이것을 경계한 말로서 이해할 수 있다.

살핀 바와 같이 우리 민족 고대 국가의 신앙 양태는, 하늘의 후계자인 우리 민족이 광명한 하느님과 교감하기 위해 부단히 노력하는 모습으로 형상화되었다. 그것이 바로 상고 제천의례의 시발이다. 대종교 제천의 기원 역시 단군제천으로 거슬러 올라간다. 하늘을 열고 세상의 질서를 세운 삼신일체 하느님에 대한 보본정성(報本精誠)이 곧 대종교 제천의 기원이다. 대종교의

---

75 정열모 편, 「三一神誥奉藏記」 『譯解倧經四部合編』 위의 책, 27-28쪽 참조.
76 대종교종경편수위원회, 2002, 「참전계경(敬神)」 『대종교경전』, 대종교총본사, 98-99쪽.
77 대종교종경편수위원회, 「참전계경(尊奉)」 같은 책, 100쪽.

교사(敎史)에서도 이러한 단군제천의 전통을 '오랜 세월 이어 온 우리의 국가제전[東方萬世之國典]'으로 단정하였다. 또한 제천의 장소와 제주(祭主)로서의 단군, 그리고 제천의 이유와 제천의 대상이 분명히 드러나 있다.

이러한 상고 제천을 거행하는 주요 장소가 있었다. 즉 북쪽에서는 백두산, 남녘에서는 마리산을 중심으로 행해진 것이다. 또한 역대 남북조 조정(朝廷)에서도 두루 이어 온 전통으로 부여의 영고, 고구려의 동맹, 예의 무천, 삼한의 소도와 상달제, 고려의 팔관, 요나라의 삼신묘 봉사(奉祀), 금나라에는 개천홍성제(開天弘聖帝)에 대한 존숭이 있었다. 특히 고려의 팔관은 고구려의 동맹을 이어받은 제천행사로 신라에서도 시행되었던 사실이 주목된다. 즉 신라나 고려 팔관의 기원이 고구려의 동맹이며, 그 동맹은 바로 단군제천으로 거슬러 올라간다는 것이다.

대종교를 중광한 나철 등은 몽고 침략 이후 고려에서의 신교의 문호가 폐색된 것으로 인식했다. 또한 우리 제천의례인 팔관의 교맥(敎脈) 역시 이때 단절된 것으로 보았다. 그러므로 이러한 제천의 부활은 20세기 들어 대종교의 중광과 더불어 가능했다. 유교적 조선조에서는 성리학적 범주를 벗어난 사고는 원천적으로 봉쇄되었으며, 우리 고유의 정체성을 품은 사유는 근본적으로 불가능하였기 때문이다. 나철이 창교(創敎)가 아닌 중광(重光)을 내세운 것이나, 그 중광의 방법으로 천제를 택한 것에서도 알 수 있다. 즉 단절된 천제의 복원을 통해 단군신앙의 흐름을 부활시켰다. 그리고 개천절을 제정하여 제천의 당위를 회복하고 선의의 완성을 통해 제천 질서를 바로잡았다.

근대 제천의 질서는 선의식으로 완성되었다. 선의식이란 우리 민족 전래의 제천의식으로, 정해진 홀기(笏記)를 통하여 인간이 하늘에 드리는 최고의 치성례다. 또한 선의식의 제정을 통한 나철의 제천보본은 예로부터 삼신일체 하느님께 드리는 천제(天祭)를 복원시켰다는 데서 전례사적(典禮史的) 의미가 남다르다. 즉 나철의 제천은 삼신의 신위를 모시고 행한 근대 최초의 천제였다는 점과, 하느님께 올리는 우리 고유의 제천의례인 선의식을 처음으로 부활시켰다는 점이 그렇다. 또한 당대의 생활이라 할 수 있었던 유교적 제례의식에서 완전히 벗어나, 새롭게 홀기(笏記)를 제정하여 우리 고유의 제천의례를 시현·정착시켰다는 점에서도 의의를 찾을 수 있다.

원불교 법인기도(法認祈禱)의 정신적 자기희생과 종교적 함의*

허 석 원광대학교 원불교학과 조교수

* 이 글은 필자가 2020년 4월 『종교연구』 제80집 1호에 발표한 「원불교 법인 기도의 정신적 자기희생과 종교적 함의」를 바탕으로 하였다.

I. 들어가는 말

법인기도(法認祈禱)란 원불교를 창립한 소태산 박중빈(少太山 朴重彬, 이하 소태산, 1891-1943)과 그를 따르는 아홉 명의 제자들(이하 구인 단원)[1]이 창생 (蒼生)을 구원하자는 목적으로 1919년 3월 26일(음력, 이하 모든 날짜는 음력을 사용)부터 동년 10월 26일까지 매월 6일·16일·26일에 천지신명(天地神明) 에게 올린 기도를 말한다. 소태산은 장차 물질문명이 급속도로 발달해 가지 만 그것을 바르게 사용해야 할 인류의 정신은 날로 약해짐에 따라 이 세상 이 도탄에 빠질 것이라고 전망하고, 인류와 전 생령을 구원하기 위해 지극

---

1 본고에서는 법인기도에 참여한 소태산의 아홉 제자들을 구인 단원(九人 團員)이라고 부른다. 단원이란 소태산이 조직한 교화단(教化團)의 구성원을 말한다. 교화단은 소 태산이 공부와 교화, 통치를 원활하기 위해 만든 조직이며, 1단에 10인으로 구성되어 단장은 하늘, 중앙은 땅, 여덟은 팔방(八方)에 응(應)하는 시방세계(十方世界)를 상징 한다. 1917년 최초로 결성된 교화단의 단장에 는 소태산, 단원은 김광선·김기천·박 동국·박세철·오창건·유건·이순순·이재철, 그리고 중앙은 공석으로 두었다가 1 년 후 정산 송규(鼎山 宋奎, 이하 정산)가 선임되었다. 소태산과 구인 단원은 새 회상 창립의 정신적 결속과 경제적 자립을 세우기 위해 1917년 저축조합운동(貯蓄組合運 動)을 실시하였고, 1918년 갯벌을 막아 농토를 만든 방언공사(防堰工事)의 주축으로 활동했다. 구인 단원의 생애와 사상, 활동에 관해서는 원불교 개교 100년을 기념해 발 간된 『원불교 구인선진 개벽을 열다』(2016)에 자세히 소개되어 있다.

한 정성으로 천지신명에게 기도하자고 제안한다.

법인(法認)이란 법계(法界)로부터 인증(認證)을 받았다는 뜻인데, 이는 기도가 한창이던 7월 26일 백지혈인(白指血印) 사건을 두고 나온 말이다. 법인기도가 100일을 향해 가던 7월 16일, 소태산은 구인 단원이 기도하는 정성이 창생을 구원하기에는 부족함이 있다고 판단하고, 일제히 목숨을 희생하겠다는 각오와 실행으로 천의(天意)를 감동시켜 전 생령이 구원받는 데 밑거름이 되자고 제안했다. 이에 구인 단원은 일제히 목숨을 바치기로 결심하고 7월 26일을 최후의 희생일로 정하여 마지막 기도를 준비했다. 희생을 결심한 당일, 소태산과 구인 단원은 구간도실(九間道室)[2]에 모여 죽어도 여한이 없다는 '사무여한(死無餘恨)'의 증서에 인주 없이 지장을 찍어 마지막 결의를 다짐하였다. 그런데 그 순간, 인주 없이 지장을 찍은 종이에 혈인(血印)이 나타난다. 소태산은 이 백지혈인(白指血印)이 천지신명이 감동한 증거라 하면서 제자들의 자결을 멈추게 한다. 그리고 구인 단원에게 새로운 이름인 법명(法名)과 법호(法號)를 주며 한 가정에 대한 애착(愛着)과 일체의 욕심을 초월한 마음으로 공도(公道)에 헌신하는 삶을 살 것을 주문한다. 원불교에서는 이 기도가 백지혈인을 통해 법계로부터 인증을 받은 성스러운 역사라 하여 법인성사(法認聖事)라 부르며, 매년 법인기도의 희생정신을 추모하는 행사를 진행한다.[3]

본고의 목적은 법인기도에 나타난 정신적 자기희생의 의미와 그 종교적 함의를 조명하는 데 있다. 일반적인 희생제의가 가축이나 노예 등 대리 희

---

2 1918년 준공된 원불교 최초의 교당(教堂)으로서, 방언공사 때부터 소태산과 구인 단원들이 의식을 진행하거나 수행하는 공간으로 사용되었다.

3 원불교 교단에서는 소태산과 구인 단원이 보여준 희생정신을 기리는 의미에서 백지혈인이 나타난 이 날을 법인절(法印節)이라 이름하고 4대 경축일 중 하나로 여긴다.

생물을 신에게 바치는 육체적 희생의 형식을 띤다면, 법인기도는 정신적 자기희생의 성격이 있다. 이는 법인기도가 아홉 제자들의 자기희생의 결심과 최후 증서의 작성을 통한 완전한 자기 초극의 과정을 겪으면서도 결국에는 목숨을 희생함으로써 소멸이 아닌, '죽은 셈' 치고 공도에 헌신하는 새로운 삶으로 태어나는 결과를 가져왔음을 의미한다. 본고는 먼저 원불교 법인기도의 목적과 방법, 그 결과를 분석함으로써 법인기도가 정신적 자기희생에 이르는 과정과 결과를 알아보고자 한다. 또한 법인기도의 정신적 자기희생이 일반적인 희생제의와 비교하여 어떤 특징을 갖는지 분석해 본다. 마지막으로 법인기도의 종교적 함의를 크게 세 가지 측면으로 고찰해 본다. 첫째는 기도의례에 나타난 성속(聖俗)의 분리와 일치의 경험, 둘째는 정신적 자기희생에 의한 통과의례적 성격, 마지막으로 의례의 공동체성을 통한 소태산의 깨달음이 공동체의 종교적 체험으로 확장되는 점을 중심으로 다룬다. 결론적으로는 법인기도에 나타난 정신적 자기희생의 의미와 그 종교적 함의가 오늘날의 종교적 신앙과 실천이 지향해야 할 방향을 제시한다는 점을 주지하고자 한다.

　법인기도에 관한 선행연구의 흐름은 크게 세 가지로 나누어 볼 수 있다. 첫째, 역사적 고증을 다룬 연구로서, 기도가 진행된 아홉 봉우리의 위치를 논한 남궁문·서임기와 신순철의 연구, 기도에 사용된 기도문의 내용을 고증한 이정재의 연구가 있다(남궁문·서임기 2007, 272-289; 신순철 2007, 211-234; 이정재 2017, 9-45). 둘째, 종교사적 의미를 논한 연구로서, 법인기도의 희생정신이 갖는 역사적 의미를 고찰한 한기두, 문명론의 관점에서 법인기도의 근·현대 종교사적 의의를 다룬 권동우, 사회적 공공성(公共性)의 측면에서 법인기도의 정신을 재해석한 원영상의 연구가 있다(한기두 1993, 446-448; 권동우 2019, 9-44; 원영상 2019, 77-109). 마지막으로 의례의 관점에서 분석한 연구로는 기도의례에 나타난 상징체계를 분석한 박광수, 제천의례의 관점에서 기도의 전개 과정과 기도에 사용된 팔괘기의 상징성을 논한 박광수·임병학의 연구가 있다(박광수, 2001, 149-178; 박광수·임병학, 2019, 137-163). 본 연구는 법인기도를 의례의 관점에서 분석하면서도, 선행연구에서 나타난 상징체계나 제천의례의 관점이 아닌 자기희생의 관점에서 법인기도의 종교적 의미를 살펴보고자 한다.

　종교학에서 희생(犧牲)이라는 개념은 대체로 희생제의와 연결지어 연구되어 왔다. 희생제의에 관한 연구는 19~20세기 유럽에서 본격적으로 시작된 이래 종교학 분야의 중요한 연구 주제로 다루어져 왔다. 하지만 대부분의 연구가 서양 종교를 중심으로 진행되어 왔기 때문에 동아시아의 희생제의에 관한 연구는 상대적으로 부족한 실정이다(이연승, 2019, 4). 한편, 희생제의에 관한 대표적인 국내 연구인 류성민의 성스러움과 폭력(2003)은 고대 이스라엘 종교를 중심으로 희생제의가 행해지는 방식을 '폭력'의 관점에서 분석한 것이 있다. 그는 희생제의가 대리 희생물에게 폭력을 가함으로써 사회적 폭력을 예방하려는 목적이 있었지만, 그러한 희생제의의 기능은 예수와 바울에 와서 대리 희생물이 아닌 자기 스스로를 희생함으로써 폭력의 악순환을 끊고 사랑과 화해의 윤리적 덕목을 실천하는 형태로 나타났다고 보았다(류성민, 2003, 77-78). 또한 이연승·임현수·최수빈 등은 고대 동아시아 문화권에서 행해진 다양한 방식의 희생제의를 연구한 동아시아의 희생제의(2019)를 발표함으로써 연구의 지평을 확장하는 성과를 보여주었다. 이에 본고는 근대기 한국에서 자생한 종교인 원불교에서 기도의례를 통해 나타난 정신적 자기희생의 특징과 의미를 고찰함으로써 희생제의에 관한 연구 지평을 확장하고, 법인기도의 정신적 자기희생이 오늘날 사회에 전하는 메시지를 논해 보고자 한다.

II. 법인기도의 과정과 정신적 자기희생

1. 법인기도의 동기: 사회적 혼란과 인류 구원

일반적으로 희생제의가 나타나는 것은 사회의 갈등이나 큰 위기가 발생하거나 그럴 우려가 높아지는 시점에서 두드러진다. 예컨대 전염병이 창궐하거나 가뭄이나 홍수와 같은 큰 자연재해가 발생하여 사회가 혼란할 때, 전쟁을 전후한 때, 또는 사회적으로 심각한 범죄가 발생했을 때 등이다(류성민 2003, 29). 법인기도가 시작된 시점도 민족의 존립과 자유를 유린당한 일본 제국주의의 식민 지배라는 역사적 혼란기였다.

법인기도는 1919년 음력 3월 26일에 시작되었다. 이 당시 한반도에서는 3·1만세운동이 발발하여 전국으로 확산되었다. 지식인과 종교인, 그리고 민중에 이르기까지 만세운동이 전국적으로 확산되었던 원동력은 바로 극도로 혼란했던 당시의 시대 상황이었다. 봉건적 정치·사회질서 속에서 억압과 차별을 받아 온 조선의 민중들은 구한말 서구 근대문명의 급격한 유입과 식민지화로 인해 안팎으로 극심한 고통을 받았다. 20세기에 들어서면서 결국에는 국가의 모든 자유와 권리가 말살당하는 식민 지배를 받게 되는 처지에까지 이르렀던 것이다. 한반도 전역을 가득 메운 독립의 열기와 함성은 이러한 모순된 사회 현실을 개혁하고자 하는 바람이었다.

소태산과 그의 제자들도 어떤 방식으로든 역사에 참여하려는 의지를 보였다. 소태산은 3·1운동의 함성이 '개벽을 재촉하는 상두 소리[4]'라 하면서

---

4 소태산이 구인 단원에게 법인기도를 제안한 이날은 바로 전라남도 길룡리 앞바다를 막아 농토를 만든 방언공사의 제막(除幕) 기념식이 열리는 날이었다. 여기서 상두 소리란 장례를 치를 때 상여꾼들이 상여를 메고 가면서 부르는 노랫소리를 말하는데, 소

제자들에게 기도의례를 시작하자고 제안하였다(『원불교전서』, 782). 전국 방
방곡곡이 3·1운동의 열기로 가득하던 1919년 당시, 소태산은 왜 독립운동
에 직접적으로 참여하는 방법을 택하지 않고 기도의례를 선택하였을까? 조
경달(1954-)에 따르면, 이는 "민족적 분노를 인내로써 극복하고, 그 정력(精
力)은 근검과 성심(誠心)의 내성주의적 방향"으로 향해야 한다는 소태산의
종교적 확신에서 나온 선택이었다고 평가했다(조경달·박맹수, 2016, 284). 물
론 이에 관해서는 다양한 해석이 가능할 것이나, 법인기도의 동기에 관한
소태산의 언급을 보면 그의 현실 인식과 대응 방식이 민족의 범위를 넘어서
전 인류의 미래를 걱정하는 한층 더 근본적인 차원에 있었다는 것을 확인할
수 있다.

> 현하 물질문명은 금전(金錢)의 세력을 확장하게 하여줌으로 금전의 세력
> 이 이와 같이 날로 융성하여지니 이 세력으로 인하여 개인, 가정, 사회, 국
> 가가 모두 안정을 얻지 못하고 모든 사람의 도탄(塗炭)이 장차 한이 없게 될
> 것이니 단원(團員) 된 우리로서 어찌 이를 범연(泛然)히 생각하고 있으리오.
> 고래(古來) 현성(賢聖)도 일체중생을 위하여 지성으로 천지에 기도한 일이
> 있으니, 제군들이여 이때를 당하여 한번 순일한 마음과 지극한 정성으로 모
> 든 사람의 정신이 물욕에 끌리지 아니하고 물질을 사용하는 사람이 되어 주
> 기를 기도하여 기어이 천의(天意)의 감동하심이 있게 할지어다.(『불법연구회
> 창건사』, 109)

태산은 만세운동의 함성이 일본의 식민지 지배에 저항하는 민중들의 개벽(開闢)을 염
원하는 바람이라고 본 것이다.

소태산은 법인기도의 목적이 현재 사회가 겪는 대혼란의 위기로부터 인류를 구원하는 데 있음을 명확히 하였다. 그는 물질문명의 급속한 발달을 '금전'의 세력으로 표현했는데, 이를 현대적 용어로 한다면 자본주의 체제라고 볼 수 있을 것이다. 자본주의 체제를 기반으로 진행된 서구적 근대화는 경제·정치·과학·군사 영역뿐만 아니라 문화·예술·철학·종교 등 정신적 영역에까지 사회 전 영역에서 발생하였다. 이러한 변화는 인간의 존엄성과 도덕의 가치보다는 돈의 가치가 우선되는 가치전도의 사회를 초래할 위험을 안고 있었다. 더욱이 제국주의 국가의 반열에 올라 동아시아의 패권국으로 성장한 일본에게 주권을 빼앗기는 수모와 억압을 당하면서 한반도의 민중들이 겪는 고통과 분노는 극에 달해 있었다. 소태산은 이러한 시대적 혼란기를 극복하기 위한 종교적 실천으로써 기도를 제안한 것이다. 법인기도 때 사용한 기도문의 내용을 살펴보면 사회적 혼란을 극복하고 만물을 구원하려는 기도의 목적과 의지가 담겨 있다.

단원 모(某)는 삼가 재계하옵고 일심을 다하여 천지(天地)·부모(父母)·동포(同胞)·법률(法律) 사은(四恩) 전에 발원하옵나이다. 대범, 사람은 만물의 주인이요 만물은 사람의 사용물이며 인도(人道)는 인의(仁義)가 주체요 권모술수(權謀術數)는 그 방편(方便)이니, 사람의 정신이 능히 만물을 지배하고 인의의 대도(大道)가 세상에 서게 되는 것은 이치의 당연함이어늘, 만근 이래(輓近以來)로 그 주장이 위를 잃고 권모사술(權謀邪術)이 세간에 분등(紛騰)하여 대도가 크게 어지러울 새, 본 단원 등은 위로 대종사의 성의(聖意)를 받들고 아래로 일반 동지의 결속을 견고히 하여 시대에 적합한 정법을 이 세상에 건설한 후 나날이 쇠퇴해 가는 세도인심(世道人心)을 바로잡기로 성심(誠心) 발원(發願)하오니 복원(伏願) 사은이시여, 일제히 감응하시와 무궁

한 위력과 한없는 자비로써 저희들의 원하는 바를 이루어지게 하여 주시옵
소서.(『불법연구회창건사』, 111-112)

소태산은 구인 단원들과 함께 현실적 모순을 안으로 인내하고 마음을 하
나로 모아 일체의 사사(私邪)로움을 제거하는 자기희생의 작업에 착수하였
다. 즉 기도의례를 통해 모든 생령을 제도하겠다는 목표를 세우고 천지신명
을 감동시키고 인류 구원을 위해 진리의 위력을 얻고자 하였다.

2. 법인기도의 과정: 신념의 내면화

의례는 정성을 다하여 정형화된 행동을 하는 종교적 실천 체계이다. 의례
는 정형화된 행동을 반복함으로써 우리가 일상생활에서 종교적 가르침을
실천하거나 경험하기 힘든 초월적 존재나 우주적 원리, 진리의 실재를 인식
하거나 체험하도록 유도하는 목적을 갖는다. 정형화된 행동 하나하나에는
이러한 교리적 의미나 선험적 가치가 담겨 있다. 그리고 의례에 내포되어
있는 교리나 가치는 의례 행위의 반복을 통해 자신의 것으로 받아들이는 내
면화 과정을 거친다. 의례 행위에 주어진 설명체계가 내면화되면 그것은 곧
자신의 신념 체계가 된다. 나아가 내면화된 신념 체계는 삶 속에서 행동에
옮기는 실천 체계가 된다(윤이흠, 1998, 2-4).

법인기도에 참여한 구인 단원은 정형화된 의례 형식을 반복적으로 수행
함으로써 기도의 목적과 의미를 점차 내면화하였다. 또한 기도의례와 생활
속 수행이 함께 진행됨으로써 구인 단원은 공동의 종교적 체험과 지향점을
확립해 갔다. 법인기도의 진행 절차와 방법에 대한 기록은 다음과 같다.

치재(致齋)방식은, 마음 청결을 위주하고 계문을 더욱 조심하며 육신에도 매일 일차식 목욕재계하고 기도 당일은 오후 8시 이내로 일제히 교실(敎室)에 회집(會集)하여 대종사의 지시를 받은 후, 동 9시경에 기도 장소로 출발하도록 하고, 기도는 동 10시로부터 12시 정각, 야반까지 하기로 하며, 식을 마친 후에는 또한 일제히 교실에 돌아오게 하되, 단원이 각각 시계 한 개씩 수지하여 기도의 시작과 그침이 서로 분각(分刻)이 틀리지 않게 하고, 장소는 각각 단원의 방위를 따라 정하되 중앙봉(中央峰)을 위시하여 팔방의 봉만을 지정하고 단기(團旗)를 제작하여 기도 때에 그 장소 주위에 건립하게 하며, 식을 시작할 때에는 먼저 향촉(香燭)과 청수(淸水…)를 진설하고, 다음은 헌배(獻拜)와 심고(心告)를 올리고 축문(祝文)을 독송하나니.(『불법연구회창건사』, 110-111)

위의 자료를 통해 법인기도가 매우 엄격한 규율과 절차에 따라 진행되었음을 확인할 수 있다. 또한 기도 참여자들이 평상시 생활에서도 금욕적이었고 철저히 수행을 했다는 점도 눈에 띈다. 소태산은 청정하고 성스러운 분위기에서 기도를 진행하기 위해 구인 단원에게 상당히 엄격한 생활 규칙을 부여하였다. 예컨대, 마음 정결을 위주로 하고 계문을 더욱 준수하며 육신을 자주 목욕재계했다. 또한 위의 자료에는 언급되어 있지 않지만, 소태산은 1917년 제작한 『성계명시독』이라는 일기 형식의 책을 법인기도 과정에서 사용하였다. 이 책은 제자들의 계문 준수 여부와 신성(信誠)의 진퇴(進退) 여부를 조사·점검하는 데 목적이 있었다.[5] 이러한 청정한 마음가짐과 엄격

5 『성계명시독』은 소태산이 제자들의 공부 실적을 조사하기 위해 사용했던 일기 형태의 책으로, 소태산은 이 책을 1917년부터 제자들의 교육에 사용했다. 주로 10일에 한 번씩 열리는 예회(例會) 때 단원들의 생활을 조사하여 신성(信誠)의 진퇴(進退)와 실

한 생활을 통해 구인 단원은 자신의 심신(心身)을 점점 성스러운 존재로 변화시켜 나갔다.

　기도는 산상(山上)에서 진행되었다. 전라남도 영광군 백수면 길룡리 부근에 위치한 중앙봉을 중심으로 각각 팔방의 산봉우리를 선택하여 기도 장소로 활용했다. 산은 복잡한 속세로부터 분리된 일종의 성소(聖所)를 상징하며, 하늘을 향해 있기 때문에 하늘과 가장 가까운 곳이다. 산봉우리를 기도터로 정함으로써 법인기도의 목적인 천의(天意)를 감동시키고자 하는 법인기도의 목적을 위해 하늘을 향해 좀 더 가까운 장소를 택했다고 볼 수 있다. 기도봉의 중앙인 중앙봉에는 땅을 응하여 중앙 단원인 정산이 위치하였으며, 다른 단원들의 기도 장소는 각각 팔방을 상징하였다. 중앙봉을 중심으로 한 여덟 봉우리는 방위에 따라 건(乾) · 감(坎) · 간(艮) · 진(震) · 손(巽) · 이(離) · 곤(坤) · 태(兌)의 팔괘(八卦) 순으로 지정하여 각각 팔방(八方)을 이루고, 소태산은 하늘을 상징함으로써 이들의 기도가 시방세계(十方世界)를 대표한다는 공간적 상징성을 내포하였다. 또한 팔괘기 모양의 단기를 제작하여 기도 장소 주위에 걸립하였는데, 이 또한 특별한 장치를 설치함으로서 기도 장소가 성소(聖所)로 여겨질 수 있도록 하는 장치였다(박광수 · 임병학 2019, 148-157).[6]

행 여부를 조사했다. 신성에 대한 조사 방법은 푸른색 · 붉은색 · 검정색으로 구분하여, 신성이 제일가는 자는 그 이름 아래 푸른색을 표시하고 그다음은 붉은색, 검은색을 표시하여 스스로의 신성 등급을 조사하게 했다(『원불교전서』, 1046).

6　이 팔괘기는 문왕팔괘나 정역팔괘와 일정 부분 유사하면서도 독특한 형태였다고 전해진다. 법인기도 당시 사용된 팔괘기는 1924년 불법연구회 창립 당시 회기(會旗)로 제작하여 사용되었고, 1932년 발행된 보경육대요령에도 등장했다. 1935년 총본부 대각전에 일원상이 봉안되기 이전까지 불법연구회를 상징하는 문양으로 팔괘가 활용되었으며, 현재 원불교에서는 교화단을 상징하는 교화단기와 단회 때 단원의 방위를 표시하는 절부보에 팔괘 문양이 사용되고 있다.

<〈그림1〉 구인 단원의 기도 장소 사진[7]

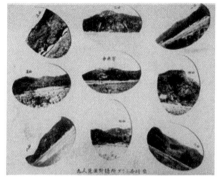

〈그림2〉 구인 단원의 기도봉 위치[8]

　소태산은 기도의 총집결지인 회실(會室)[9]에 주재하면서 구인 단원을 지휘
했다. 구인 단원은 기도가 실시된 매월 6일 · 16일 · 26일 오후 8시에 회실에
집결했다. 회실에 모인 구인 단원은 소태산의 지도를 받았는데, 그 내용은
10일간 생활한 경과보고, 『성계명시독』 점검, 기도의 의미와 마음가짐 등이
었다. 9시경 기도 장소로 출발한 구인 단원은, 기도 장소를 정리하고 오후
10시부터 11시 정각까지 동시에 기도를 진행했다.[10] 식이 시작될 때 향과 촛

7　사진 출처: www.won100.org
8　사진 출처: 남궁문 · 서임기,「원불교 영산성지 법인기도봉 위치 측량결과 보고서」,
　　『원불교사상과 종교문화』제35집.
9　회실은 구간도실을 줄여 부르는 명칭이다.
10　각 기도봉은 집결 장소인 도실에서부터의 거리가 서로 달랐는데, 기도가 동시에 진행
　　될 수 있도록 단원들에게 회중시계를 주었다. 당시로서는 시계의 가격이 상당했음에
　　도 불구하고 합심으로 기도하기 위해 이를 구입하여 분각을 틀리지 않게 진행했다(박

대, 청수를 진설하고 헌배와 심고를 올리며, 축문을 낭독한 다음 지정한 주문을 독송하였다. 기도를 마친 구인 단원은 다시 회실로 집결하여 소태산의 법설을 들은 후 귀가했다.

기도는 1919년 3월 26일부터 시작하여 7월 26일 법인성사 사건이 발생하였고, 그 후 동년 10월 6일 기도 해제식에 이르기까지 총 20회에 걸쳐 217일간 진행되었다. 이 기간 동안 구인 단원은 소태산의 지도를 받으며 법인기도에 담긴 종교적 의미를 내면화하고 신념화하는 과정을 거치게 된다.

그렇다면 이들이 법인기도를 통해 내면화하고 신념 체계로 만든 내용은 무엇이었을까? 소태산이 회실에 주재하면서 기도를 시작하기 전·후로 구인단원에게 주지시킨 가르침의 핵심은 무엇이었을까? 이 질문에 대한 답을 유추해볼 수 있는 중요한 단서는 소태산이 구인 단원에게 법인기도를 시작하는 과정에서 당부한 내용을 통해 확인해 볼 수 있다.

> 제군의 마음은 곧 하늘의 성품(性稟)이라, 그러하므로 마음이 한번 순일하여 조금도 사사 한 날[個]이 없게 된다면 이는 곧 천지로 더불어 그 덕(德)을 합하여 모든 일이 다 그 마음을 따라 성공이 될 지니, 제군은 각자의 마음에 능히 천지를 감동할 만한 요소가 있음을 알아야 할 것이며, 각자의 몸에 또한 중생을 구원할 책임이 있음을 항상 명심하여야 할 것이다.(『불법연구회창건사』, 109-110)

법인기도를 해야 하는 당위성에 대해 소태산은 구인 단원 각자의 마음이 곧 하늘을 감동시킬 요소가 갖추어져 있는 존재이며, 그 몸은 중생을 구원

광수, 2016, 195).

할 책임이 있다고 설명하였다. 인간의 마음은 하늘이라는 절대적 신앙의 대상과 서로 소통할 수 있는 존재이며, 인간의 몸은 자기 육신의 평안과 건강만을 추구하는 것이 아니라 나를 포함한 모든 중생들과 더불어 행복한 구원의 삶을 사는 책임이 주어진 우주적 존재라는 것이다. 따라서 구인 단원은 기도의례를 통해 소태산으로부터 부여받은 자기 존재의 본질을 자각하고, 이를 신념으로 내면화하는 계기를 맞았다. 자신의 마음이 하늘을 감동시킬 요소를 지니고 있으며, 자신의 몸이 일체 중생을 제도할 책임을 가진 존재임을 자각하고 신념화하게 되었다.

3. 법인기도의 결과: 정신적 자기희생과 공인(公人)으로의 탄생

1919년 음력 7월 16일, 소태산과 구인 단원의 기도는 석 달이 넘게 진행되었다. 구인 단원은 기후나 지형, 자연환경, 개인적 사정 등 수많은 현실적인 어려움 속에서도 기도에 정성을 다했다. 하지만 소태산은 아직 그들의 마음에 사념(私念)이 남아 있어서 하늘을 감동시키기에는 부족함이 있다고 보았다. 이에 각자의 목숨을 희생함으로써 하늘을 감동시켜 세상을 구원하자는 본래의 목적을 이루자고 제안한다.

옛말에 살신성인이란 말도 있고 그를 실행하여 이적을 나툰 사람도 있었으니, 제군이 만일 그와 같이 남은 것이 없는 마음으로 대중을 위한다면 천지신명이 어찌 그 정성에 감동하지 아니하며 그 소원에 성공이 없게 되리오. 불원(不遠)한 장래에 도덕의 정법이 다시 세상에 출현되고 혼란한 인심이 점차 정돈되어 창생의 행복이 장차 한이 없을지니 그리된다면 제군은 곧 세상을 구원한 구주(救主)이요, 그 음덕(陰德)은 또한 만세(萬世)를 통하여 멸

하지 아니하리라. 그러나 생사는 인간대사라 또한 고려하지 않을 수 없으니, 단원 중에 만일 조금이라도 자신 가정을 물론하고 미망(未忘)한 생각이 있어서 생명희생에 남은 한이 있다면 또한 숨기지 말고 곧 말하라. 그러한 사람은 생명은 바치지 아니하고도 다른 도리가 있나니, 이것이 결코 제군들에게 생명 희생을 단행하라는 것은 또한 아닌즉, 모두 각자의 마음에 따라 응답할 것이요 조금도 나의 말에 끌리거나 동지의 체면에 구속되어 대답하지는 말지어다. 만일 육신 희생에 대하여 호리(毫釐)라도 불만한 생각이 심중에 끼어 있다면 비록 열 번 죽어서 정성을 바친다 할지라도 천지신명은 이에 감동하지 않을지니, 제군은 이 점을 또한 이해하여 실정(實情)으로 대답하기를 바라노라.(『불법연구회창건사』, 116-117)

소태산은 구인 단원이 자기 목숨을 희생하게 되면 천지신명이 이에 감동할 것이며, 도덕의 정법이 출현하여 인류 문명이 나아가야 할 바른 길을 제시함으로써 세상이 점차 안정되고 모든 생령이 행복을 얻을 것이라고 설명했다. 또한 기도가 천지신명을 감동하게 하면 단원들이 바라는 창생의 구원과 제도가 가능하며, 지금의 희생이 남긴 공(功)과 덕(德)이 후대에 길이 전해질 것이라며 희생의 의미를 재차 강조했다. 하지만 소태산은 타의(他意)나 체면에 의한 희생은 아무런 효과가 없을 것이니, 오직 스스로의 선택을 통해 희생 여부를 결정하라고 당부하였다. 목숨의 희생은 어디까지나 자발적인 선택에 의해 결정되어야 할 문제였고, 결국 구인 단원은 모두 희생하기로 고백했다.

남을 위해 스스로 죽음을 선택하는 것이 어떻게 가능했을까? 상식적으로는 납득하기 어려운 일이다. 당시 구인 단원의 희생이 있기까지는 이미 법인기도 이전부터 쌓아 온 소태산과 구인 단원 간의 믿음과 정신적 훈련이 없이는 불가능했을 것이다. 소태산은 법인기도가 시작되기 2년 전에 교화단을 조직한 후, 단원들에게 공부와 사업의 목적이 인류의 구원에 있음을 늘 주지하였다. 1917년 저축조합을 결성하고 허례허식 폐지·금주금연·보은미(報恩米) 저축 등의 활동을 전개할 때에도, 1918년 영광 지역의 바닷물을 막아 논을 만드는 방언공사를 할 때에도, 소태산은 제자들에게 이러한 활동의 목적이 인류 구제에 있음을 늘 주지시켰다. 방언공사 당시 구인 단원이 입버릇처럼 맹세하던 말이 있었다고 전해진다.

장차 창생을 위하여 널리 제도하려고 서원(誓願)하나이다. 비록 천신만고(千辛萬苦) 함지사지(陷之死地)를 당할지라도 조금도 퇴전치아니하고 후회치 아니하고.(『소태산평전』 2016, 285)

구인 단원은 저축조합운동과 방언공사를 거치며 소태산에 대한 믿음이 깊어지고, 삶의 목적과 가치관의 변화를 경험하였다. 특히 한 개인이나 가정의 이익만을 위한 사업이 아닌 공익(公益)을 위한다는 가치관이 점차 확립되어 가고 있었다. 이러한 구인 단원의 생각과 가치관을 종교적 차원으로 한 단계 승화시키는 작업이 바로 법인기도였고, 그 기도의 절정에 구인 단원의 자기희생이라는 선택이 있었다. 목숨을 희생하겠다고 일제히 다짐한 구인 단원의 자발적 선택에 소태산은 다음과 같이 말하였다.

제군의 오늘날 이 마음이 곧 천의(天意)라, 제군의 마음을 놓고 어찌 천의가 따로 있으리요.(『불법연구회창건사』, 117)

희생을 결심한 구인 단원은 10일간 치재를 더하여 7월 26일을 최후 희생일로 정하였다. 각자의 가정으로 흩어진 구인 단원에게 최후의 희생일까지 남은 10일간 각자의 가사와 생활을 정리하는 시간을 갖게 한 것이다. 이들 중 소태산의 외숙이자 공동묘지봉에서 기도한 유건은 "우리(구인 단원)는 며칠전부터 죽을 것을 각오하고 칼을 짚으로 묶어 허리에 차고 다녔다"(『원불교교고총간5』, 63-64)고 당시 상황을 증언했다. 다시 말해 최후 희생일까지의 생활은 자신의 모든 욕망과 생의 집착을 버리고 완전한 무아(無我)를 만들어 가는 과정이었다.

〈그림3〉 구인 단원이 최후의 희생을 위해 모인 구간도실 터[11]

7월 26일 소태산과 구인 단원은 회실에 모였다. 회실 중앙에는 청수(淸水…)를 진설하고 각자가 지참한 단도(短刀)를 청수상에 나열한 후, 사무여한(死無餘恨)이 적힌 최후 증서에 백지장(白指掌)을 찍고 복지심고(伏地心告)

---

11 현재 구간도실은 소실되어 전해지지 않고, 그 터만 보존되어 있다. 사진 출처 : www. won.or.kr

를 올렸다. 이때, 지장을 찍은 자리에 혈인(血印)의 흔적이 나타났고,[12] 이를 본 소태산은 이것이 구인의 일심이 뭉쳐 나타난 결과이니 곧바로 기도장소로 가서 최후의 기도를 올린 후 자결할 것을 명했다. 이에 구인 단원은 일제히 기도 도구와 단도를 휴대하고 각자의 기도 장소로 출발하였다. 하지만 소태산은 최후의 기도를 위해 떠나는 구인 단원의 모습을 잠시 지켜보다가 그들을 모두 불러 모은 후 다음과 같이 말했다.

제군들의 마음은 천지신명이 이미 감응하였고 음부공사가 이제 판결이 났으니 금일에 제군들의 생명을 기어이 희생하지 아니하여도 우리의 성공은 오늘로부터 비롯하였다. (중략) 제군의 몸은 곧 시방세계에 바친 몸이라 이 앞으로 장차 영원히 모든 일을 진행할 때에 비록 천신만고(千辛萬苦)와 함지사지(陷之死地)를 당할지라도 오직 이때의 이 마음을 변하지 말고, 또한 가정 애착(愛着)과 오욕(五慾)의 환경을 당할 때는 오직 금일(今日)에 죽은 셈만 잡는다면 다시는 거기에 끌리지 아니할지니 그 끌림이 없는 순일(純一)한 생각으로 공부와 사업에 전무(專務)하여 길이 중생제도에 노력하라.(『불법연구회창건사』, 120)

소태산은 자기희생을 결심하고 이를 실행에 옮기고자 했던 구인 단원의 마음이 천지신명의 감동을 이끌어 냈다고 보았다. 사실, 천지신명이 감동했다는 것은 이 기도의 주체인 소태산과 구인 단원 스스로가 자신들의 희생정

---

12 인주를 묻히지 않은 채 맨손으로 도장을 찍어 피의 흔적이 나타났다고 하여 백지혈인(白指血印)이라고 하며, 이 사건은 일반적인 상식으로 이해할 수 없는 역사라는 의미에서 이적(異蹟)이라고 말한다. 원불교에서 공식적으로 이적을 인정하는 유일한 사건이다.

신에 먼저 감동하지 않고는 불가능한 일이다. 결과적으로 소태산은 완전한 정신적 희생, 사적(私的) 자아의 죽음에 도달한 구인 단원을 육체의 죽음으로까지는 이르게 하지 않았다. 도리어 자결하러 가는 구인 단원을 불러 세워 그 실행을 만류하고, 그들에게 새로운 이름인 법명(法名)과 법호(法號)를 주어 새로운 삶을 살게 하였다. 소태산은 법명과 법호의 의미를 다음과 같이 설명하였다.

제군들의 전일 이름은 곧 세속의 이름이요, 개인적 사명이었던바, 그 이름을 가진 자는 이미 죽어 매장되었으므로 이제 세계 공명(公名)인 새 이름을 주는 바이니 삼가 받들어 가져서 많은 중생을 구제하라.(『불법연구회창건사』, 122)

법인기도는 세속의 이름을 가진 구인 단원의 죽음과 함께 세계의 공명, 즉 세상을 위해 헌신하는 법명의 삶으로 태어나는 공인으로서의 변화를 가져왔다. 즉, 법인기도는 구인 단원의 완전한 정신적 희생을 통해 죽음과 소멸로 끝나지 않고, 공도에 헌신하는 새로운 정신과 생활을 시작하는 계기를 맞게 하였다.[13]

---

13 법인성사를 이룬 후, 소태산은 중앙 단원인 정산을 전라북도 변산 월명암으로 보내 백학명(白鶴鳴)선사에게서 불교를 배우게 하고, 자신은 나머지 단원들과 함께 기도를 계속하였다. 소태산은 전라남도 영광에서 음력 9월까지 약 200여 일 간의 기도를 마무리하는 해제식을 한 후, 제자 오창건과 함께 정산이 있는 변산으로 건너가 쌍선봉(雙仙峰)에서 그를 위해 따로 해제식을 올렸다. 10월 6일 해제기도 후에는 저축조합을 불법연구회기성조합(佛法研究會期成組合)으로 변경하고 〈불법(佛法)에 대한 선언〉을 발표하는 등 정법(正法) 교화를 공식 선언하게 된다. 소태산은 법인기도 해제식 후 모든 신자에게 불법에 대한 선언을 하고, 저축조합의 이름을 '불법연구회기성조합'으로 바꾸고, 회상에 관련된 모든 기록에도 일제히 불법의 명호를 쓰게 했다.

Ⅲ. 법인기도의 정신적 자기희생의 성격

원불교의 법인기도는 일반적인 대리 희생물에 의한 희생제의와는 달리 자기 자신을 희생하되 생명을 해하는 육체적 희생이 아니라 정신적 자기희생을 통한 제2의 탄생을 추구했다는 특징이 있다. 이러한 법인기도의 정신적 자기희생의 성격과 특징을 고찰하기 위해 일반적인 의미의 희생제의와 다양한 형태의 자기희생의 내용을 살펴보고 이를 법인기도와 비교해 보고자 한다.

일반적으로 희생제의란 자신의 생명 또는 개인이나 단체가 그들에게 소중하다고 여기는 것을 대신 희생하여 신(神)과 같은 초월적 존재에게 바치는 의례를 말한다. 희생제의는 신앙의 대상에게 희생 제물을 바치는 신앙의 표현이기 때문에, 제의에 사용되는 제물(sacrifice)은 매우 가치 있는 것으로 선정된다. 일반적으로 소나 양과 같은 가축이나 귀중품, 곡식, 심지어 전쟁 포로나 노예와 같은 인간을 희생물로 삼는 경우도 있다. 또한 희생제의에서 희생 제물을 신에게 바치는 행위는 정해진 의식에 따라 상당히 폭력적인 방법으로 진행된다(류성민, 2003, 19).

대리 희생물을 이용한 희생제의는 동서양을 막론하고 고대로부터 행해진 종교의례라고 볼 수 있다. 희생제의의 목적은 신이나 초월자에 대한 찬양이나 감사, 물질적인 풍요나 정신적 축복 등을 간청, 도덕적 잘못의 속죄나 정화, 또는 액의 제거 등이 있다(류성민, 2003, 30-31). 또한 사회에서 대리 희생에 의한 희생제의는 희생 제물에 대한 폭력을 통해 사회적 폭력의 욕구를 대체 또는 해소함으로써 사회적 안정과 보존을 추구하는 기능을 해 왔다.

하지만 희생제의가 사회적 폭력을 제어할 수 있으려면 의례에 참여하는 주체들 사이에 공동체적 유대감이 전제되어야 하는데, 고대사회가 점차 발달됨에 따라 다양한 민족과 국가가 상호 교류함으로써 집단적 유대감을 형성하는 데 한계가 발생하였다. 또한 고대 이스라엘의 많은 예언자들은 대체물에 대한 폭력을 통해 사회적 폭력을 대체하는 것이 과연 폭력을 예방하고 평화를 유지하는 데 실질적으로 효과가 있는지에 대하여 근본적인 의문을 제기하였다. 대표적으로, 아모스(Amos)나 호세아(Hosea) 같은 유대교의 예언자들은 대리 희생의 폭력적 구조를 비판하였고, 스스로 희생물이 되길 자처하여 자기희생을 감행하는 사람들을 강조하기 시작했다. 또한 고대 인도에서는 희생제의에 대한 전면적인 비판이 일어나면서 자이나교와 불교를 중심으로 비폭력과 불살생의 윤리를 강조하는 경향이 나타났다(류성민, 2003, 36-37).

희생제의의 효용성과 폭력적 구조가 비판받기 시작하면서 대리 희생물을 통한 제의가 아닌 자기희생이 거론되기 시작하였다. 자기희생은 희생 제물이나 타인으로 향하는 폭력의 방향을 자신이 수용함으로써 폭력의 연쇄적 작용을 끊고, 자신이 타인에게 가할 수 있는 폭력을 잠재운다는 의미가 있다(류성민, 2003, 58). 이러한 자기희생의 대표적인 경우가 예수 그리스도(Jesus Christ)라고 할 수 있다. 예수는 다른 사람의 희생에 의한 화해가 아니라 그 자신이 희생하여 인류의 원죄를 대신 받음으로써 만물을 하나님과 화해시키고자 십자가에 처형당하였다. 이러한 자기희생의 사례는 근대기 한국에서 대종교(大倧敎)를 창시한 홍암 나철(弘巖 羅喆)에게서도 나타난다. 1916년 8월 15일 선의식(禪儀式)을 행한 후 폐기법(閉氣法)으로 목숨을 끊은 홍암은 대종교가 널리 도를 펼치고 천하의 모든 동포들이 행한 죄를 대신 받음으로써 중생을 구제하기를 기원하며 목숨을 희생하였다. 그가 작성한 〈순명삼조(殉命三條)〉에는 목숨을 끊는 의미가 단순한 자살이 아닌 대종교와 한배검[檀君], 그리고 천하 모든 동포를 위한 것임을 밝히고 있다(박광수,

2009, 53-54). 즉, 홍암의 희생은 일종의 순국이자 순교이며, 자신의 목숨을 제물로 바침으로써 천하를 구하고자 하는 희생정신이라는 것이다(노길명, 1996, 177-185).[14] 예수나 홍암의 자기희생은 사회의 평화와 인류의 구원이라는 종교적 목적을 위해 자기 자신을 희생의 제물로 삼음으로써 사회적 폭력의 재생산을 끊고자 한 점이 공통적이다. 또한 자기희생의 과정에서 목숨을 희생하는 육체적 희생이 동반되었다는 공통점이 있다.

종교적 목적을 위해 자신의 육체나 생명을 희생하는 사례는 대승불교 문화권에서도 종종 나타난다. 예컨대, 동아시아 불교에서 육체적 희생은 깨달음을 추구하는 보살의 영웅적 행동으로 묘사되거나, 부처에게 자신의 신체를 바치는 공양(供養)의 의미로 여겨지곤 했다. 법화경「약왕보살본사품(藥王菩薩本事品)」에서는 삼매 수행에 뛰어난 일체중희견(一切衆喜見)이라는 보살이 자신의 몸을 붓다에게 바치고자 했다. 그는 자신의 몸에 향기 나는 향과 기름을 적시고 불을 붙이는 소신공양(燒身供養)을 하였다(Sem Vermeersch, 2019. 186). 또한 20세기 베트남의 승려 틱광득(Thich Quang Duc)은 남베트남 정권의 종교 정책에 반발하여 분신(焚身)하였는데, 이는 육체를 희생함으로써 적극적으로 사회적 저항을 표현하는 방법이라고 할 수 있다(김한상, 2018, 253-265).

앞서 살펴본 예수와 홍암, 동아시아 불교의 소신공양이 육체나 생명의 희생을 동반한 자기희생이었다면, 육체를 희생하지는 않지만 정신적 자기희생이라는 또 다른 범주를 생각해 볼 수 있다. 바로 정신적 자기희생에는, 예를 들어 세속적 욕망과 번뇌를 버림으로써 자기부정의 수행 또는 영적인 이

---

14 예수와 홍암의 자기희생에서 공통적으로 나타나는 특징은 대속(代贖)적 희생제의의 성격을 지니고 있다는 것이다. 즉, 남의 고통이나 죄를 자기가 대신 당함으로써 그 고통과 죄로부터 타인을 구원한다는 의미가 담겨 있다.

상을 성취하려는 수행, 그리고 이타적 자비행(慈悲行) 등이 이에 포함될 수 있다. 또한 도교의 도사(道士)는 금욕적 생활과 혹독한 자기 극복의 수행을 통해 자기 자신을 가장 순수하고 흠 없는 희생 제물로 만듦으로써 자신의 죄뿐만 아니라 신자들의 죄악까지 정화하는 역할을 한다. 여기서 도사는 신과 인간을 연결해 주는 매개자일 뿐만 아니라 자기 스스로가 소우주(小宇宙)이자 신을 모시는 제단(祭壇)의 의미가 있다. 즉 자기 비움과 자기 소멸의 수행, 자신의 몸과 마음을 가장 순수하고 영명한 에너지로 채우는 노력으로 얻는 공덕을 회향(回向)하여 신자들의 구제나 복을 위해 사용하는 것이다. 철저한 수행을 통해 자신을 희생물로 바쳐 신도들을 구원하려는 이타적 열망은 수도의 경지가 높은 도사에게서 더욱 강렬한 실천으로 나타난다. 이렇듯 신자들을 위해 내적 욕망을 완전히 비우는 도사의 수행도 일종의 자기희생의 의미가 있다(최수빈, 2019, 124-141). 다만 육체적 희생이 아닌 정신적 희생이라는 데 차이가 있다.

법인기도의 정신적 자기희생의 의미를 앞서 살펴본 일반적 의미의 희생 제의, 예수나 홍암의 자기희생 등과 비교해 보면 몇 가지 특징을 확인할 수 있다. 먼저, 법인기도는 대리 희생물을 통한 희생제의가 아니라 기도의 주체인 구인 단원 스스로가 희생의 대상이 되었다는 점에서 자기희생의 성격이 있다. 또한 사사로운 욕망을 비우고 이타적 정신을 확립하기 위한 정신적 희생의 측면이 강하다. 이러한 법인기도는 종교의례의 형태를 띠고 있으면서도 대리 희생물을 통한 희생제의와는 달리 폭력과 희생의 방향을 타인이 아닌 자기 자신에게로 향했다. 이를 통해 폭력의 연쇄 작용을 끊고 인류를 고통에서 구원하려는 종교적 목적을 달성하고자 했다는 점에서 예수나 홍암의 자기희생과 흡사한 성격이 있다. 하지만 예수와 홍암, 그리고 동아시아 불교의 소신공양에서 나타난 희생이 자신의 육체나 생명의 희생을 동

반한다면, 법인기도의 자기희생은 육체적 희생이 아닌 정신적 자기희생의
성격이 있다.

IV. 법인기도 의례가 갖는 종교적 함의

법인기도는 정신적 자기희생의 과정을 통해 '무아봉공(無我奉公)의 정신
적 기초를 확립하고, 신성(信誠)·단결(團結)·공심(公心)을 더욱 굳게 한 새
회상 건설의 일대 정신 작업'(『원불교전서』, 1056-1057)으로 오늘날 그 정신이
계승되어 오고 있다. 법인기도를 통해 확립된 무아봉공의 정신은 '개인이나
자기 가족만을 위하려는 사상과 자유 방종하는 행동을 버리고, 오직 이타적
(利他的) 대승행(大乘行)으로써 일체 중생을 제도하는 데 성심 성의를 다하자
는 것'(『원불교전서』, 53)을 말한다. 즉, 소태산과 구인 단원이 보여준 살신성
인의 희생정신은 사적인 욕심이나 이기심을 극복하고 모든 생명을 구원하
는 데 생명을 바치겠다는 종교적 신념과 목표를 분명하게 보여준 것이었다
고 할 수 있다. 이러한 법인기도의 의례가 갖는 종교적 함의를 크게 세 가지
측면으로 나누어 고찰해 보고자 한다.

1. 기도의례를 통한 성속(聖俗)의 분리와 일치의 경험

제의(祭儀)는 그에 참여하는 이들에게 일상성(日常性)으로부터의 단절을
경험하게 하고, 속과는 대비되는 성스러움을 체험케 한다. 또한 비일상적인
제의가 끝나면 참여자들은 다시 일상으로 회귀한다. 즉, 제의를 통해 일상
의 공간으로부터 벗어나 성스러운 시공간을 체험하고, 제의를 마침으로써

다시 일상으로 복귀한다. 이러한 일상으로부터의 단절과 회귀라는 굴절의 과정을 통해 인간은 새로운 변화를 체험하게 된다(정진홍, 1992, 79-85).

소태산은 기도의례를 통해 구인 단원이 일상으로부터의 단절을 느끼도록 다양한 상징을 사용하였다. 법인기도가 산(山)에서 이루어졌고, 기도 장소에 팔괘기(八卦旗)를 설치하는 등 세속과는 엄연히 분리되는 성스러운 공간임을 강조하는 다양한 장치들을 통해 비일상화를 경험하게 했다. 기도의례의 시간을 엄격하게 통제하고, 그 장소에 대한 우주적 의미를 부여하여 성스러운 공간[聖所]으로 꾸밈으로써 세속적인 것이 근접하지 못하도록 해서 성속을 뚜렷하게 구분하고자 했다. 이를 통해 오히려 일상의 공간 모두를 성스러운 공간으로 승화시키는 새로운 경험을 하게 했다.

소태산은 법인기도 전부터 종종 천지신명의 이름을 빌려서 제자들을 지도했으며, 제자들은 이 천지신명이 우리를 늘 지켜보고 있다는 주재적인 의식을 갖고 있었다.[15] 하지만 그는 법인기도를 기점으로 하여 천지신명이 단순한 외재적인 초월자가 아니라고 하였다. 소태산은 인간 마음이 곧 하늘을 감동시킬 요소가 있다는 점을 언급하며 하늘과 인간 마음의 상호연관성을 강조하였다. 천지신명은 한국 민중들의 전통적인 신앙의 대상으로 여겨져 왔는데, 소태산은 이러한 천지신명을 감동시킬 수 있는 요소가 각자의 마음 안에 있다고 말한 것이다. 나아가 각자의 마음이 곧 하늘 마음이라는 선언을 통해 신앙의 대상인 천지신명은 더 이상 외재적 절대자만이 아닌 우리 모두의 내재적 존재로 파악했다. 더욱이 우리들 각자의 몸이 중생을 제도

---

15 소태산은 첫 제자들을 모으는 과정에서 정법 교화가 시기상조라 판단하고 자신이 지도하는 내용을 천제(天帝)의 말씀으로 소개하여 실행을 권면하였다. 또한 치재(致齋)의 영험함을 알리는 과정에서도 천지허공이 우리의 모든 심신 작용을 다 보고 있음을 강조하는 설명이 등장한다(『불법연구회창건사』, 73;83;88-89).

할 책임이 있으며, 각자의 마음에 천의를 감동시킬 요소가 있다고 주지하였다. 즉, 천지신명을 초월적 절대자로 보지 않고, 인간 마음이 일체의 사사로움을 끊고 지극한 정성을 다했을 때 자신 안에 이미 갖추어져 있는 '하늘 마음', 즉 천지신명의 절대적 요소가 드러난다고 보았다.

이러한 의미에서 성스러움의 세계는 세속의 영역을 떠나 따로 존재하지 않으며, 우리 모두는 성스러움을 본성으로 내재화한 존재라고 할 수 있다. 성의 영역은 속의 영역 밖에 위치한 제3의 공간이 아니라, 인간 스스로가 자기 극복의 수행과 기도를 통해 자기 내면으로부터 자각하고 확립함으로써 지금 이 땅에서 함께 만들어 가는 공간인 것이다. 따라서 법인기도는 간절한 기도의 정성과 사사로운 욕심의 비움을 통해 내재된 각자의 신성이 발현되는 과정이며, 스스로의 성스러운 본성에 합일하는 과정이었다. 구인 단원은 법인기도를 통해 자신의 몸과 마음이 곧 성스러운 진리 그 자체이며, 자기 존재의 새로운 각성을 통해 스스로의 마음에 천의를 감동시킬 요소가 있으며 자신의 몸이 일체중생을 제도할 책임이 있는 우주적 존재임을 자각하게 된 것이다.

2. 정신적 자기희생에 의한 통과의례의 성격

통과의례(通過儀禮)란 일생의 과정을 통해 행해지는 의례로서, 예컨대 출생식, 결혼식, 성년식, 장례식 등이 있다. 반게넵(Van Gennep)에 의하면, 인간이 새로운 연령, 신분, 지위로 이동하면서 거치는 통과의례는 인류 보편의 현상이며, 통과의례의 관문을 통과하는 통과자는 이전의 삶으로부터 벗어나기 위해 의례적 죽임을 당하게 된다고 보았다. 그는 통과의례의 과정을 분리(分離, separation), 전이(轉移, transition), 통합(統合, incorporation)의 세 단계로 설명한다. 그 중 첫 번째인 분리는 통과자를 일상의 상태로부터 단절시키는 과정이라면, 다음 단계인 전이는 고통과 시련을 통해 심적 변화를 경험하는 단계다. 마지막인 통합에서 통과자는 새로운 정체성을 확립하여 변화된 심적·사회적 상태로 복귀하는 단계를 말한다(반게넵, [1960]1992, 6-9).

법인기도는 정신적 자기희생을 통해 생사를 초월하는 완전한 자기 비움의 과정을 거쳐서 새로운 존재 양태로 거듭난다는 점에서 통과의례의 성격이 있다. 사사로운 자아, 욕망의 자아를 완전히 초탈하는 죽음을 통해서 더 근본적인 존재 본질적 자아로 태어날 수 있다는 역설을 보여준 역사이다. 법인기도를 통해 구인 단원은 일상 속의 자아를 부정하는 죽음의 과정과, 비일상의 의례로부터 일상으로 돌아오는 회귀의 재생 과정을 반복하며 점차 자기 존재의 본질에 가까워지는 순숙의 과정을 밟아 갔다. 그리고 마침내 목숨을 희생하겠다는 마지막 결의를 통해 완전한 생사의 초월 단계를 경험하게 되었다. 따라서 구인 단원은 정신적·육체적으로 완전한 자기희생의 과정을 거쳤지만, 이 모든 법인기도의 자기희생이 소멸과 죽음이 아닌 희생을 통한 새로운 삶의 시작과 변화(transformation)라는 결과를 가져왔다.

이러한 변화는 이전과는 전혀 다른 삶의 태도와 헌신적인 삶의 자세를 확립하게 하고, 이를 통해 구인 단원은 공인(公人)으로서 자기희생적인 헌신의 삶을 살게 되는 것이다. 법인기도에서 구인 단원이 사무여한의 증서에 백지장을 찍고 마지막 기도 장소로 출발하는 그 순간이 바로 구인 단원이 완전한 자기희생을 통해 과거의 사적인 나가 죽는 과정이었다. 결과적으로는 구인 단원이 목숨을 희생하지는 않았지만, 자결 장소로 걸어가는 것으로 구인 단원의 신화학적 죽음은 완성된다(이혜화, 1994, 489). 구인 단원의 완전한 자기희생의 마음을 확인한 소태산은 그들의 자결을 멈추게 하였으나, 이미 생사를 초월한 마음을 확립한 구인 단원에게 있어 자결의 실행 여부는 그리 중요한 일이 아니었을 것이다. 생사불이(生死不二)의 경지에 도달한 구인 단원의 관점에서 보면 생과 사, 나와 너라는 모든 분별은 이미 허망한 분별일 뿐이다. 이들은 완전한 희생을 결심함으로써 자타의 경계를 자유롭게 넘나드는 정신을 확립하게 된 것이다. 이러한 생사 초월의 정신, 이승의 삶과 저승의 죽음이 더 이상 단절이 아니며 생과 사가 이미 하나인 무아(無我)의 정신을 확립함으로써 이들은 참된 자아, 즉 진아(眞我)를 체득하게 된 것이다. 따라서 법인기도는 구인 단원이 공인(公人)으로 태어나기 위해 죽음을 통과하는 자기 초극의 의례이자, 새로운 공명을 받아 새 삶을 시작하게 한 통과의례라고 할 수 있다. 생사 초월의 마음을 확립한 구인 단원은 소태산으로부터 법명과 법호를 수여받음으로써 과거의 사사로운 욕심과 이기적인 삶을 완전히 마감하고 공도(公道)의 주인이 되는 헌신적 삶의 주체로 새로 태어난 것이다.

3. 의례의 공동체성을 통한 깨달음의 확산

법인기도는 기도의례의 형식을 통해 소태산의 깨달음이 구인 단원으로 확산되는 과정이라고 볼 수 있다. 구인 단원은 법인기도의 과정에서 성스러움을 상징하는 시간과 공간을 경험하고, 의례라는 특정한 절차와 몸짓을 통해 소태산의 가르침이 스스로의 신념으로 내재화되는 과정을 경험하였다. 공동의 의례 절차와 방식에 따라 정형화된 형식을 반복적으로 진행함으로써 종교적 신념이 내재화되고, 의례가 공동의 활동이 됨에 따라 개인적 종교체험을 넘어서서 단원 모두가 함께하는 종교체험으로 확산되는 계기를 마련하게 된 것이다. 즉, 법인기도는 소태산의 인간 마음에 대한 자각과 공익적 삶의 가치관이 구인 단원의 신념 체계로 내면화되고 생활 속의 실천으로 이어지는 과정이었고, 소태산의 깨달음이 확산되는 장이었다.

〈그림4〉 2019년 법인성사 100주년을 기념하여 전남 영광에서 기념식하는 모습[16]

한기두는 법인기도가 한 사람만의 희생정신이 아닌 전체 사이에 함께한 혈심으로 빚은 창건의 역사(한기두, 1993, 446-447)라고 말하였다. 이는 법인 기도에서 나타난 정신적 자기희생의 역사가 개인적 차원의 변화에만 그치 지 않고, 공동체가 함께 연대와 단결을 통해 만들어 낸 공동의 역사라는 점 을 강조한 것이라고 볼 수 있다. 달리 말하면, 오랜 구도 끝에 1916년 큰 깨 달음을 얻은 소태산의 대각(大覺)[17]이 이제 더 이상 소태산 개인만의 체험이 아닌 구인 단원 모두가 함께 공유하는 공동의 역사로 확장됨을 의미한다. 즉, 우주 만유 전체가 하나의 체성이며, 일체 법이 하나의 근원에서 비롯되

---

16 사진 출처 : 원불교신문
17 소태산은 1916년 3월 26일 대각(大覺)을 이룬 후 "만유(萬有)가 한 체성(體性)이며 만 법(萬法)이한 근원(根源)"(『원불교전서』, 95)이라는 감상을 얻은 후, 자신의 깨달음을 일원상(一圓相)의 진리라 명명하였다.

었다는 소태산의 깨달음이 구인 단원으로 확산됨으로써 낙원세계를 함께 만들어 나갈 공동체를 확립하게 된 것이다. 이렇듯 법인기도의 의미는 성불제중(成佛濟衆)과 제생의세(濟生醫世)라는 종교적 목적을 함께 실현해 나갈 종교 공동체의 정신적 기초를 확립한 사건이라 할 수 있다.

백지혈인의 이적을 통해 법계인증을 이루어 낸 장본인은 소태산의 지도를 받으며 기도에 참여한 구인 단원들이었다. 구인 단원은 자발적인 참여와 주체적인 노력으로 천지신명을 감동시키는 역사를 만들었고, 그들 스스로가 자기 자신에게 감동하는 종교체험을 하게 되었다. 이를 통해 소태산의 대각으로부터 시작된 원불교의 종교운동은 소태산 한 사람의 영도력과 깨달음에만 의지하지 않고, 그를 따르는 후인들 모두를 종교적 삶의 주체로 만들게 되었다. 소태산과 구인 단원이 법인기도를 통해 함께 이룩한 정신적 자기희생의 정신은 이제 구인 단원을 넘어 더 많은 수의 구성원들이 함께 공유하는 신념이자 실천 이념으로 형성되는 계기가 되었다.

V. 맺음말

법인기도는 소태산이 1916년 큰 깨달음을 이룬 이후, 단 조직을 결성하여 저축조합과 방언공사 등의 사업을 진행해 오다가 1919년 3월부터 제자들과 공동으로 진행한 기도의례를 말한다. 이 기도의 목적은 공공의 이익과 사회적 구원이라는 이타성에 두었다는 점에서 기복적이거나 이기적인 동기에서 시작하는 기도와는 다른 출발을 보여주었다. 법인기도의 과정은 모든 중생을 제도한다는 큰 목표를 달성하기 위해 조금의 사심이나 이기심을 제거하는 정신적 자기희생의 과정이었다. 결국에는 생명을 희생하면서까지 창생을 구원하겠다는 각오로 이어졌다는 점에서 기도의례가 지향해야 할 이타적 목적성을 분명히 하였다.

소태산과 구인 단원은 200여 일간 진행된 기도의례에 함께함으로써 의례 과정과 축문, 주문 등에 담긴 선험적 가치를 자기의 것으로 내면화하는 과정을 거쳤다. 이에 따라 창생을 제도하고 인류를 구원한다는 종교적 서원을 자신의 신념으로 확립하였고, 이러한 신념 체계는 생활 실천 체계로 이어졌다. 결국, 구인 단원은 자신의 목숨을 희생하겠다는 최후의 다짐과 실행으로 완전한 생사 초월의 경지에 도달하였다. 소태산은 그런 구인 단원의 육체적 희생을 멈추게 하면서 공도에 헌신하는 삶으로 거듭나라는 의미의 법명과 법호를 주었고, 이는 정신적 자기희생을 통해 사적인 개인의 나를 완전히 희생시킴과 동시에 공도에 헌신하는 새로운 삶으로 살리는 계기를 마련하였다.

법인기도를 통해 소태산의 종교적 깨달음은 구인 단원에게로 확산될 수 있었고, 무아봉공의 공익사업을 소태산 개인만이 아닌 단원 전체가 공유하는 공동체의 목표이자 활동으로 확장할 수 있었다. 이러한 기도의례에 동참한 단원들은 시방세계를 응하여 조직된 하나의 단이라는 강한 유대감과 소속감 속에서 하나의 신념을 내면화하고 자신의 존재 본질을 자각해 갔다. 즉, 이기심과 사적 욕망에 물든 거짓 자아를 완전히 극복하고 하늘과 둘 아닌 마음과 일체중생을 제도할 책임을 가진 무아봉공인의 삶으로 새롭게 태어나는 계기를 마련하게 되었다. 이를 통해 소태산과 구인 단원은 현실세계에 적극 동참하여 이 땅을 성스러운 낙원으로 만들어 가는 주역으로 활동하게 되었다. 이러한 법인기도의 자기희생적 정신은 오늘날까지도 원불교의 창립정신으로 기억되고 있다.

인류 구원은 폭력의 악순환을 끊는 노력에서부터 시작된다. 법인기도라는 의례를 통해 소태산과 구인 단원이 보여준 자기희생의 정신은 당시 사회에 만연해 있던 폭력과 불평등의 악순환을 끊고 전 인류를 구원하기 위한 종교적 실천이었다. 소태산은 강자든 약자든 서로가 서로를 경쟁의 대상으로 대하는 현실 속에서, 강자와 약자가 서로 힘의 논리에 의해 대립하고 갈등하는 관계로는 상생과 평화를 달성할 수 없다고 단언했다. 인류 구원은 자기중심적인 이기심과 욕심을 극복함으로써 상호 간 폭력을 단절하고 새로운 상생의 관계를 회복할 때 가능하다고 보았다. 즉, 법인기도는 당시의 폭력적이고 억압적인 사회구조를 사랑과 화해, 평화와 평등, 상생과 은혜의 관계로 대전환하고자 했던 하나의 종교적 실천의 역사이다.

법인기도의 자기희생의 역사는 소태산과 구인 단원을 추모하는 기억이나 과거의 역사로만 남아 있으면 안 된다. 사적 욕망과 이기심을 지닌 거짓 나를 완전히 죽이는 정신적 자기희생을 통해 모든 생명을 제도할 책임을 가진 몸과 하늘을 감동시킬 요소를 지닌 마음을 확립한 법인기도의 정신은 지금 우리의 역사가 되어야 한다. 욕망의 끝없는 확장과 부의 쟁취를 위해 서로 경쟁하고 대립하는 현대사회에서, 더욱이 이러한 인류문명을 바른 방향으로 이끌어 나가야 할 종교마저 세속화되어 가는 이때, 100년 전 한반도에서 평범한 민중들이 기도의례를 통해 보여준 무아봉공의 역사와 정신이 오늘날 우리들의 삶 속에서 다시금 살아나 문명의 대전환을 이루어내는 원동력이 되기를 희망한다.

대종교 · 원불교의
제천의례와 역학적 의미*

박 광 수 원광대학교 원불교학과 교수
임 병 학 원광대학교 동양학대학원 조교수

* 이 글은 필자가 2019년 10월 『신종교연구』 제41권에 발표한 「원불교 법인(法認)
   기도의 제천(祭天)의례 성격과 팔괘기(八卦旗)의 역학적 이해」를 바탕으로 작성
   하였다.

Ⅰ. 시작하는 말

고대로부터 한국은 '한울님', '하늘님', '한임' 또는 '천신(天神)' 등에 대한 공경심과 신앙심이 강하여 제천(祭天)의례와 같은 국가의례와 민간신앙의 례를 통해 전승되어 왔다. 제천의례는 중요한 국가의례 중 가장 중요한 의 례이며, 정치의례뿐만 아니라 종교적 상징으로서 그 역사적 의미가 크다. 제천의례는 국왕이 제주(祭主)의 책임을 맡아 국가 차원에서 행해지는 엄중 한 의례이며, 고대로부터 몽고 지배하에 있던 고려 후기까지 전승되었다. 제천의례는 민족의 자주적 독립성과 역사적 정체성을 이어 가는 중요한 의 례로 여겨져 왔다.

그러나 조선왕조 시기에 와서 유교의 통치 이념이 정착됨에 따라 중국을 천자국(天子國)으로 받들고 조선을 제후국(諸侯國)으로 스스로 낮춤으로써, 국가 차원의 제천의례 성격과 구조는 약화되었으며, 종국에는 제천의례가 전면적으로 중단되었다. 근대 고종(高宗)에 이르러 1897년 10월 12일에 원 구단에서 제천의례를 행하고 대한제국을 선포함으로써 독립국가의 면모를 드러낼 수 있었다. 그러나 1905년 한국통감부가 설치되고 1910년 조선총독 부의 일제강점기가 시작되면서 국가적 차원의 제천의례는 더 이상 행해지 지 못하고 중단되었다.

근대 시기에 국가 차원의 제천의례가 중단된 상황에서 일반 백성들이 주관이 되어 숨어서 제천의례를 시행한 다양한 사례들을 찾아볼 수 있다. 여기에서 민중적 제천의례의 성격은 오히려 강화되었다는 사실을 알 수 있다. 국가 차원의 제천의례가 왕권을 강화하는 정치적 목적과 백성을 통치하기 위한 천명(天命) 의식이 강하다고 한다면, 민중 중심의 제천의례는 국가 또는 민족의 절체절명의 위기 상황을 극복하기 위한 제생(濟生)의 제의적 성격이 강하다. 특히, 한국 신종교의 민중 중심의 제천의례와 관련하여 대종교의 선의식(禪儀式), 증산교계 보천교의 고천제(告天祭), 원불교의 산상기도인 법인기도(法認祈禱) 등이 있다.[1] 이는 동학농민운동뿐만 아니라 3·1 독립운동, 대종교의 독립운동 등 한민족의 자주독립과 주체성을 회복하는 원동력이 되었다.

근대 이후 현대에 이르기까지 신종교에서 행해 온 제천의례에 대한 종합적이며 다각적인 연구의 한 과정으로, 본고에서는 대종교의 제천의례와 단군신앙(삼신일체 신앙)과 원불교를 중심으로 숨은 제천의례인 '법인(法認)기도'의 과정과 희생제의적 함의를 밝히고, 법인기도 때에 사용한 '팔괘기(八卦旗)'의 상징적 의미와 구조를 역학(易學)적 관점에서 해석하고자 한다.

---

1 박광수, 2009,「대종교의 단군신화 수용과 제천의례의 체계 연구」『종교교육학연구』29; 박광수, 2001,「원불교 종교의례에 나타난 상징체계」『원불교학』6 등에서 근현대 한국의 민족종교들이 시행한 제천의례에 대한 연구를 제공하고 있다.

II. 대종교의 제천의례와 단군신앙(삼신일체 신앙)

1. 선의식(禪儀式)의 전개와 상징체계

홍암(弘巖) 나철(羅喆, 본명 寅永, 1863-1916)은 1909년 '단군교(檀君敎)'를 세우고, 1910년 조선이 일본 제국에 병합되어 식민지 통치를 당하자 교명을 '대종교(大倧敎)'로 바꾸어 단군신앙운동을 전개하였다.

홍암은 백두산을 중심으로 활동하던 백봉(白峯)의 단군신앙을 수용하고 새롭게 삼신일체(三神一體) 신앙의 교리 체계를 정립해 나갔다. 그는 단군신화를 단순한 신화가 아니라 천신(天神)이 인간 세상에 화현한 성스러운 종교적 사실로 보았고, 단군의 고조선사(古朝鮮史)를 역사적 사실로 인식하여 민중적 참여가 이루어지는 제천의례를 행하였다. 대종교의 단군신앙운동은 일제 치하에 있는 한국의 독립을 위해 무력 투쟁을 이끌어 내는 중요한 역할을 하였으며, 해방 후 '홍익인간(弘益人間)'의 교육 이념을 정립하는 토대가 되었다.[2]

홍암의 선의식 제천의례는 단군을 중심한 삼위일체 신앙을 정립하고 종교적 의례의 기능을 강화하는 터전이 되었다. 홍암은 제자들과 함께 1916년 8월 4일(음) 서울 경성역(京城驛)을 출발하여 황해도 구월산 삼성사(三聖祠)로 향하였으며, 8월 15일(음)에 황해도 구월산 삼성사에서 선의식을 거행한 후, 〈순명삼조(殉命三條)〉와 여러 유서를 남기고 폐기법(閉氣法)으로 자신의 목숨을 끊었다.

---

2   박광수, 2009, 「대종교의 단군신화 수용과 제천의례의 체계 연구」『종교교육학연구』 제29집, 한국종교교육학회, 34쪽.

삼성사에서 홍암이 행한 선의식은 자신의 마지막 의례였고, 종교 제천의례의 표준이 되었다. 기존 연구를 바탕으로 홍암이 행한 선의식 제천의례의 상징적 체계를 새롭게 해석하고자 한다.[3] 홍암의 선의식은 군주 중심의 제천의례를 민중이 참여하는 제천의례로 복원한 것이며, 성속의 체계를 중심으로 종교적 금기 사항, 성스러운 시간과 공간의 요소들이 담겨 있다. 또한 선의식을 거행한 후 홍암이 스스로 목숨을 끊은 것은 제천의례의 희생제의적 성격을 보여준 것이다. 다양한 종교의례적 구성 요소들인 의례 참여자의 금기, 성스러운 시간과 공간의 선택, 희생제의 등이 어우러져 대종교 선의식에 나타난 제천의례의 전체적인 체계를 이룬다.[4]

먼저 대종교의 선의식에 나타난 종교적 금기를 고찰해 보면, 홍암은 제천의례를 행할 때 고려 때부터 전해 내려오던 '팔관재(八關齋)', '구서(九誓)', '삼법(三法)' 등의 실천을 강조하였다. 홍암이 언급한 '팔관재'에는 고려 때에 임금과 백성이 한가지로 한얼께 제사하는 의식으로 여덟 가지 허물 곧 '생물을 죽이는 것, 도적질 하는 것, 음란 하는 것, 망령되게 말하는 것, 술을 마시는 것, 높은 평상에 앉는 것, 비단옷을 입는 것, 함부로 듣고 봄을 즐기는 것'들을 금하자는 예식이 담겨 있다.[5]

---

3 노길명은 종교 선의식에 한 종교 사회학적 측면에서 제천의례의 구성과 사회적 기능에 한 분석은 중요한 단서를 제공한다. 반면, 정경희는 제천의례를 선도수행을 위한 의례적 행위로 보고 있다. 의례에 참여하는 이들이 형식, 시간, 장소 등을 정하고 환인·환웅·단군 등 삼신을 대상으로 정성과 믿음으로 제천의례를 행함으로써 인간 내면의 삼진(三眞)을 회복하는 과정이라 보고 있다. 이욱은 「종교의 선의식과 단군의례」에서 선의식의 역사적 변천에 한 연구를 중점적으로 하다. 종교 선의식을 중심으로 시간과 공간적 변화, 의례과정, 진설 및 제기의 사용 등의 변화가 어떻게 이루어졌는지에 한 내용을 자세하게 담고 있다.(박광수, 앞의 논문, 43쪽.)
4 박광수, 2012, 『한국신종교의 사상과 종교문화』, 집문당, 391쪽.
5 목욕재계하여 새 옷을 갈아입어 육신의 청결과 정성스러운 마음의 자세를 중요시하

다음은 의례의 성시(聖時)와 성소(聖所)의 상징성을 찾을 수 있다. 성시(聖時)의 상징성 제천의례를 집행할 때, 홍암은 음력 8월 15일 추석 자시(子時)가 끝나고 축시(丑時)가 시작되는 새벽 1시에 '선의'라는 이름으로 의식 절차를 갖추어 천제를 봉행하였다.[6] 그는 성스러운 시간을 분명하게 인식하였던 것으로 보이며, 『세종실록』에서 단군(檀君)에게 제사한 일시와 일치한다.

『세종실록』에 의하면, 의례의 시일(時日)은 정해진 날짜 또는 좋은 날을 점쳐서 정하는데, 단군에 대한 제사는 중춘(仲春)·중추(仲秋)에 행하였다.[7] 중춘(仲春)·중추(仲秋)에 제사를 드리고, 음력 8월 보름 추석 축시에 제천의례를 행한 것은 시간에 대한 홍암의 인식을 분명하게 보여주는 것이다. 성시(聖時)란 곧 성스러움이 나타나는 '성현(聖顯, hierophany)의 과정'이 진행되는 시간을 의미한다.

홍암은 제천의례를 통해 성(聖)과 속(俗)의 공존이 함께 이루어지도록 한

였으며, 사전에 철저히 준비하여 조금도 소홀함이 없도록 하였다. 그가 남긴 「밀유(密諭)」에서도 금기사항에 관한 내용이 나타난다. "진실한 정성은 일찍이 팔관(八關)의 재계(齋誡)가 있었으며, 두터운 풍속은 또한 구서(九誓)의 예식을 전하고, 삼법(三法)을 힘써 행하여 먼저 욕심 물결의 가라앉힘을 도모하며, 한뜻을 확실히 세워 스스로 '깨닫는 문[覺門]'이 열림을 얻게 하라."고 했다.

6 신철호, 1992, 『한국증승종교 교조론-홍암 라철 대종사』, 대종교총본사, 12-16쪽.

7 "凡祀有常日者, 仲春仲秋上戊及臘日祭社, … 凡祀無常日者, 竝卜日 … 仲春, 仲秋享朝鮮檀君, 後朝鮮始祖箕子, 高麗始祖." (국사편찬위원회, 『조선왕조실록』 5권, 176쪽.)
또한 『경국대전(經國大典)』에는 제례(祭禮)의 일자를 '무릇 제사(祭祀)날은 본 조(本曹)가 석 달 전에 기일(期日)을 정하여 왕에게 보고하고 서울과 지방의 각 관사(官司)에 공문을 보내어 알려 준다."고 하고, 구체적으로는 "종묘(宗廟)는 사계절의 첫달 납일(臘日)에, … 사직(社稷)은 봄·가을봄가을 중간달(春秋仲月)에, … 역대시조(歷代始祖)는 봄가을 중간달[春秋仲月]에, … ' 제례를 하도록 명문화하였다. 세종실록은 보다 구체적으로 시각을 명시하였다. "제향일(祭享日) 축시(丑時) 전 5각에 축시 전 5각은 곧 3경 3점이니, 행사는 축시 1각에 한다."는 제향 시간의 전통에 따라 홍암이 의례를 행한 것이라 여겨진다.

것이다. 성스러운 시간개념은 한국 신종교의 우주적 시간관인 개벽사상과 깊은 연관성이 있다. 우주의 선천시대를 지나 후천개벽시대의 참다운 문명세계, 선경세계, 낙원세계가 열린다고 본 것이다.

홍암은 한임이 강림한 상원 갑자년부터 신시(神市)의 역사가 시작되었다고 보았으며, 대종교 중광을 한 것은 새로운 한임의 시를 열고자 한 것이다. 그는 〈중광가(重光歌)〉에서 "처음 빛은 어느 때뇨 첫 갑자(甲子) 상달 상날/ 한울 열고 교(敎) 세운 혁혁상제(赫赫上帝) 나리사/ 삼신(三)뫼 히뜩히뜩 단(檀)나무 푸릇푸릇/ 동(東)에서 차차 퍼져 온 세계(世界) 다 덮었네."[8]라고 밝혀, 상원갑자(上元甲子)의 해 10월 3일을 하늘이 열린 날로 여겼다.

한편 홍암이 성소(聖所)의 상징성이 있는 구월산 삼성사를 제천의례의 장소로 선택한 것은 단군의 역사성과 종교적 성스러움에 대한 인식에 바탕하고 있기 때문이라 여겨진다. 그는 〈중광가(重光歌)〉에서 백두산(白頭山) 보본단(報本壇), 마니산(摩尼山) 제천단(祭天壇), 삼위(三峗) 즉 구월산을 언급하였다.[9]

역사적으로 보본단(報本壇)은 발해(渤海) 때에 제천한 곳이며, 강화섬에 있는 마니산 참성단(塹城壇)은 제천의례의 성지로 여겨지는 중요한 장소이며, 구월산 삼성사(三聖祠)에는 단군 사당이 있어 제천의례를 꾸준히 행해오던 곳이다. 특히, 홍암이 머물며 선의식을 행하던 구월산 삼성사는 단군

---

8 『대종교 중광 60년사』, 220-244쪽.
9 七. 백두산(白頭山) 보본단(報本壇)에 뭉게뭉게 빛구름 마니산(摩尼山) 제천단(祭天壇)에 번쩍번쩍 붉은 놀 상고(上古)쩍에 저 운하(雲霞) 거듭 끼인 오늘에 총총 버린 각 문호(各門戶) 이 빛을 조종(祖宗)이라 八. 삼위(三)에 바라보라 군데군데 한배빛 사황봉(思皇峰) 활쏘든 터 단군(檀君臺) 도(道) 닦든 곳 당장경(唐藏京)의 옛 도읍(都邑) 어천석(御天石)의 옛 자취 천왕당(天王堂) 신령(神靈)바람 새로히 슬슬 분다.

전승과 인식이 약해지던 고려 말년부터 조선조까지도 단군에 대한 국가적 의례를 평양 숭령전(崇靈殿)과 더불어 집행하던 곳이다.

'산(山)의 신성성'은 단군신화를 비롯하여 세계 신화에서 빠지지 않고 등장한다. 환인이 태백산(太白山)에 내려와 신시(神市)를 이루는 것과 단군이 다시 산에 들어가 신이 되는 신화적 이야기는 산의 신성성 자체를 의미한다. 성스러운 장소이기에 성스러운 신적 존재가 머무는 곳이며, 성스러운 장소가 곧 세계의 중심이며, 하늘과 인간이 만나는 장소가 된다.[10]

홍암이 자신을 희생하는 제의 장소로 구월산 삼성사를 선택한 가장 큰 이유 중의 하나는 단군이 신이 되어 다시 하늘로 복귀한 장소이기 때문이다. 선의식의 제천의례를 통한 홍암의 죽음은 천신과 하나 되는 과정을 실현하기 위한 것이다. 즉, 국가와 민족의 근간인 단군신앙이 위기에 처하자, 홍암은 단군이 어천(御天)한 장소에서 자신의 목숨을 희생함으로써 인류의 무거운 죄를 대신 갚고 새로운 평화의 개벽시대를 이루고자 한 것이다.

다음으로 제천의례의 희생제의적 성격이다. 홍암은 1916년 음력 8월 15일 선의식을 거행한 후 거처에 돌아와 폐기법으로 목숨을 끊었다. 그는 자신의 죽음을 선택한 시간과 장소에 특별한 의미를 부여하였으며, 종교가 대도(大道)로서 크게 펼쳐지고 중생이 널리 구제되기를 기원하며 죽음을 선택하였다. 홍암은 자신이 목숨을 끊는 이유를 〈순명삼조(殉命三條)〉에서 세 가

---

10 신라의 사전(祀典)에 삼산(三山)·오악(五岳) 및 명산천을 중심으로 대사(大祀)·중사(中祀)·소사(小祀)·사성문제(四城門祭)로 분류하여 산천에 한 국가적 신앙의례를 행하여 왔다. 고려시 산천제의 경우, 사(大祀)·중사(中祀)·소사(小祀)에 속하지 않고 잡사(雜祀)로 분류되어 있지만, 국가에서 공적 지위를 지닌 제관을 파견하여 산천의례를 행하기도 한다. 조선시에는 중사에 풍운뢰우(風雲雷雨), 산천(山川) 성황(城隍), 악해독(嶽海瀆) 등이 포함되고, 소사에는 명산(名山)과 천(大川) 등이 포함되어 산천에 제사 지내었다.

지로 밝혔다.[11] 홍암의 희생은 종교를 위해서, 한배검을 위해서, 그리고 천하 동포의 죄를 대신 받고자 이루어진 것이기에 '대속(代贖)적 희생제의'의 성격이 강하다. 종교의 구원관은 구원의 주체인 절대적 존재 또는 궁극적 진리에 대한 의미설정과 구원의 대상인 인간 또는 생명체에 대한 구원 가능성에 대한 전제를 어떻게 설정하느냐에 따라 구원의 방법이 달라진다.

홍암이 천하 동포의 죄를 대신 받고자 한 점에서 그가 행한 선의식은 대속적 희생의 의미라 하겠다. 삼신일체인 단군에 대한 절대적 신앙만이 아니라, 종교적 의례를 통한 성속 일치의 과정, 수행을 통한 궁극적 존재와의 합일 등 동양의 신인합일(神人合一)적 요소가 교리 전반에 걸쳐 나타나고 있는 것이다.

2. 단군신앙의 역학적 의미

홍암은 단군 전승 사료들 가운데 『삼일신고(三一神誥)』, 『신사기(神事紀)』를 중심으로 단군신앙을 수용하고 발전시켰으며, 『규원사화(揆園史話)』의 단군신화 유형과 가장 깊은 연관성이 있다. 현재 전해지는 단군신화는 고려 충렬왕(忠烈王) 때 쓰여진 일연(一 然, 1206-1289)의 『삼국유사(三國遺事)』

---

11 "一. 나는 죄가 무겁고 덕이 없어서 능히 한배님의 큰 도를 빛내지 못하며 능히 한겨레의 망(亡)케 됨을 건지지 못하고 도리어 오늘의 업신여김을 받는지라. 이에 한 올의 목숨을 끊음은 종교를 위하여 죽는 것이다. 一. 내가 종교를 받든지 여덟 해에 빌고 원하는 대로 한얼의 사랑과 도움을 여러 번 입어서 장차 뭇사람을 구원할 듯하더니 마침내 정성이 적어서 갸륵하신 은혜를 만에 하나도 갚지 못할지라. 이에 한 오리 목숨을 끊음은 한배검을 위하여 죽는 것이다. 一. 내가 이제 온 천하에 많은 동포가 가달길에서 괴로움에 떨어지는 이들의 죄를 대신으로 받을지라. 이에 한 오리 목숨을 끊음은 천하를 위하여 죽는 것이다."(『신형유훈(神兄遺訓)』 종교경전, 837쪽.)

(1281년경)와 이승휴(李承休, 1224-1300)의 『제왕운기(帝王韻紀)』(1287) 등 13세기 이후의 기본 사료에 나타난다. 이외에도 단군에 한 자료들이 조선조의 『세종실록(世宗實錄)』, 『고려사(高麗史)』, 『신증동국여지승람(新增東國輿地勝覽)』, 안정복의 『동사강목(東史綱目)』 등에서 발견된다.[12]

『삼국유사』, 『제왕운기』, 『세종실록』 등에서 환인(桓因)·환웅(桓雄)·단군(檀君)의 관계는 천신으로서의 할아버지와 자손인 아버지·아들의 3대에 걸친 혈연적 관계이다. 반면, 대종교는 단군신앙의 근원을 발해(渤海)의 고왕(高王, 大祚榮, 700?-719)이 지었다고 전해지는 『어제 삼일신고 찬(御製 三一神誥 贊)』과 반안군왕(盤安郡王) 야발(野勃)이 지었다고 하는 『삼일신고서(三一神誥 序)』에 두고 있으며, 환인·환웅·단군을 한임·한웅·한검으로 부르며, 이들 삼신(三神)은 셋이면서 동시에 하나인 삼신일체적 신관을 가지고 있다.[13]

『규원사화』에는 천상의 일대주신(一大主神)인 환인이 환웅에게 인간 세상에 내려가 널리 인간을 교화하도록 명하는 내용이 담겨 있다. 환인은 환웅천왕(桓雄天王)에게 천부(天符)의 세 가지 인(印)을 주며 인간 세계에 내려가 교화할 것을 명한다. 환웅은 풍백·우사·운사 등 삼천의 무리를 거느리고 태백산의 박달나무 아래로 내려와 인간 세계를 교화하며 임금으로 추대되어 신시씨(神市氏)가 되는 내용이 글 첫머리인 「조판기(肇判記)」에 기술되

---

12 강돈구는 홍암이 중창한 종교의 역사관을 『규원사화』의 민족 역사관과 동일하다고 보고 있다. 대종교의 단군 전승은 기존 사서(史書)의 입장과 다름이 있다. 전반적으로 대종교 경전과 『규원사화』는 『삼국유사』나 『제왕운기』에 없는 일대주신(一大主神)인 환인과 환웅의 천신으로서의 역할과 인류의 기원을 같이 다루고 있다.

13 윤세복, 2002, 「책 끝에 적는 말」, 대종교 종경 편수위원회, 『대종교경전』, 대종교출판사, 475-476쪽 참조.

어 있다. 환인은 절대적 권능과 수많은 신들을 통치하는 최고의 신으로 기술되어 있다.

대종교의 『신사기』는 『삼국유사』나 『제왕운기』의 단군과 한민족에 집중된 역사관보다는 『규원사화』의 인류의 기원을 밝히는 포괄적인 역사관을 담고 있다.[14] 『대종교경전』의 환인과 환웅에 관한 기본적인 설명은 『규원사화』와 크게 다르지 않다. 홍암은 기존 사서(史書)의 입장과는 달리 민간에 전승되던 『규원사화』의 단군신화를 수용하고, 『삼일신고』와 『신사기』 등의 교서를 중심으로 새롭게 단군사상을 체계화하였다. 대종교의 단군 전승에는 천신(天神)뿐만 아니라 지신(地神)과 인간(人間)의 혈연적 관계, 곰과 호랑이의 토템적 신앙, 신단수 등 성속을 구분 짓는 종교적 상징성이 함께 내포되어 있다. 그는 단군을 신화적 대상으로 삼은 것이 아니라 천신(天神)의 자손으로서 역사적인 실제 인물이며, 황조(皇祖)이자 신교(神敎)의 창시자로 본 것이다.

대종교의 단군신앙과 사서(史書)의 단군에 대한 기록에 차이는 있다고 하겠지만, 기본적인 구조와 원리는 같기 때문에 역학적(易學的) 입장에서 이해하는 데에는 무리가 없다. 이에 『삼국유사』의 단군신화[15] 내용을 역학적 입

---

14 특히, 대종교의 『신사기』에는 인간의 기원을 나반(那般)과 아만(阿曼)이라는 한 사나이와 한 여인이 짝을 이뤄 그 자손이 나뉘어 황인종·백인종·흑인종·홍인종·남색인종 등 다섯 빛깔의 종족이 되었으며, 가장 큰 종족인 황인종은 다시 양족(陽族), 간족(干族), 방족(方族), 견족(畎族) 등 네 종족으로 나누어졌다고 유래를 밝히고 있다. 이러한 인류 창조 신화는 『규원사화』에서도 찾아볼 수 있다.(『신사기』 제1장 조화의 내력 참조.)

15 『三國遺事』古朝鮮條, "魏書云, 乃往二千載, 有檀君王儉, 立都阿斯達, 開國號朝鮮, 與高同時. 古記云, 昔有桓因庶子桓雄, 數意天下, 貪求人世. 父知子意, 下視三危太伯, 可以弘益人間, 乃授天符印三箇, 遣往理之. 雄率徒三千, 降於太伯山頂, 神壇樹下, 謂之神市, 是謂桓雄天王也. 將風伯雨師雲師, 而主穀主命主病主刑主善惡, 凡主人間三百六十

장에서 고찰하고자 한다.

먼저 단군신화의 세계는 삼원적(三元的) 구조로 되어 있다. 단군신화의 내용 자체가 세 부분으로 구성되어 있으며, 환웅의 신표(信標)를 천부인(天符印) 세 개로 표현한 점, 그가 거느리는 신이 풍백(風伯)·우사(雨師)·운사(雲師)의 세 신(神)이라는 점, 그리고 이십일일(二十一日)을 기삼칠일(忌三七日)이라 하여 삼(三)을 강조한 점에서 삼원적 구조가 확연하게 드러난다.

삼원적 구조는 『주역』의 천지인(天地人) 삼재지도(三才之道)의 논리와 만난다. 삼원적 세계가 삼세(三世), 삼재(三才)로 드러난다는 것은 삼원이 삼재의 근본이 된다는 뜻이다. 『주역』에서는 삼재지도를 다음과 같이 설명했다.

> 역(易)의 글 됨이 광대하고 모두를 갖추고 있으니, 천도가 있고, 인도가 있고, 지도가 있으니, 삼재가 모두 둘로 작용하는 것이라 그러므로 여섯이니, 여섯은 다른 것이 아니라 삼재지도이다.[16]

또 「설괘」 제2장에서도 "성인이 『주역』을 지음에 천도(天道)·지도(地道)·인도(人道)를 세우고 그것이 모두 둘로 작용하기 때문에 여섯 효로 역(易)이 완성된다."[17]라고 하여, 『주역』의 진리를 삼재지도(三才之道)로 논하

餘事, 在世理化. 時有一熊一虎, 同穴而居, 常祈于神雄, 願化爲人. 時神遺靈艾一炷, 蒜二十枚曰, 爾輩食之, 不見日光百日, 便得人形. 熊虎得而食之, 忌三七日, 熊得女身, 虎不能忌, 不得人身. 熊女子, 無與爲婚故, 每於神壇樹下, 呪願有孕, 雄乃假化而婚之, 孕生子, 號曰檀君王儉, 都平壤城, 始稱朝鮮."

16 『周易』「繫辭下」 제10장, "易之爲書也, 廣大悉備, 有天道焉, 有人道焉, 有地道焉, 兼三才而兩之, 故六, 六者, 非他也, 三才之道也."

17 『周易』「說卦」 제2장, "昔者聖人之作易也, 將以順性命之理, 是以立天之道曰陰與陽, 立地之道曰柔與剛, 立人之道曰仁與義, 兼三才而兩之, 故, 易, 六畫而成卦, 分陰分陽,

였다.

단군신화에서 언급되는 천(天)과 지(地) 그리고 인(人)은 물리적인 하늘과 땅 그리고 인간을 의미하는 것이 아니라 세계를 구성하는 세 차원을 의미하는 것이다. 천은 형이상의 원리의 세계이자 신의 세계이며, 지는 형이하의 사물의 세계이고, 인은 윤리의 세계, 가치의 세계이다. 그것을 삼재적(三才的) 관점에서 나타내면 천성(天性)과 지성(地性)이 인성(人性)에서 하나로 만나는 것이다. 그것을 『정역(正易)』에서는 삼극(三極)으로 규정했다. 즉 하늘은 무극(无極)으로, 땅은 태극(太極)으로, 그리고 인간은 황극(皇極)으로 규정하였다.[18]

『주역』의 천지인 삼재지도는 서로 체용(體用)의 관계로 천도(天道)가 본체가 되면 지도(地道, 人道 포함)가 작용이 되고, 지도가 본체가 되면 인도(人道)가 작용이 된다. 또 인도의 작용을 통해 천도와 지도가 드러나고 밝혀지기 때문에 삼재지도는 인도로 집약되게 된다. 마찬가지로 단군신화에서 천신(天神)과 지물(地物)이 혼인하여 대인(大人) 단군이 탄생하는 것은 인간이 중심이 되는 의미가 있다.

단군을 중심으로 한 삼재적 세계관은 인격적 차원에서 천(天), 지(地), 인(人)이 하나라는 것을 전제로 언급한 것이다. 만약 신과 인간 그리고 사물을 나누어 별개의 존재로 본다면, 어느 하나만을 중심으로 나머지를 배척할 수밖에 없어서 결국 삼재적 세계는 사라지고 하나의 세계만 존재하게 되며, 인간의 인격을 통해 천(天)과 지(地)가 합덕되는 것이다.[19]

迭用柔剛, 故, 易, 六位而成章."

18 『正易』 第一張, "擧便无極十, 十便是太極一, 一无十无體, 十无一无用, 合土居中位, 五皇極."

19 인간 중심의 삼재적 세계는 신을 상징하는 환웅이 인간 세계를 지향하여 결국은 인간

또한 단군신화에서 신(神)을 상징하는 환인(桓因)과 환웅(桓雄)을 통해 신의 본성과 그 본성에 의해 이루어지는 작용이 『주역』의 원리와 만난다. 『주역』에서는 신을 음양(陰陽)적 구조에 의해 천지(天地)로 규정하고, 천지의 위대한 덕성(德性) 즉 본성은 생명의 끊임없는 생성[20]이라고 하였다.[21] 즉, 천신(天神)인 환웅이 인간 세계에 내려와 정사(政事)를 베푸는 것도 변화이며, 지물(地物)인 곰이 인간으로 전환하는 것도 변화이다. 그리고 환웅과 웅녀의 음양적(陰陽的) 결합과 그 결과인 단군의 탄생도 역시 변화이다.

다음 단군신화가 문자의 형식을 통해 서술되었음에도 불구하고, 환웅과 곰의 본성을 나타내는 가장 중요한 부분을 수(數)로써 표현하였다. 단군신화에서 사용된 수는 철학 사상을 담고 있다. 이러한 수를 일반적인 계량수와 구분하여 철학적 원리를 표상하는 이수(理數)라고 한다. 이것은 단군신화 전체가 사상을 담아 내는 일종의 상징체계인 것과 마찬가지이다.

단군신화에 등장하는 대표적인 수는 '무릇 인간의 삼백육십 나머지 일을

세계로 내려오고, 물을 상징하는 곰이 인간이 되기를 원하여 단군을 낳았듯이, 인간의 세계를 통해 밝혀지고 드러난 존재가 신(神)과 물(物)이라는 뜻이다. 즉 삼재적 세계관은 신적 존재와 물적 존재가 모두 인간 세계를 지향하여 인간 세계에서 더불어 살기를 원하는 인간 중심의 세계관이다. 형이상의 진리의 세계, 신의 세계, 천(天)의 세계와 형이하의 사물의 세계, 지(地)의 세계가 인간의 인격 세계에서 일체적으로 존재함을 상징적으로 나타낸다.

20 『周易』「繫辭下」 제1장, "天地之大德曰生."

21 환인과 환웅의 환(桓)은 밝음·빛을 상징하고, 인(因)은 원인·이유를 상징하며, 웅(雄)은 남자를 의미한다. 따라서 환인은 광명의 주인, 빛의 주체인 신을 상징하는 말이고, 환웅은 빛의 아들 또는 신의 아들을 의미하는 개념이다. 그리고 단군왕검의 단(檀)도 역시 밝음을 의미하고 군(君)은 임금을 상징하기 때문에 결국 단군(檀君)이라는 개념은 밝은 임금 또는 빛의 통치자라는 뜻이 된다. 빛은 신을 상징하는 개념이기 때문에 단군은 신의 대행자로서의 이른바 무당이라는 의미도 있다.

주관하며'²²의 삼백육십(三百六十)과 '백 일 동안 햇빛을 보지 않으면'²³의 백(百)과 '삼칠일을 꺼리면'²⁴의 삼칠(三七)이다.

먼저 삼백육십과 백 일의 이수적(理數的) 의미를 보면, 『주역』에서는 다음과 같이 논하였다.

> 중천건괘(重天乾卦)의 책수는 이백일십육(二百一十六)이고 중지곤괘(重地
> 坤卦)의 책수는 백사십사(百四十四)이다. 모두 삼백육십(三百六十)이니 1년의
> 기수에 해당되고, 두 편의 책수는 만천오백이십(萬千五百二十)이니 만물의
> 수에 해당한다.²⁵

삼백육십은 건책수(乾策數) 이백십육과 곤책수(坤策數) 백사십사를 합한 것임을 알 수 있다. 건책수는 하늘의 작용수로 양효(▬)의 책수 삼십육에 육효(六爻)를 승(乘)하여 이백십육(216)이 되고, 곤책수는 땅의 작용수로 음효(▬▬)의 책수 이십사에 육효를 승하여 백사십사(144)가 되는 것이다.²⁶ 삼백육십은 하늘과 땅의 작용을 합한 것임을 알 수 있다.

또 삼백육십은 1년의 기수(朞數)로서 일(日)의 측면에서는 360일로 구성

---

22 「단군신화」, '凡主人間三百六十餘事'
23 「단군신화」, '不見日光百日'
24 「단군신화」, '忌三七日'
25 『주역』「계사상」 제9장, "乾之策, 二百一十有六, 坤之策, 百四十有四, 凡三百有六十, 當期之日, 二篇之策, 萬有一千五百二十, 當萬物之數也."
26 양효(▬)와 음효(▬▬)의 策數를 얻기 위해서는 天道의 기본 작용인 四象을 乘하게 된다. 책수가 四象을 기본으로 도출되는 것은 앞의 대연지수에서 논한 바와 같이 天道의 작용이 四象이고, 四象이 易學을 완성하는 작용이기 때문이다. 양효의 책수는 九에 四(四象)를 乘하면 三十六(36)이 되고, 음효의 책수는 六에 四를 乘하면 二十四(24)가 된다.

되며, 월(月)의 측면에서는 12개월로 구성된다. 12개월의 내용을 보면 30일 가운데 25일은 유형적·외면적 정사(政事)로 일 년을 합하면 300이 되며, 나머지 5일 동안은 무형적·내면적 정사로 일 년을 합하면 60이 된다. 이에 『정역(正易)』에서는 삼백육십을 다음과 같이 논하였다.

> 삼백육십은 기일에 해당하니, 대일원 삼백수는 구구중에 배열하고 무무위 육십수는 일육궁에 나누어 베풀어서 홑 오를 귀공하면 오십오점이 밝게 빛나고, 십오를 귀공하면 사십오점이 아롱진다.[27]

『정역』에서는 삼백육십을 대일원수(大一元數) 삼백(三百)과 무무위수(无无位數) 육십(六十)으로 나누었다. 이 삼백와 육십을 삼재적(三才的) 구조로 분석하면, 각각 백수와 이십이 드러난다. 이 백을 일원수(一元數)라고 하며, 이십을 무위수(无位數)라고 한다. 이 무위수와 일원수는 체용(體用)의 관계이며, 무위수는 천지를 나타내는 십오(十五)와 그 작용성을 나타내는 오(五)의 합덕수(合德數))이다.[28]

무무위수 육십에서 오를 귀공하면 오십오가 되고, 십오를 귀공하면 사십오가 된다고 한 것은 『주역』의 하도(河圖) 오십오와 낙서(洛書) 사십오를 의미하는 것이다. 두 수를 합하면 백(百)이 되기 때문에 일원수가 된다. 하도와 낙서는 『주역』의 수리를 논하는 근본으로 단군신화의 수리적 의미를 이해하는 데 중요한 것이다.

---

27 『正易』 十五一言 第十七張~第十八張, 九九吟. "三百六十當朞日, 大一元三百數, 九九中排列. 无无位六十數, 一六宮分張, 單五歸空, 五十五點昭昭. 十五歸空, 四十五點斑斑."
28 이현중,「단군신화」.

대종교 경전인『회삼경』에서도 직접 하도와 낙서의 도상을 그리고, "선천의 셈은 하나로 비롯하여 다섯으로 중간이 되고, 아홉으로 마치며, 후천의 셈은 둘에서 비롯하여 여섯으로 중간이 되고 열에서 마치나니, 그러므로 하나 다섯 아홉은 세 홀수라 하고, 둘 여섯 열은 세 짝수라 하느니라."[29]라고 하여, 선천과 후천으로 그 철학적 의미를 논하였다.

또한 삼백육십(三百六十)의 수를 대종교의 경전에서 직접 찾아볼 수 있다.『회삼경』에서는 다음과 같이 설명했다.

> 삼백육십이란 것은 한울셈(천수, 天數)의 크게 불어난 것이니, 그러므로 다섯 물건이 불어서 삼백육십육의 종류가 되고, 다섯 교훈이 불어서 삼백육십육의 말씀이 되고, 다섯 일이 불어서 삼백육십육의 일이 되느니라.[30]

> 홀수는 가지런하지 않고 짝수는 맞서니, 가지런하지 않은 것은 어긋지고 맞서는 것은 합하는지라, 그러므로 세 짝수가 태초에 맞게 합하는 도수가 되느니라. 그러므로 두 번 불어 일흔 둘이 작은 모음이 되고, 여섯 번 불어 이백일십육이 중간 모음이 되고, 열 번 불어 삼백육십이 큰 모음이 되느니라.[31]

---

29 『회삼경』제八장 세모움, "先天之數는 始一中五하야 而終於九하고, 後天之數는 始二中六하야 而終於十하나니, 故로 一五九를 謂之三奇오 二六十을 謂之三耦라."
30 『회삼경』제一장 세검, "三百六十六者는 天數之大衍也라. 故로 五物이 衍而爲三百六十六種하고, 五訓이 衍而爲三百六十六言하고, 五事ㅣ 衍而爲三百六十六事라."
31 『회삼경』제八장 세모움, "奇則不齊하고 耦則待對하니 不齊者는 差하고 待對者는 合이라 故로 三耦ㅣ 太元會合之度하나니라. 故로 二衍而七十二ㅣ 爲小會하고 六衍而二百十六이 爲中會하고 十衍而三百六十이 爲大會하니라."

삼백육십육과 삼백육십의 이수(理數)를 설명한 것이다. 삼백육십육과 삼백육십은 『정역』의 기수(朞數) 변화에서 찾을 수 있다. 『정역』에서는 성인이 밝힌 사력(四曆)의 기수에 대하여, "요임금의 기수는 366일이며, 순임금의 기수는 365¼일이고, 일부(一夫)의 기수는 375일로 375일에서 15를 존공하면 공자의 기수인 360일이 된다."[32]라고 하여, 360일 역은 공자가 밝힌 정역(正曆)이며, 366일 역과 365¼일 역은 요임금과 순임금이 밝힌 양(兩) 윤역(閏曆)이고, 그리고 375일 역은 일부(一夫)가 밝힌 원역(原曆)임을 알 수 있다.[33]

다음으로 삼칠(三七)의 의미를 고찰하면, 삼(三)은 그대로 삼원(三元), 삼재(三才)의 구조를 의미한다면, 칠(七)은 『주역』「지뢰복괘」에서 다음과 같이 논하였다.

그 도를 반복하여 칠일에 돌아오는 것은 하늘의 운행이기 때문이다.[34]

쫓아가지 않아도 칠일 만에 얻는다.[35]

칠은 하늘의 운행 도수(度數)로 쫓아가지 않아도 돌아오는 것이라 하였다. 삼원적 구조와 칠일의 운행을 승(乘)하면 이십일(二十一)이 되어, 무위수

32 金恒, 『正易』「十五一言」第六張 ~ 第七張, "帝堯之朞는 三百有六旬有六日이니라 帝舜之朞는 三百六十五度四分度之一이니라. 一夫之朞는 三百七十五度니 十五를 尊空하면 正吾夫子之朞로 當朞三百六十日이니라."
33 류남상, 2014, 『주.정역경합편』, 도서출판 연경원, 214쪽 참조.
34 『주역』「地雷復卦」象辭, "反復其道七日來復, 天行也."
35 『주역』「重雷震卦」六二爻辭, "勿逐, 七日得."

이십(二十)과 일태극(一太極)의 일(一)이 드러나게 된다.

위에서 고찰한 무위수 이십(二十)과 일원수 백의 관계를 작용을 중심으로 논하면, 이십수가 이십일(二十一)수부터 작용하기 시작하여 백이라는 수에 이르렀을 때 비로소 완성된다. 따라서 백이라는 수는 작용이 완성되는 단계를 의미하는 수이며, 이십일은 그 작용이 시작되는 단계를 의미하는 수이다. 그렇기 때문에 곰이 인간이 되는 과정을 나타내는 수가 백인데도 불구하고, 이십일일(二十一日) 만에 사람의 몸을 얻을 수 있었던 것이다.[36]

III. 원불교의 법인기도와 팔괘기(八卦旗)

1. 법인기도의 전개와 제천의례적 성격

원불교의 집단적, 종교적 의례의 전형적인 모습은 법인기도에서 출발한다. 법인기도는 원불교 창립 초기에 소태산과 그의 아홉 제자가 함께 일심(一心) 합력(合力)과 영육(靈肉) 쌍전(雙全)의 정신으로 영광 길룡리에서 시행되었다. 소태산은 구인 제자들과 1919년 3월 26일(음력)에 기도를 시작하여, 10월 6일까지 정확히 217(216)일간 기도를 하였으며, 10일간 재계하면서 매월 6일인 음력 6일, 16일, 26일에 기도를 거행하였다.[37]

---

36 단군신화에서 이십일(二十一)의 수는 한국 철학에서 난생설화(卵生說話)로 이어지게 된다. 삼국의 건국신화가 모두 알에서 탄생되는 비밀이 풀어지는 것이다. 알은 21일 만에 부화되기 때문이다.

37 기도 당일 오후 8시 안에 도실(道室)에 모여 소태산의 교시를 받은 후, 9시 경에 기도 장소로 출발하였다. 기도는 오후 10시부터 12시 자정까지 하였고, 기도를 마친 후에

기도의 장소는 소태산이 제정한 십인(十人) 일단(一團)의 단 조직에 따라 구인 제자의 방위에 따라 중앙봉을 비롯하여 팔방(八方)의 봉우리를 지정하였다. 중앙봉은 정산 송규, 옥녀봉은 건방(乾方)으로 일산 이재철, 마촌앞산봉은 간방(艮方)으로 이산 이순순, 촛대봉은 감방(坎方)으로 삼산 김기천, 장다리봉은 진방(辰方)으로 사산 오창건, 대파리봉은 손방(巽方)으로 오산 박세철, 공동묘지봉은 이방(離方)으로 육산 박동국, 밤나물골봉은 곤방(坤方)으로 칠산 유건, 설레방위봉은 태방(兌方)으로 팔산 김광선이 각각 맡아서 기도하였다.[38] 즉, 중앙봉을 비롯하여 팔방을 『주역』의 팔괘(八卦)의 이름으로 방위를 정하였다.

　　구인 제자들은 각각의 기도처인 봉우리에 단기(團旗)인 팔괘기(八卦旗)를 세우고, 기도식을 시작할 때에는 먼저 향촉과 청수를 진설하고, 헌배와 심

는 일제히 도실로 돌아오도록 하였다. 단원들은 각각 시계를 가지고 기도의 시간과 마침에 서로 어긋나지 않게 하였다.(박광수, 앞의 책, 415쪽.)

38 『대종경』, 대종사, 일찌기 공부인의 조단 방법을 강구하시어, 장차 시방세계 모든 사람을 통치 교화할 법을 제정하시니, 그 요지는, 오직 한 스승의 가르침으로 원근 각처의 모든 사람을 고루 훈련하는 빠른 방법이었다. 그 대략을 말하자면, 9인으로 1단을 삼고, 단장 1인을 가(加)하여 9인의 공부와 사업을 지도 육성케 하며, 9단이 구성되는 때에는 9단장으로 다시 1단을 삼고, 단장 1인을 가하여 9단장의 공부와 사업을 지도 육성케 하되, 이십팔수(二十八宿, 角亢氐房心尾箕 斗牛女虛危室壁 奎婁胃昴畢觜參 井鬼柳星張翼軫)의 순서를 응용하여, 이상 단장도 계출(繼出)되는 대로 이와 같은 예로 다시 조직하여, 몇억만의 많은 수라도 지도할 수 있으나 그 공력은 항상 9인에게만 들이면 되는 간이한 조직이었다. 또한 단의 종류도, 위에 수위단이 있고, 그 아래 모든 사람의 처지와 발원과 실행에 따라 전무출신 단 · 거진출진 단 · 보통 단 등으로 구분하기로 하시었다. 대종사, 이 방법에 의하여, 원기 2년(1917, 丁巳) 7월 26일에, 비로소 남자 수위단을 조직하시니, 단장에 대종사, 건방(乾方) 이재풍, 감방(坎方) 이인명, 간방(艮方) 김성구, 진방(震方) 오재겸, 손방(巽方) 박경문, 이방(離方) 박한석, 곤방(坤方) 유성국, 태방(兌方) 김성섭이었고, 중앙은 비워 두었다가 1년 후(원기 3년, 戊午 7월) 송도군을 서임(叙任)하였다."

고를 올리고, 축문을 낭독한 다음 지정된 주문을 독송하였다.

법인기도를 10일마다 올린 기도 기간이 100일을 넘은 음력 7월 16일에 소태산은 단원들의 정성이 부족함을 일깨우고 천의(天意)를 감동시키기 위해 살신성인(殺身成仁)의 정신을 당부하면서, '백지혈인(白指血印)'의 이적을 완성하였다. 백지혈인은 죽어도 여한이 없다는 사무여한(死無餘恨)의 서약과 살신성인을 실현하기 위해 하늘에 고하는 심고(心告)를 올리는 과정에서 인주 없이 엄지손가락으로 맹세를 다짐하며 찍은 백지장(白指章)들이 곧 혈인(血印)으로 변한 것이다. 『원불교교사』에서는 백지혈인의 성사가 이루지는 과정을 다음과 같이 서술하였다.

대종사, 한참 후에 돌연히 큰 소리로 "내가 한 말 더 부탁할 바가 있으니 속히 도실로 돌아오라." 하시고, 말씀하시기를 "그대들의 마음은 천지신명이 이미 감응하였고 음부공사가 이제 판결이 났으니, 우리의 성공은 이로부터 비롯하였다. 이제 그대들의 몸은 곧 시방세계에 바친 몸이니, 앞으로 모든 일을 진행할 때에 비록 천신만고와 함지사지를 당할지라도 오직 오늘의 이 마음을 변하지 말고, 또는 가정 애착과 오욕의 경계를 당할 때에도 오직 오늘 일만 생각한다면 거기에 끌리지 아니할 것인즉, 그 끌림 없는 순일한 생각으로 공부와 사업에 오로지 힘쓰라." 하시었다. 9인은 대종사의 말씀을 듣고 여러 가지 이해는 얻었으나, 홍분된 정신이 쉽게 진정되지 아니하였다.[39]

법인기도에서 기도인 각자가 지극한 정성으로 드리는 마음에 천지신명

---

[39] 『원불교교사』제1편 개벽의 여명, 제4장 회상건설의 정초, 5. 백지혈인의 법인성사.

(天地神明)이 감응하였고, 음부(陰府)공사(公事)가 판결났다고 한 것이다. 법인기도를 통해 하늘의 인증을 받았다는 것은 하늘에 제사를 올린 결과이다. 이는 소태산이 사람과 하늘을 동일시했다는 것이고, 이러한 사상은 유학의 전통적인 천인합일의 사상과 그 맥락을 같이한다. 법인기도에 나타난 소태산의 신명(神明)사상이 신에게만 존재하는 것이 아니라 인간에게도 존재하는 것이라 봄으로써 인간 스스로 신명적 존재임을 밝힌 것이다.[40]

또한 신비체험과 새로운 생명의 탄생으로 '죽음과 재생'이라는 의미를 담고 있다. 우주적 시간의 측면에서 보면, 우주의 새로운 시대가 도래할 것이라 예견한 것이고, 우주의 개벽을 열기 위한 문열이의 과정으로 법인기도가 자리하고 있는 것이다. 또 개인과 사회의 새로운 정신적 생명의 탄생에 역점을 두었다. 한국의 건국신화인 단군신화에서 곰이 쑥과 마늘을 먹으며 동굴 속에서 햇빛을 보지 않고 인고(忍苦)의 수행을 하는 것과 같이 어둠의 긴 터널을 지나 새로운 정신적 탄생을 보여주었다.

소태산은 구인 제자의 방위를 따라 중앙봉을 비롯하여 8방의 봉우리를 지정한 것은 우주 시방(十方)이 함께하는 성소(聖所)의 공간적 의미가 있다. 또 제사의 방식에서도 마음을 정결하게 하고, 계문(戒文)을 더욱 준수하며, 육신도 자주 목욕재계함으로써 청정함과 정성스러운 기도가 이루어지게 하였다. 이는 하늘에 대한 경외의 마음을 바탕에 둔 것이다.

법인기도에 나타난 성속(聖俗)의 구조는 유학의 천지인(天地人) 삼재지도(三才之道)의 합일사상과 불교의 법계(法界)사상, 그리고 한국 신종교가 가지고 있는 신명(神明)사상이 복합적으로 나타난 것이다.

---

40 박광수, 2012, 『한국신종교의 사상과 종교문화』, 집문당, 428쪽.

대종사, 최초의 단을 조직하신 후, 단원들의 신성이 날로 전진은 하나, 아직도 마음에 원하는 바는, 이해하기 어려운 비결이며, 난측한 신통 묘술이며, 수고 없이 속히 되는 것 등이요, 진리의 당체와 인도의 정의를 분석하는 공부는 원하지 아니함을 보시고, 종종 하늘에 제사하여 그 마음을 결속케 하시고, 친히 지도하실 말씀도 천제(天帝)의 말씀이라 하여 그 실행을 권면하시었다.[41]

하늘의 별자리 운행도수인 이십팔수(二十八宿)와 천제(天帝)의 말씀이 등장하면서 법인기도의 제천의례 성격이 분명하게 나타난다.

특히 소태산은 기도 장소인 봉우리에 단기인 팔괘기를 세움으로써 우주의 축과 하나가 됨을 상징적으로 표현하였다. 십인(十人) 일단(一團)이 불교의 법계인 시방세계(十方世界)의 의미를 담은 것이라면, 팔괘기(八卦旗)와 팔방(八方)의 봉우리를 팔괘의 방위로 설정한 것은 유학의 천도(天道)를 수용한 것이다.[42]

또한 소태산은 일원상의 진리를 해설하면서 "일원상은 부처님의 심체(心體)를 나타낸 것이므로, … 유가에서는 이를 일러 태극(太極) 혹은 무극(無極)이라 하고, 선가에서는 이를 일러 자연 혹은 도라 하고, 불가에서는 이를 일러 청정 법신불이라 하였으나, 원리는 모두 같은 바로서…."[43]라고 하여, 유교의 태극(太極) · 무극(無極), 도교의 자연, 불교의 청정 법신불을 근원적으로 회통시킴으로써 유불도 삼교를 포섭하였다.[44]

---

41 『원불교교사』 제1편 개벽의 여명, 제3장 제생의세의 경륜, 4.첫 조단과 훈련.
42 박광수, 앞의 책, 431쪽.
43 『대종경』 제2 교의품 3장.
44 양은용, 1992, 「정산종사의 유불도 삼교관」 『원불교사상과 종교문화』 제15집, 원광대

따라서 소태산이 『주역』의 팔괘를 그림으로 그려 초기에 법인기도에 사용하였고, 원불교의 초기 조직인 불법연구회 회기로 팔괘기를 사용한 것에 주목하게 된다. 이 문제는 법인기도가 하늘에 기도를 올린 것과 관계가 있다. 다음 장에서 구체적으로 논하고자 한다.

2. 법인기도의 팔괘기와 『주역』의 팔괘도(八卦圖)

원불교의 초기 조직인 불법연구회가 창립된 1924년(원기 9년)에 교단 활동의 출발을 선포하면서 팔괘기를 회기(會旗)로 만들었고, 1940년대까지 불법연구회 행사에 사용하였다.[45] 법인기도에 사용된 팔괘기의 문양은 2종으로 알려져 있으며, 아래와 같다.

학교 원불교사상연구원, 303쪽. 소태산이 유학 사상을 긍정적으로 평가한 것은 첫째, 유교 사상에서 우주의 궁극적 진리로 제시한 태극 혹은 무극은 일원상의 진리와 상통된다는 것이고,(『대종경』 제2 교의품 3장.) 둘째, 유교 사상은 우주의 형상 있는 면을 주체 삼아 수신제가치국평천하의 요법을 잘 밝혔으므로 이는 적극적으로 수용할 가치가 있다는 것이고,(『대종경』 제2 교의품 1장.) 셋째, 몇 가지 사회적 폐단은 고칠 필요가 있다는 것 등이다. 즉, 첫째는 우주를 설명하는 형이상학적 원리에 해당하는 것으로서 불교나 도교에도 이와 비슷한 측면이 있으며, 둘째와 셋째는 현실 생활에서 구체적으로 적용되는 형이하학적 측면으로 유교적 특징이 잘 드러내고 있다. 또 원불교 『세전』에서는 『소학』의 체계와 내용을 기초로 사람의 일생에 걸친 생활 규범과 준칙을 제시하였다. 여기에는 『논어』, 『맹자』, 『중용』 등 선진 유학의 경전에서 인용된 구절들이 많이 수록되어 있다.

45 소태산 대종사가 대각한 진리를 담고 있는 팔괘기는 일원상의 진리를 담고 있는 '일원팔괘도(一圓八卦圖)'라 하겠다.

팔괘기는 팔괘가 배열된 것으로 『주역』에서는 '역(易)'이라는 것은 상(象)이니[46]라 하고, '팔괘(八卦)가 배열을 이루니 상(象)이 그 가운데 있고[47]라고 하여, 『주역』의 진리를 함축하는 역(易)은 상(象)인데, 팔괘가 배열된 팔괘도(八卦圖)에 상이 있다고 하였다. 또 「계사상」에서는 "하늘에 있어서는 상(象)을 이루고, 땅에 있어서는 형(形)을 이룬다."[48]고 하고, "상(象)을 이룬 것은 건(乾)이라 하고, 법을 본받는 것은 곤(坤)이라 한다."[49]라고 해, 상(象)은 건도(乾道), 천도(天道)를 상징하였다. 따라서 상(象)을 가지고 있는 팔괘가 배열된 팔괘도에는 하늘의 진리를 담고 있는 것이다.

역학사에서 팔괘도에는 소옹(邵雍, 1011-1077)이 주장한 복희선천팔괘도와 문왕후천팔괘도가 있으며, 『정역』에서 『주역』「설괘」제6장을 근거로 그린 정역팔괘도(正易八卦圖)가 있다.

소강절은 「설괘」제3장[50]을 근거로 복희선천팔괘도를 확정하였다. 소강절의 설을 계승한 『주역본의(周易本義)』에서는 위 인용문의 팔괘에 대하여 "건남·곤북·이동·감서·진동북·태동남·손서남·간서북으로 진에서부터 건까지는 순이 되고, 손에서부터 곤까지는 역이 된다.[51]"고 하여, 팔괘의 방위를 확정하고, 또 「복희팔괘차서」를 통해 팔괘에 1에서 8까지의 수를 배정하여 1건(乾, ☰)·2태(兌, ☱)·3이(離, ☲)·4진(震, ☳)·5손(巽, ☴)·6감

---

46 『주역』「繫辭下」 제3장, "易者, 象也."
47 『주역』「繫辭下」 제1장, "八卦成列, 象在其中矣."
48 『周易』「繫辭上」 제1장, "在天成象, 在地成形."
49 『周易』「繫辭上」 제5장, "成象之謂乾, 效法之謂坤."
50 『周易』 說卦 제3장, "天地定位, 山澤通氣, 雷風相薄, 水火不相射, 八卦相錯, 數往者, 順, 知來者, 逆, 是故, 易, 逆數也."
51 朱熹, 『周易本義』, "伏羲八卦方位, "乾南坤北 離東坎西 震東北兌東南 巽西南艮西北, 自震至乾爲順, 自巽至坤爲逆."

(坎, ☵) · 7간(艮, ☶) · 8곤(坤, ☷)을 논함으로써 복희선천팔괘도를 설명하였다.[52]

또 문왕후천팔괘도를 명한 「설괘」 제5장은 두 문장으로 구성되어 있는데, 첫 문장에서는 "상제가 진괘(☳)에서 나오고, 손괘(☴)에서 가지런해지고, 이괘(☲)에서 서로 나타나고, 곤괘(☷)에서 지극히 길러지고, 태괘(☱)에서 말씀을 기뻐하고, 건괘(☰)에서 싸우고, 감괘(☵)에서 수고롭고, 간괘(☶)에서 말씀이 이루어진다."[53]라고 하여, 팔괘의 작용성을 간략히 설명하고, 이어서 문왕팔괘도에 배치된 팔괘의 철학적 의미와 방위를 구체적으로 밝혔다.[54] 「설괘」 제5장에서는 팔괘의 방위를 구체적으로 설명했기 때문에 그대로 팔괘를 그리면 문왕팔괘도가 된다.[55]

문왕팔괘도를 보면, 건괘(☰)와 곤괘(☷)의 중정지기인 감괘(☵)와 이괘(☲)

52
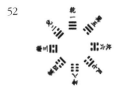

53 『周易』 「說卦」 제5장, "帝出乎震, 齊乎巽, 相見乎離, 致役乎坤, 說言乎兌, 戰乎乾, 勞乎坎, 成言乎艮."

54 『周易』 「說卦」 제5장, "萬物出乎震, 震東方也. 齊乎巽, 巽東南也. 齊也者, 言萬物之潔齊也. 離也者, 明也. 萬物皆相見, 南方之卦也. 聖人南面而聽天下, 嚮明而治, 蓋取諸此也. 坤也者, 地也, 萬物皆致養焉, 故曰致役乎坤. 兌正秋也, 萬物之所說也, 故曰說言乎兌. 戰乎乾, 乾西北之卦也, 言陰陽相薄也. 坎者, 水也. 正北方之卦也, 勞卦也, 萬物之所歸也, 故曰勞乎坎. 艮東北之卦也, 萬物之所成終而所成始也, 故曰成言乎艮."

55

가 남북으로 축이 되고, 건곤부모는 모퉁이 방위에 물러나 있다. 또 장남인 진괘(☳)와 소녀인 태괘(☱)가 동서에, 건괘(☰)와 장녀인 손괘(☴), 곤괘(☷)와 소남인 간괘(☶)가 각각 모퉁이에서 서로 대응하고 있다. 문왕팔괘도가 천도의 사상 작용을 표상하는 낙서와 결부되기 때문에 천도(진리)를 밝히는 주체인 진괘(☳) 성인과 백성이 곧 하늘인 태괘(☱)가 동서의 가로축에 위치해 있는 것이다. 문왕팔괘도에서도 팔괘의 괘상이 안에서 밖으로 향해 있지만 그 합은 10이기 때문에 단순히 내면의 인격성을 자각하지 못한 것이 아니라, 5를 귀체시키는 하늘의 작용으로 양과 양, 음과 음이 서로 등을 대고 있는 것이다.[56]

다음으로 정역팔괘도는 「설괘」 제6장에 근거한 것이다.[57] 소강절은 이 인용문을 제5장의 연장선에서 문왕후천팔괘도를 설명한 것으로 이해하였으나,[58] 『정역』에서는 이것을 근거로 정역팔괘도를 완성하였다.[59]

정역팔괘도의 팔괘를 고찰해 보면, '신야자(神也者)'의 신(神)은 10건(乾, ☰)·5중(中, ☷)이 완전 합덕일치된 것이라 하겠고, '수화상체(水火相逮)'는 4

---

56 文王八卦圖에서 八卦의 卦象이 밖을 보고 있는 것은 바로 陽은 陽과, 陰은 陰과 등을 대고 있는 것으로 지극히 정상적인 상태이다. 陽과 陽, 陰과 陰이 마주 보는 것은 하늘의 뜻이 아닌 것이다.

57 『周易』「說卦」제6장, "神也者, 妙萬物而爲言者也, 動萬物者, 莫疾乎雷, 撓萬物者, 莫疾乎風, 燥萬物者, 莫熯乎火, 說萬物者, 莫說乎澤, 潤萬物者, 莫潤乎水, 終萬物始萬物者, 莫盛乎艮, 故, 水火相逮, 雷風, 不相悖, 山澤, 通氣然後, 能變化, 旣成萬物也."

58 『周易本義』「說卦」제6장 註, "亦用上章之說, 未詳其義."

59 柳南相, 임병학, 2013, 『一夫傳記와 正易哲學』, 도서출판 연경원, 200쪽.

감(坎, ☵)·9이(離, ☲)가 서로 만나 합덕된 것이고, '뇌풍불상패(雷風不相悖)'는 6진(震, ☳)·1손(巽, ☴)이 바른 위치에서 작용하는 것이며, '산택통기(山澤通氣)'는 8간(艮, ☶)·3태(兌, ☱)가 기운이 통하여 합덕되는 것이다.[60]

특히 2천(天, ☰)과 7지(地, ☷)를 10건(乾, ☰)과 5중(中, ☷)의 안쪽에 배치하여 육효중괘인 「중천건괘(重天乾卦)」(䷀, 2天10乾)와 「중지곤괘(重地坤卦)」(䷁, 7地5坤)의 괘상을 그린 것이다. 육효중괘는 역도가 완성되고,[61] 천인지 삼재지도의 음양이 합덕된 것을 표상하기[62] 때문에 정역팔괘도가 음양이 합덕된 그림이라는 것을 알 수 있다. 또 팔괘의 괘상이 복희팔괘도나 문왕팔괘도와는 달리 밖에서 안쪽의 방향으로 되어 있다. 이는 밖으로 향하는 마음을 자신의 내면으로 돌아오는 것을 상징하는 것이자, 팔괘가 서로 마주 보면서 합덕하고 있음을 의미하는 것이다.

또한 5곤(☷)을 '5중'이라 함으로써 10건(☰)과 5중(☷)이 하도의 가운데 중수(中數)이고 하도와 정역팔괘도의 본체도수가 5라는 것을 밝혔다. 특히 5중(☷)은 7지와 함께 「중지곤괘(重地坤卦)」(䷁)의 의미가 있는데, 「중지곤괘」(䷁)에서는 "곤괘의 두터움으로 물을 실어서 합덕하는 것이 한계가 없는 것이다."[63]라고 하여, 합덕의 원리를 밝혔다.[64]

---

60 柳南相, 1980, 「正易思想의 근본문제」 『논문집』 제7권 제2호, 충남대학교 인문과학연구소, 248쪽.

61 『周易』 「說卦」 제2장, "六畫而成卦."

62 『周易』 「繫辭下」 제10장, "易之爲書也, 廣大悉備, 有天道焉, 有人道焉, 有地道焉, 兼三才而兩之, 故六, 六者, 非他也, 三才之道也."

63 『周易』 「重地坤卦」 象辭, "坤厚載物, 德合无疆."

64 「重地坤卦」(䷁)에서는 "用六은 영원히 바른 것이 이롭다."(「重地坤卦」, "用六, 利永貞.")라 하고, 64괘의 각 효에서 陰爻(⚋)를 '初六, 六二, 六三, 六四, 六五, 上六'이라 하여, 陰爻(⚋)의 理數를 六으로 나타내고 있다. 즉, 여섯 효가 모두 陰爻(⚋)인 「重地坤卦」(䷁)는 陰陽이 합덕된 地德을 표상하는데, 그것은 河圖가 天地·陰陽이 五를 본체

이상의 팔괘도의 철학적 원리를 근거로 법인기도에 사용된 불법연구회의 팔괘기를 고찰하면, 먼저『주역』의 문왕팔괘도와 불법연구회 팔괘기를 대략적으로 여섯 가지 입장에서 논할 수 있다.

첫째, 불법연구회 팔괘기에 그려진 팔괘가 바라보는 방향이 문왕팔괘도와는 다르다. 문왕팔괘도는 안에서 밖으로 향해 있지만, 불법연구회 팔괘기의 팔괘는 밖에서 안으로 향해 있다. 우리의 마음이 대상 세계(밖)로 향하는 것을 내 본성(안)으로 돌린다는 것이다. 소태산의 가르침이 우리 내면의 본성·불성을 깨우치는 데 있다는 것을 의미한다.

둘째, 전통적으로『주역』에서는 문왕팔괘도를 수(數)의 이치를 담고 있는 낙서(洛書)와 일치시킨다. 낙서는 1·9, 2·8, 3·7, 4·6, 5를 통해 하늘의 사상(四象) 작용을 표상한다. 그런데『대종경』과『원불교교사』에서는 중앙의 상하(上下)와 팔방(八方)으로 나누어 십방(十方)을 밝혔다. 9수까지 표상한 문왕팔괘도와 10수까지 드러낸『대종경』의 가르침은 철학적으로 다른 입장이다.

셋째,『조선의 유사종교』에 기록된 불법연구회 팔괘기는 중괘(重卦, 육효중괘)로 되어 있다. 팔괘기의 팔괘가 삼효단괘(三爻單卦)가 아니라 삼효가 중첩된 육효중괘(六爻重卦)를 사용했다는 것은 철학적으로 의미가 전혀 다르다. 단괘(單卦)가 천지인(天地人) 삼재의 구조를 표상한 것이라면, 중괘(重卦)는 삼재(三才)의 작용 원리를 표상한 것이다. 좌산(左山) 이광정은 불법연구회 팔괘기가 처음에는 64괘(중괘)로 만들어졌다고 하였다.[65] 문왕팔괘도에서는 중괘의 의미를 찾을 수 없다.

로 合德된 원리에 근거하고 있는 것이다.
65 이광정, 2017.06, '법문 말씀'.

넷째, 『주역』에서 문왕후천팔괘도는 복희선천팔괘도(伏羲先天八卦圖)와 함께 역학의 선후천론(先後天論)을 상징하는 팔괘도이지만, 불법연구회 팔괘기에는 이러한 논의가 없다.[66]

다섯째, 대종사와 구인 선진의 기도봉에 팔괘(八卦)를 배치한 것이 문왕팔괘도와 전혀 다르게 되어 있다. 구인 선진의 기도봉과 문왕팔괘도를 연결시키고 있지만, 구인 선진의 기도봉은 중앙과 팔괘를 기준으로 나이 순서에 따라 시계 방향으로 돌아가면서 정한 것이다.

여섯째, 불법연구회 팔괘기는 대종사 교법의 핵심인 일원상의 진리와 사은의 진리를 온전히 담고 있다. 불법연구회 팔괘기는 『주역』 팔괘도 그림과는 달리 팔괘 사이에 간격이 거의 없고, 또 팔괘의 안은 작고 밖으로 나가면서 커져서 원의 형상을 만든다. 팔괘가 하나의 큰 원을 그렸지만, 자세히 보면 3개의 원을 그린 것이다. 팔괘기의 팔괘를 둥글게 한 것은 일원상의 진리를 담고 있다는 것이고, 이것이 3개인 것은 천지인(天地人) 삼재지도(三才之道)를 의미하는 것이다. 또 팔괘를 2개씩 묶으면 사상(四象)이 되고, 이 사상은 사은(四恩)의 진리를 의미한다.

다음으로 불법연구회 팔괘기와 『정역』의 팔괘도인 '정역팔괘도(正易八卦圖)'와의 관계를 논하고자 한다. 일원팔괘도와 정역팔괘도의 그림을 통해 다섯 가지 입장에서 논할 수 있다.

첫째, 일원팔괘도와 정역팔괘도는 모두 팔괘 방향이 밖에서 안을 향해 있다. 복희팔괘도와 문왕팔괘도가 모두 팔괘의 방향이 안에서 밖으로 향해 있는 것과 대비된다. 복희팔괘도와 문왕팔괘도가 팔괘가 대상 세계를 향해 있

---

66 북송의 소강절(邵康節)은 팔괘도를 통해 선후천론(先後天論)을 주장하면서 문왕후천팔괘도는 하늘의 질서가 어지러워진 인간 세계를 상징하기 때문에 자신은 선천(先天)을 지향한다고 하였다. 소강절의 입장은 우리가 알고 있는 후천개벽사상과는 반대이다.

어서 천지자연(天地自然)의 이치를 위주로 밝히고 있다면, 일원팔괘도와 정역팔괘도는 내 안으로 인간 본성의 세계를 향해 있어서 천지신명(天地神明)의 도덕적 원리를 위주로 밝히고 있다.

둘째, 일원팔괘도와 정역팔괘도가 모두 팔괘이지만 십(十)수까지 표상한다. 『대종경』에서는 시방(十方)세계를 중앙의 상하와 팔괘의 팔방(八方)으로 설명했고, 『정역』에서는 일손풍(一巽風, ☴)·이천(二天)·삼태택(三兌澤, ☱)·사감수(四坎水, ☵)·오곤지(五坤地, ☷)·육진뢰(六震雷, ☳)·칠지(七地)·팔간산(八艮山, ☶)·구이화(九離火, ☲)·십건천(十乾天, ☰)으로 이천(二天)과 칠지(七地)를 첨가하여 십수(十數) 팔괘도를 그렸다.

셋째, 팔괘도(八卦圖)이지만 삼효(三爻)로 구성된 단괘(單卦)로만 그리지 않고, 육효(六爻)로 구성된 중괘(重卦)를 그린다. 『조선의 유사종교』에서는 불법연구회의 팔괘기를 소개하면서 육효중괘로 그려진 그림을 소개했다. 정역팔괘도도 중건(重乾)·중곤(重坤)의 뜻을 가진 이천(二天)과 칠지(七地)를 남북에 위치시켜 중괘(重卦)가 됨을 그렸다. 물론 정역팔괘도 그림에서 이천(二天)과 십건천(十乾天), 칠지(七地)와 오곤지(五坤地)가 서로 중첩되어 육효중괘가 형성된다고 볼 수도 있다.[67]

넷째, 팔괘기를 선후천의 문제로 논하지 않았다. 역학에서 처음 팔괘도의 철학적 의미를 논한 북송의 소강절은 '복희선천팔괘도'와 '문왕후천팔괘도'라고 하여, 선천과 후천의 문제로 논한 이래로 팔괘도에 관한 논의는 모두 선후천이나 선천도(先天圖) 등의 논의에 사용되어 왔다.

『정역』에서는 팔괘도에서 '선천'과 '후천'이라는 말을 빼고 '복희팔괘도'와

---

67 삼효단괘로 구성된 팔괘도가 천도(天道)인 사상(四象) 작용을 상징하는 것이라면, 육효중괘로 구성된 십수(十數) 팔괘도는 인도(人道)인 성명(性命)의 이치를 표상하는 철학적 의미를 담고 있다.

'문왕팔괘도'라고 하였으며, 불법연구회에서도 이러한 의미로 사용하지 않았다. 이 문제는 역학의 선후천론에서 굉장히 중요하다. 소강절이 복희선천 팔괘도와 문왕후천팔괘도를 논하고, 자신은 천지의 질서가 잡힌 복희선천 시대로 돌아가고 싶다고 하였는데, 근대 신종교의 후천개벽사상은 후천을 지향한다고 하였다.[68]

다섯째, 팔괘도에 수를 배치하였다. 일원팔괘도에서는 구체적으로 수를 배치하지 않았지만, 기도봉에 올라가서 기도한 구인 선진과 대종사가 일산(一山)에서 십산(十山)까지 배열하였다. 소강절은 팔괘도를 선천과 후천으로 논하면서 복희팔괘도에는 8수까지 배정하였지만, 문왕팔괘도에는 수를 배정하지 않았다. 문왕팔괘도에 수를 배정한 것은『정역』에 와서 이루어졌다. 물론 정역팔괘도는 십수(十數) 팔괘도로 그렸다.

이상에서 불법연구회의 일원팔괘도는『정역』의 정역팔괘도와 같은 맥락에 있음을 알 수 있다.

IV. 맺음말

한국 신종교를 대표하는 대종교(大倧敎)와 원불교의 제천의례와 그 역학적 의미를 고찰하였다.

대종교는 한민족 주체 의식에 대한 절실한 요청과 함께 종교적 측면에서

---

68 특히『정역』에서 논하고 있는 3개의 팔괘도에 대하여, 복희팔괘도는 선천, 문왕팔괘도는 선천과 후천의 중간, 정역팔괘도는 후천을 상징한다고 하기도 하고, 복희팔괘도와 문왕팔괘도은 모두 선천, 정역팔괘도는 후천을 상징한다고 이야기하고 있다. 그런데『정역』에서는 팔괘도를 선후천으로 언급한 사실이 없다.

단군신앙을 적극적으로 전개하였으며, 선의식의 제천의례를 행하여 한민족의 고유한 종교 문화와 사상을 계승하였다.

대종교의 제천의례는 단군을 중심으로 삼위일체 신앙을 정립하고, 종교 제천의례의 표준을 보여주었다. 대종교의 선의식은 종교적 금기를 강조하였고, 의례를 행한 성시와 성소에 상징적 의미가 있고, 다음으로 희생제의적 내용을 가지고 있다.

또한 단군신앙의 역학적 의미에서는 단군신화가 삼원적(三元的) 구조를 가지고 있는데, 이는 『주역』의 천지인(天地人) 삼재지도(三才之道)의 의미로 해석된다. 또 천신(天神)인 환웅과 지물(地物)인 웅녀가 혼인하여 단군이 탄생한 것은 인간 중심적 세계관으로 천도(天道)와 지도(地道)가 인도(人道)로 집약된 것이다.

또 단군신화에 등장하는 삼백육십(三百六十)과 백일(百日), 삼칠일(三七日)은 모두 『주역』의 수리적(數理的) 의미를 담고 있다. 삼백육십은 1년의 기수(朞數)이고, 백일은 하도의 55와 낙서의 45가 합해진 수이고, 삼칠일은 이십일(二十一)과 관계되어 본체수의 의미를 담고 있다.

다음으로 원불교의 제천의례는 법인기도에서 찾을 수 있다. 법인기도는 천지신명(天地神明)에 기도하여, 하늘의 인증을 받았기 때문에 제천의례임을 확인할 수 있다. 법인기도에서 나타난 백지혈인이나 사무여한의 정신은 죽음을 각오한 희생적 제의로 새로운 정신적 생명을 잉태시키는 중요한 종교의례이다. 또 법인기도의 기도 봉우리에 진리를 상징하는 팔괘기(八卦旗)를 세움으로써 우주의 축과 하나 됨을 상징적으로 표현하였다.

법인기도에 사용된 팔괘기는 소태산의 대각을 표상한 '일원팔괘도(一圓八卦圖)'로, 『주역』의 팔괘도(八卦圖)와 관계된다. 전통적으로 『주역』에는 복희팔괘도와 문왕팔괘도가 있고, 한국 역학인 『정역』에는 정역팔괘도(正易

八卦圖)가 있다.

원불교의 팔괘기는 팔괘(八卦)의 방향이 밖에서 안을 향해 있고, 상하(上下)와 팔방(八方)을 합해 십방(十方)의 세계를 밝히고, 팔괘기를 선천(先天)과 후천(後天)으로 논하지 않고, 기도봉인 팔방(八方)에 수를 배치했다는 점에서 정역팔괘도와 같은 의미가 있다.

증산계 종단의
치성의례*

— 대순진리회를 중심으로

박 인 규 서울대학교 인문학연구원 종교문제연구소

* 이 글은 원광대학교 종교문제연구소에서 주최·주관한 '한국 근현대 민중 중심 제천의례의 역사
적 전개와 특성에 대한 연구'라는 제하의 콜로키움에서 발표한 글을 수정 보완한 것이다. 필자는
이 주제와 관련하여 한국 주요한 신종교 중 하나인 대순진리회(大巡眞理會)에서의 '제천의례'에
해당하는 부분을 발표하였다. 대순진리회에서는 명확하게 '제천의례'라고 표현하는 의례는 없지
만 '치성(致誠)'을 그에 상응하는 의례로 보고 논의를 전개하였었다.

Ⅰ. 들어가며

이 글은 동학계와 더불어 한국 신종교 운동의 주요한 흐름을 형성한 증산계 종단의 치성의례를 고찰하려는 것이다. 증산계 종단은 분파 현상이 두드러져 증산종단친목회에서는 스스로 33개 단체로 분류하였으며,[1] 1985년 문화공보부 주관으로 실시된 〈한국 신종교 실태조사보고서〉에서는 전국에 산재한 228개 신종교 단체 중 총 47개 단체가 증산계 종단으로 조사되었으며,[2] 증산계 교단 전체를 아우르는 교단사인 『범증산교사(汎甑山敎史)』에서는 총 29개의 증산계 종단이 기술되었다.[3]

따라서 증산계 종단의 치성의례를 분석하려면 이 단체들을 전반적으로 조사해야 하겠지만, 이는 필자의 연구 역량을 넘어서고 지면 관계상으로도 어렵기 때문에 무극도(无極道) → 태극도(太極道) → 대순진리회(大巡眞理會)로 이어지는 종교 단체의 역사에서 전개된 치성의례에 집중하고자 한다. 증산계 종교운동의 전반적인 역사에서 가장 두드러진 단체는, 일제강점기에

---

1   증산종단친목회, 1971, 『증산종단개론』, 서울: 증산종단친목회.
2   한국종교학회, 1985, 『한국 신종교 실태조사보고서』, 한국종교학회.
3   홍범초, 1988, 『범증산교사』, 서울: 한누리.

는 보천교 그리고 현재에는 대순진리회라고 할 수 있다. 보천교는 교주 차경석(1880-1936)이 사망한 이후 교세가 급감하여 현재는 신도가 거의 없는 반면, 일제강점기 당시 보천교 다음으로 교세가 왕성하였던 무극도(无極道)는 현 대순진리회로 연결되어 종교 활동을 활발히 전개하고 있다. 즉 무극도 → 태극도 → 대순진리회로 이어지는 흐름에서의 치성의례를 분석함으로써 주요한 증산계 종단의 과거부터 현재까지의 의례적 연속성과 변천을 살펴볼 수 있는 것이다. 또한 이 치성의례를 고찰함으로써 일제강점기 이후 증산(甑山) 강일순(姜一淳, 1871-1909)을 신앙하는 신종교인들의 천(天)에 대한 새로운 인식과 그와 관련된 의례적 실천으로서의 치성을 분석하고자 한다.

일찍이 캐서린 웨싱어(Catherine Wessinger)는 신종교 연구의 의의에 대해 "신종교에 대한 연구는 비교종교학과 학제 간 종교 연구의 연장이다. 신종교 연구는 모든 종교에서의 다양성(diversity)과 창조성(creativity)을 연구하는 것이다."[4]라고 밝힌 바가 있다. 신종교란 기존의 전통적이고 관습적인 종교와 차별성이 있는 비관습적인(unconventional) 종교이자 새로운(new) 대안적 (alternative) 종교운동으로, 이러한 신종교 연구를 통해서 종교적 다양성과 종교적 창조성을 살펴볼 수 있다는 것이다. 곧 창조성의 측면에서 신종교인들은 기존의 종교 전통을 창의적으로 전유하고 재해석하여 새로운 교리 체계와 의례를 대안으로서 제시한다. 이를 우리나라의 경우에 적용해 보자면, 동학을 위시한 한국 신종교는 전통의 주류였던 유교적 세계관을 재해석하고 새로운 의례 체계를 실천하였다. 그렇다면 신종교인 대순진리회에서는 유교에서의 궁극적 실재로서의 '천(天)'과 '상제(上帝)' 그리고 유교 의례의 극

---

4   Catherine Wessinger, 2005, 'New Religious Movements', *Encyclopedia of religion*, 2nd ed vol.10, Macmillan Reference, USA, p.6514.

치로서의 제천(祭天)을 어떻게 전유하여 새로운 종교적 세계를 열었던 것인가? 이러한 문제의식을 통해 본고의 논의를 진행하고자 한다.

대순진리회의 치성과 관련한 선행 연구로는 게르노트 프루너(Gernot Prunner), 강돈구, 이경원, 방옥자 등의 논문이 있다. 게르노트 프루너(Gernot Prunner, 1935-2002)는 독일의 인류학자로 중국과 대만에서 현지 조사를 통해 중국의 민간신앙을 연구하였으며, 1976년에는 한국을 방문하여 한국 신종교를 연구하였다. 그는 1976년 1월 4일 대순진리회 중곡도장에서 거행된 정산 조철제(1895-1958)의 탄강치성에 참석하고 대순진리회의 교리와 치성의례에 대한 논문을 출판하였다.[5] 강돈구는 대순진리회의 신관과 영대 신위에 대해 논하였으며 도인 가정 · 포덕소 · 회관 · 도장 등 장소별로 구분하여 대순진리회의 의례를 분석하면서 포덕소 · 회관 · 도장에서 이뤄지는 치성에 대해서도 서술하였다.[6] 이경원은 특히 대순진리회의 치성의례를 주제로 한 논문에서 치성의례의 종교적 의미와 유형, 절차 그리고 그 특질을 분석하였다.[7] 방옥자는 대순진리회 치성음식의 준비 · 진설 · 음복 등 구체적인 치성 절차와 그 상징을 연구하였다.[8]

이러한 선행 연구에서 대순진리회 치성의례의 대상 신격,[9] 치성의 유형과

---

5 Gernot Prunner, 1976, 'The Birthday of God: A Sacrificial Service of Chungsan'gyo', Korea Journal 16(3).

6 강돈구, 2013,「대순진리회의 신관과 의례」『종교연구』73, 한국종교학회, 145-175쪽.

7 이경원, 2009,「대순진리회 치성의례의 종교적 특질에 관한 연구」『신종교연구』20, 한국신종교학회, 133-162쪽.

8 방옥자, 2016,「한국 신종교 의례에 나타난 음식의 상징: 대순진리회의 치성음식을 중심으로」『종교문화연구』26, 한신대학교 종교와문화연구소, 233-259쪽.

9 대순진리회 여주본부도장의 영대 신위에 대해서는, 차선근, 2014,「대순진리회 상제관 연구 서설 2-15신위와 양위상제를 중심으로」『대순사상논총』23, 대순사상학술원, 243-245쪽을 참고할 수 있다.

절차, 상징 등은 잘 분석되었다고 본다. 다만 대순진리회 치성의례의 유래와 시작 그리고 그 역사적 변천 과정에 대해서는 집중 주제로 천착되지 못하였으며, 치성물의 준비 · 치성 참석 인원 · 치성의례의 의미 등 좀 더 상세한 치성의례 전반의 내용이 누락되어 있다. 이런 문제의식에서 본 논고는 먼저 대순진리회 치성의례의 유래와 그것이 오늘날의 치성의례로 구성되기까지의 변천을 살펴보고자 한다. 둘째로는 민속기록학적 관점에서 치성의례의 전반을 세밀하고 구체적으로 조사하고 그 특징을 분석하고자 한다.

II. 대순진리회 치성의례의 유래와 변천

현재 설행(設行)되고 있는 대순진리회의 치성의례가 언제부터 시작되었는지, 어떠한 변천과정을 거쳐서 현재의 모습을 갖추게 되었는지 아직 관련 연구가 이뤄지지 않았다. 이러한 점을 살펴보려면 종단 대순진리회에서 출판한 자료와 종단 외부의 기관에서 조사한 자료를 바탕으로 재구성해야 할 것이다. 무극도(无極道) → 태극도(太極道) → 대순진리회로 이어지는 종단의 역사에서 출판된 가장 이른 자료는 태극도 시기인 1956년에 간행된 『태극도통감(太極道通鑑)』인데 이 자료에서는 치성과 관련한 구체적인 내용은 다루지 않았다. 1962년 출판된 『의식규정』에는 치성의식 관련 규정이 기술되어 있고 치성의 진설도가 실려 있다. 1965년에는 종단 대순진리회의 역사에서 처음으로 증산의 언행과 천지공사를 담은 『선도진경(宣道眞經)』이 간행되었고, 1969년 서울에서 대순진리회가 창설된 후 대순진리회의 경전인 『전경(典經)』이 출판되어 관련 기록을 찾아볼 수 있다.

종단 외부 자료로는 일제강점기인 1925년 전라북도에서 편찬한 『무극대도교개황(無極大道教概況)』이 있다. 그리고 1935년 출판된 『朝鮮の類似宗敎』가 있는데, 이 책에는 무극도의 도장과 치성의례에 대하여 간략하게 기술되어 있다. 이 외에 일제강점기 신문 자료에서 신도들이 치성의례를 행했다는 기사가 몇 건 보인다. 이 자료를 종합해 보아도 당시 행해졌던 치성의례의 절차, 규모 등의 상세한 내용은 알기 어려우며 치성의례일 등 간략한 사항 정도만 확인할 수 있다는 한계가 있다.

1. 치성의례의 유래

대순진리회에서는 이 세계가 동아시아의 전통적인 삼재(三才) 관념과 유사한 삼계(三界)로 구성되어 있다고 본다. 삼계란 곧 천계(天界), 지계(地界), 인계(人界)를 말한다. 대순진리회의 신앙 대상인 증산은 "선천에서는 인간 사물이 모두 상극에 지배되어 세상이 원한이 쌓이고 맺혀 삼계를 채웠으니 천지가 상도(常道)를 잃어 갖가지의 재화가 일어나고 세상은 참혹하게 되었도다."[10]라고 하였으며 '삼계를 둘러보고 천하를 대순하다가'[11] 이 세상에 강세하였다고 했다. 그리고 "내가 삼계 대권을 주재(主宰)하여 선천의 모든 도수를 뜯어고치고 후천의 새 운수를 열어 선경을 만들리라."[12]라고 하였으며, "나는 서양(西洋) 대법국(大法國) 천계탑(天啓塔)에 내려와서 천하를 대순하다가 삼계의 대권을 갖고 삼계를 개벽하여 선경을 열고 사멸에 빠진 세계 창생들을 건지려고 너희 동방에 순회하던 중 이 땅에 머문 것은 곧 참화 중

---

10 대순진리회 교무부 2010a, 『전경』 13판, 대순진리회 출판부, 공사 1장 3절.
11 위의 책 예시 1절.
12 위의 책 권지 1장 21절.

에 묻힌 무명의 약소민족을 먼저 도와서 만고에 쌓인 원을 풀어 주려 함이
노라."[13]라고 말하였다. 즉 증산은 이 우주 즉 삼계에 원한이 쌓이고 맺히게
되었고 삼계가 서로 통하지 못하여 이 세상에 참혹한 재화가 생겼으며[14] 삼
계가 혼란하여 도의 근원이 끊어지게 되었기 때문에, 구천상제(九天上帝)인
그가 '삼계대권(三界大權)'을 주재하여 삼계를 고치는 삼계공사 즉 천지공사
를 시행하여 세계와 창생을 구하고자 한다고 하였다.

　이러한 내용에서 증산의 권능은 '삼계대권'이란 말로 표현된다. 즉 스스
로를 구천상제라고 여기는 증산은 우주 삼계를 주관하는 지고신(至高神)이
자 하느님임을 천명하는 것이며 이런 내용에서 볼 때 삼계 중 하나인 천계
또한 증산이 주관하는 세계인 것이다. 대순진리회에서는 천 가운데 가장 높
은 천을 구천이라고 보며, 증산이 바로 이 구천에서 우주를 총할하고 삼계
를 통찰하는 구천응원뇌성보화천존강성상제(九天應元雷聲普化天尊姜聖上帝)
라고 신앙한다. 『대순진리회요람』에서 관련 내용을 살펴볼 수 있다.

　　구천(九天)이라 함은 『전경(典經)』에 "… 모든 신성(神聖)·불(佛)·보살
　　(菩薩)들이 회집(會集)하여 구천(九天)에 하소연하므로…."에서 보는 바와 같
　　이 이 우주(宇宙)를 총할(總轄)하시는 가장 높은 위(位)에 계신 천존(天尊)께
　　하소연하였다는 말이니 그 구천(九天)은 바로 상제(上帝)께서 삼계(三界)를
　　통찰(統察)하사 건곤(乾坤)을 조리(調理)하고 운화(運化)를 조련(調鍊)하고 계
　　시는 가장 높은 위(位)임을 뜻함이며….[15]

13 위의 책 권지 1장 11절.
14 위의 책 예시 8절.
15 대순진리회 교무부 2010b, 『대순진리회요람』, 대순진리회출판부, 6-7쪽.

대순진리회의 치성 대상은 바로 신앙 대상인 구천응원뇌성보화천존강성 상제 즉 증산 강일순을 최고신으로 하여 구성된 영대(靈臺)의 15신위(神位)와 천지신명이다. 그렇다면 대순진리회의 역사에서 증산에 대한 치성은 언제부터 시작되었는가? 대순진리회의 종통 계승은 증산에게서 정산 조철제로 계승되며, 이 종통론[16]에서 정산은 증산의 유지를 받들어 진법인 수도 법방을 마련한 대두목이다.[17] 즉 대순진리회의 역사에서 정산은 종단을 세우고 교리와 신앙 체계를 확립하였으며 제반의 의례를 규정하였다. 이 점에서 대순진리회의 치성은 곧 정산에게서 비롯되었다고 보아야 할 것이다.

정산은 만주에서 1917년 음력 2월 10일 증산의 삼계 대순의 진리에 감오득도(感悟得道)를 하였다.[18] 그 후 "왜 조선으로 돌아가지 않느냐. 태인에 가

16 이 종통에 대해서 정산의 종통을 계승하여 대순진리회를 창설한 우당(牛堂) 박한경(朴漢慶, 1917-1996)은 "종통이란 도의 생명이며 진리인 것입니다. 종통이 바르지 못하면, 법이 있을 수 없고 경위가 바로 설 수 없으며, 그러므로 그 속에서는 생명이 움틀 수 없으며 만물만상을 이루어 낼 수 없는 것입니다.…『전경』에도 상제님께서 홀로 이룩하시는 것이 아니라고 하셨습니다. 그러므로 우리 도의 연원(淵源)은 구천상제님의 계시(봉서)를 받으셔서 종통을 세우신 도주님으로부터 이어져 내려왔습니다. 이 연원은 바꿀 수도 고칠 수도 없는 것입니다."라고 밝혔다.(대순진리회 교무부, 1986, 「도전님 훈시: 종통(宗統)은 도(道)의 생명」, 《대순회보》 5.) 종통론과 관련된 논문은 박인규, 2015, 「대순진리회 종통론의 특성 연구: 한국불교 법맥론과의 비교를 통해」, 『대순사상논총』 24-2, 대순사상학술원.을 참조할 수 있다.

17 대두목에 대해 증산은 "내가 도통줄을 대두목에게 보내리라. 도통하는 방법만 일러주면 되려니와 도통될 때에는 유불선의 도통신들이 모두 모여 각자가 심신으로 닦은 바에 따라 도에 통하게 하느니라. 그러므로 어찌 내가 홀로 도통을 맡아 행하리오."(『전경』 교운 1장 41절)라고 하였으며, 종도에게 대나무를 잘라 오게 한 뒤 그중 한 마디를 끊고 "이 한 마디는 두목이니 두목은 마음먹은 대로 왕래하고 유력할 것이며 남은 아홉 마디는 수교자의 수이니라."(『전경』 교운 1장 38절)라고 하였다. 대순진리회의 교리에서, 이 대두목은 곧 증산의 종통을 계승한 정산을 지칭하는 것으로 본다.

18 대순진리회 교무부(2010a), 위의 책, 교운 2장 6절.

서 나를 찾으라."[19]라는 계시를 받고 이해 음력 4월 귀국하여 충남 안면도에 머물며 재실 우일재(宇一齋)를 마련하고 공부하였다.[20] 『전경』에는 정산이 그 이듬해 가을에 재실에서 치성을 드렸다는 기록이 있다.

도주께서 무오년 가을에 재실에서 공부하실 때 상제께 치성을 올리신 다음에 이정률 외 두 사람을 앞세우고 원평을 거쳐 구릿골 약방에 이르셨도다. 이 길은 상제께서 9년 동안 이룩하신 공사를 밟으신 것이고 "김제 원평에 가라."는 명에 좇은 것이라 하시도다.[21]

위 기록에서, 정산은 1918년 가을에 안면도에 설치한 재실에서 공부를 하였으며 증산에게 치성을 올렸다고 되어 있다. 증산의 강세(降世)일이 음력 9월 19일인 점에서 가을에 '상제께 치성을 올렸다'는 것은 아마 증산의 강세일에 기념 치성을 행한 것으로 추정된다. 『전경』의 기록에서 정산의 이 치성이 정산의 종교 활동에서 가장 이른 치성 관련 기록이며, 이런 점에서 대순진리회 역사상 가장 초기의 치성으로 보인다. 이 치성은 정산이 1917년

---

19 위의 책 교운 2장 8절, "그 후에 도주께서 공부실을 정결히 하고 정화수 한 그릇을 받들고 밤낮으로 그 주문을 송독하셨도다. 그러던 어느 날 '왜 조선으로 돌아가지 않느냐. 태인에 가서 나를 찾으라'는 명을 받으시니 이때 도주께서 이국땅 만주 봉천에 계셨도다."

20 위의 책 교운 2장 9절, "그리하여 도주께서 정사년 四월에 친계 가족을 거느리고 만주를 떠나 뱃길로 태인으로 향하셨던바 도중에 폭풍을 맞아 배는 서산 태안에 닿으니라. 이곳을 두루 다니면서 살폈으되 상제께서 가르치신 곳이 아닌 듯하여 안면도(安眠島)에 옮기셨도다. 도주님을 반가이 맞는 사람이 있었으니 그는 이곳 창기리(倉基里)의 이정률(李正律)이었도다. 도주께서 이 섬의 정당리(正當里) 느락골에 우일재(宇一齋)를 마련하고 이곳에서 공부를 하셨도다. 섬사람 30여 명이 도주를 좇으니 그중에서 이정률(李正律)이 지극히 따랐도다."

21 위의 책 교운 2장 10절.

상제 신명으로서 증산의 계시를 받아 득도한 후 아직 인간 강중산의 자취가 남아 있는 곳을 방문하기 전에 행해졌다. 즉 증산의 행적지를 둘러보거나 증산의 가족과 친자종도를 만나는 등 증산과 연관된 물리적 접촉을 하기 전의 치성인 것이다.

정산은 만주 봉천에서 "왜 조선으로 돌아가지 않느냐. 태인에 가서 나를 찾으라."라는 계시와 "김제 원평에 가라."라는 명을 따름과 함께 본격적으로 '상제께서 9년 동안 이룩하신 공사'의 길을 밟았다. 즉 증산의 행적지를 직접 탐방하기 시작한 것이다. 이후 정산은 증산이 천지대도를 열었던 대원사에 몇 달을 머물고 자신의 가족들을 김제 원평으로 이사하게 하였으며,[22] 1919년 정월 보름 정읍 마동에 기거하고 있던 증산의 유족(증산의 모친·누이동생·딸)을 방문하고 누이동생인 선돌부인으로부터 증산의 유서인 봉서를 받았다.[23] 그리고 1924년 태인에 도장이 마련되기 전까지 김제 원평을 중심으로 종교 활동을 전개하였다.

치성과 관련된 그다음 기록은 1921년 정산이 증산의 유골을 한 재실로 옮겨 와 그 재실에서 증산의 강세일에 치성을 올렸다고 되어 있다.

신유년 9월 5일에 권태로와 그 외 네 사람이 도주의 분부를 받고 구릿골에서 통사동 재실로 상제의 성골을 모시고 돌아오니라. 이때 갑자기 뇌성이 일고 번개가 번쩍였도다.[24]

22 위의 책 교운 2장 11절.
23 위의 책 교운 2장 13절. 대순진리회에서는 정산이 봉서를 받음을 종통 계승의 증거로 삼으며, 이날을 기념하여 치성(대보름치성)을 드린다.
24 위의 책 교운 2장 22절.

성골이 옮겨진 후 15일이 되니 상제께서 구세제민하시고자 강세하신 날이 되니라. 이날 재실에 모여 치성을 올린 후에 도주께서 "시시묵송 공산리 야야한청 잠실중 분명조화 성공일 요순우왕 일체동(時時黙誦空山裡 夜夜閑聽 潛室中 分明造化成功日 堯舜禹王一切同)이라."라고 말씀하셨도다. 그러나 듣고 있던 사람들은 그 뜻을 알아듣지 못하느니라. 그들 속에 권태로·이상우·이우형이 끼어 있었도다. 이들은 재실에서 매일 밤낮으로 치성을 올리고 공부하시는 도주의 시종을 들었도다.[25]

이 치성은 정산이 '증산이 9년 동안 이룩한 천지공사를 밟으면서' 증산의 유골을 직접 모시고 와서 정성을 올린 의례이다. 『전경』에 기록된 1918년과 1921년의 두 치성은 모두 증산의 강세일에 행해졌다. 1923년의 기록에서는 증산의 화천일(化天日)인 음력 6월 24일에 치성을 행했다는 기록이 있다.

도주께서 그 후 주선원(周旋元)과 주선원보(周旋元補)란 두 직책을 마련하고 전교의 임무를 담당하게 하시니라. 이해 六월 치성일 전날에 밀양의 이우형·김용국·최창근·안병문 그리고 부산의 박민곤과 안동의 권태로와 의성의 조원규와 예천의 이종창·신용흠 그리고 봉화의 박붕래·김천의 김규옥과 풍기의 조진명과 청도의 장득원 외 여러 사람들이 회문리에 모인 자리에서 도주께서 "금년이 이재신원(利在新元) 계해년이라."라고 말씀을 마치고 전교를 내리시니라.[26]

25 위의 책 교운 2장 23절.
26 위의 책 교운 2장 26절.

치성 전날 정산은 자신의 고향인 회문리에 있었으므로 치성 또한 회문리의 어느 곳에서 행해진 것으로 보인다. 이 내용에서 1923년 음력 6월 24일에 증산의 화천 치성이 행해졌으며 늦어도 1923년 이전에 증산의 강세일 외증산의 화천일에도 치성의례가 이뤄진 것으로 추정된다.

이렇게 대순진리회의 역사에서 치성은, 정산이 증산에게 치성을 올린 것에서 비롯되었다고 보인다. 증산의 삼계 대순의 진리에 득도한 정산은 증산의 계시에 따라 만주에서 귀국하였고, 『전경』에 1918년 우일재에서 치성을 올렸다는 기록이 있다. 이 치성은 증산의 강세를 기념한 치성으로 보이며 증산의 화천일 기념 치성과 더불어 교단 역사에서 치성의 초기 형태라 할수 있다.

그렇다면 증산의 행적에서 더 이른 치성의 유래나 기원을 살펴볼 수 있지는 않을까? 대순진리회의 교리 체계에서 증산과 정산의 가르침은 '양산의 진리'로 표현되며, 정산은 "상제께서 짜 놓으신 도수를 내가 풀어 나가노라."[27]라고 하여 증산이 짜 놓은 천지공사의 도수를 풀어 가는 종통 계승자이자 대두목이다. "상제께서 짜 놓으신 도수를 내가 풀어 나가노라."라는 구절에서 정산의 무극도 창도와 교리 체계·의례의 규정은 증산 상제의 유지(遺志)에 의한 것이라고 이해된다. 곧 무극도에서의 치성 또한 증산이 그 원형을 밝혔을 것이라 볼 수 있다. 아래는 이와 관련된 『전경』의 내용이다.

상제께서 차경석의 집에 유숙하시니 종도들이 모여 와서 상제를 배알하였도다. 이 자리에서 상제께서 양지 온 장에 사람을 그려서 벽에 붙이고 제사 절차와 같이 설위하고 종도들에게 "그곳을 향하여 상악천권(上握天權)하

---

27 위의 책 교운 2장 48절.

고 하습지기(下襲地氣)식으로 사배하면서 마음으로 소원을 심고하라."고 명하시니라. 종도들이 명하신 대로 행한 다음에 상제께서도 친히 그 앞에 서서 식을 마치시고 "너희는 누구에게 심고하였느냐?" 하고 물으시니라. 어느 종도 한 사람이 "상제님께 심고하였나이다."라고 말씀을 올리니, 상제께서 빙그레 웃으시며 가라사대 "내가 산 제사를 받았으니 이후에까지 미치리라." 하시고 "자리로서는 띠자리가 깨끗하니라."라고 일러 주셨도다.[28]

이 기록에서, 증산이 정읍 대흥리에 위치한 종도 차경석의 집에 머물고 있을 때 종도들이 그를 배알하러 왔었다. 증산은 양지 한 장에 사람을 그려서 벽에 붙이고 제사 절차와 같이 진설하며 종도들에게 상악천권(上握天權)하고 하습지기(下襲地氣)식으로 사배하면서 소원을 빌게 하였다. 그렇게 하도록 한 다음 증산이 종도들에게 누구에게 심고하였느냐고 묻자 한 종도가 증산에게 심고하였다고 답하였다. 이에 증산은 빙그레 웃으며 자신이 '산 제사'를 받았으며 이후에까지 미칠 것이라고 하였다.

이 내용에서, '상악천권 하습지기식'은 두 손을 머리 위로 뻗어 하늘의 권능을 잡듯 쥐고 다시 땅의 기운을 끌어모으듯 아래로 내렸다 가슴으로 모은 뒤 절을 하는 것이다. 이는 대순진리회의 기도의례(회관과 도장에서만 법배를 행하고 일반 가정에서는 앉아서 행하는 배례인 좌배를 행한다)와 치성의례 시 행하는 배례인 '법배(法拜)'에 해당한다. 대순진리회의 배례는 법배와 평배(平拜)로 구성되어 있는데, 법배 4배는 증산에게, 평배 4배는 정산에게, 평배 3배는 서가여래에게, 평배 2배는 명부시왕·오악산왕·사해용왕·사시토왕·관성제군·칠성대제에게 행하며 명부사자·칠성사자·좌직사자·우

28 위의 책 교운 1장 37절.

직사자에게는 읍배(揖拜)를 한다. 즉 법배라는 배례는 신앙의 대상인 증산에게만 행하는 의례인 것으로 그 절법은 증산의 가르침에 기원하는 것이다.

위 인용 구절에서 곧 종도들은 '상악천권 하습지기식'으로 절을 하며 살아 있는 증산에게 제사를 올린 것이며 증산은 '산 제사' 받았다고 하였다. 이때 '산 제사'는 첫째, 전후 맥락상 '살아서 받은 제사'라 볼 수 있다. 본래 전통적 의미에서 제사는 천신(天神)·지기(地祇)·인귀(人鬼) 즉 신적인 존재를 그 대상으로 삼는데, 살아서 눈앞에 현존하는 증산이 종도들로부터 '살아서 받은 제사' 즉 '산 제사'를 받았다고 해석할 수 있는 것이다. 둘째, '산 제사'는 '산(山) 제사'의 의미로 언급되었을 수도 있다고 본다. 최종성의 논의에서 보듯 산(山)은 천(天)과 연계되는 신성 공간으로 산과 천은 친연성(親緣性)을 지녔으며 산제(山祭)는 곧 천제(天祭)의 다른 이름으로 인식되었다.[29] 다시 말해 '산 제사'를 산제(山祭)=천제(天祭)로 이해할 때, 구천의 상제로서의 증산은 종도들로부터 상제가 받는 제사인 천제를 받았다고 말한 것이 된다.

필자는 이 인용문의 내용이 곧 무극도와 태극도 그리고 오늘날 대순진리회까지 이어진 치성의 가장 시초적인 유래라고 생각한다. 또 다른 구절에서 증산이 절사(節祀)에 대해 가르친 내용이 있다.

> 상제께서 종도들에게 절사를 가르치셨도다. 어느 명절에 이런 일이 있었느니라. 김형렬이 조상의 절사를 준비하였으나 상제의 명을 받고 마련하였던 제수를 상제께 가져갔더니 상제께서 여러 종도들과 함께 잡수시고 가라사대 "이것이 곧 절사이니라." 하셨도다. 또 차경석도 부친의 제사를 준비

---

29 최종성, 2008, 「숨은 천제-조선후기 산간제천 자료를 중심으로」 『종교연구』 53, 한국종교학회, 69-70쪽.

하였던바 그 제수를 상제와 여러 종도들과 함께 나눴도다. 이때에 상제께서 종도들에게 "이것이 곧 제사이니라."라고 가르치시니라. 이후부터 형렬과 경석은 가절과 제사를 당하면 반드시 상제께 공양을 올렸도다.[30]

이 구절에서 증산은 종도 김형렬이 명절에 집안의 절사를 준비할 때 제수를 가져오게끔 하여 여러 종도들과 나누어 먹으며 '이것이 곧 절사'라고 하였고, 차경석이 부친의 제사를 위해 준비한 제수 또한 종도들과 나누고 '이것이 곧 제사'라고 가르쳤다.

위의 '산 제사'와 '절사'에 대한 내용을 종합해 보자. 본래 제사와 절사는 작고한 자신의 선령(先靈) 즉 조상에게 올리는 의례이다. 그러나 증산은 자신에게 제사를 지내게 하고 제수를 가져오게 하였으며, 종도들 또한 자신들의 조상이 아닌 증산에게 제사를 행하는 것을 이상하게 여기지 않고 신앙적으로 받아들였다. 즉 증산은 전통적인 제사의 의미를 새롭게 하여 종도들에게 가르쳤으며 종도들 또한 증산의 가르침을 통해 제사와 절사는 곧 증산에게 올리는 것임을 인식하였다. 교리적으로 하느님으로서의 증산은 만물의 부모이자 만백성의 조상이자 근원이 된다. 증산이 이와 같이 새롭게 제사의 의미를 변용한 것은 스스로를 구천의 상제라 인식한 그의 자의식과도 관련된다고 보인다.

이를 유교 전통의 제사의례와 비교하여 논의해 보면, 유교의 제사는 제사 지내는 주체와 제사를 받는 신격 사이에 명확한 관계가 설정되어 있으며 제사의 질서와 체계를 무시하면 음사(淫祀) 즉 그릇된 제사로 간주되었다. 『예기』에는 "천자는 천지를 제사하며 사방을 제사하고 산천을 제사하며 오사

30 대순진리회 교무부(2010a), 위의 책 교운 1장 45절.

를 제사하되 해마다 골고루 한다. 제후는 방사를 지내며 산천을 제사하고 오사를 지내되 해마다 골고루 한다. 대부는 오사를 지내되 해마다 골고루 하고, 사(士)는 그 조상을 제사한다. … 제사해야 할 바가 아닌데 제사하는 것을 음사라 이름한다. 음사에는 복이 없다.ˮ[31]라 하여 의례 질서를 규정하였다. 특히 천 즉 상제에 대한 제사[祭天]는 오직 천자만이 행할 수 있는 독점적인 의례로서 제후가 제천을 하는 것은 참례(僭禮)로 여겼던 것이다.[32] 최종성의 논의에 따르면, 이러한 유교의 의례 정치학적인 특성과 관련하여 민간에서의 제천은 그 자체가 모반의 상징으로 간주되는 음사 중의 음사로 보았고 물리적인 탄압을 통해서라도 교정해야 할 반사회적인 실천으로 여겼기 때문에 철저하게 은폐된 비밀 의례로 남을 수밖에 없었다.[33] 동학이 시행한 천제에 대해서도 당시의 시선은 '황제의 의례적인 권리를 참월하는 중죄일 수밖에 없었고 그들이 시도한 하늘과의 소통[告天]은 드높은 하늘을 욕되

31 『禮記』「曲禮下」, "天子祭天地, 祭四方, 祭山川, 祭五祀, 歲徧. 諸侯方祀, 祭山川, 祭五祀, 歲徧. 大夫祭五祀, 歲徧. … 士祭其先. 非其所祭而祭之, 名曰淫祀. 淫祀無福."

32 『세종실록』의 기록에서 이와 관련된 한 예를 찾아보자. 세종 26년에 가뭄이 심해지자 예조에서는 "지금 가뭄이 너무 심하여 모든 기도(祈禱)할 만한 신에게는 제사를 거행하지 않은 데가 없건만, 지금까지 비가 오지 아니합니다. 신 등은 거듭거듭 생각하여 보니, 천자는 천지에 제사하고, 제후는 산천에 제사하는 법이 비록 각기 그 분수가 있다고 하지만, 사람은 천지의 기(氣)를 받아 태어났으므로 사람이 궁지(窮地)에 빠지면 근본을 생각하게 되고, 일이 절박한 바 있으면 반드시 하늘에 호소하는 것입니다. 또 권변(權變)을 써서 바른 것을 얻는다면, 이것도 또한 예(禮)이오니 이에 권변(權變)의 법을 좇아 하늘에 제사하고 비를 빌어서 가뭄의 재앙을 구제하는 것이 어떻겠습니까?" 하고 세종에게 아뢰었다. 이에 세종은 "이와 같은 참람한 예가 되는 일[僭禮之事]을 나는 하지 않겠다. 감히 하늘에 제사하자는 논의를 가지고 와서 아뢰는 자를 승정원은 계달(啓達)하지 말라."라고 답하였다.(『세종실록』 105권, 세종 26년 7월 20일 정묘). 즉 세종은 가뭄이라는 위급 상황에서 제천을 행할 것을 건의하는 예조의 의견에 대해 참례라며 더 이상 논의하지 못하게 하였던 것이다.

33 최종성, 위의 글, 67-68쪽.

게 하는 일탈행위'[34]로 간주하였다.

이러한 유교의 종교문화적 배경 아래에서 일반 민중들은 자기 조상에 대한 의례에 집중하였던 것이다. 그런데 증산은 종도들의 조상 절사(節祀)와 기제사를 위한 제수를 공양받으며 그것이 절사이자 제사라 가르쳤고 종도들로부터 '산 제사'를 받기도 하였다. 이는 곧 각 민중의 가정에서의 조상제사에서 대상 신위가 조상에게 한정된 것을, 증산은 구천상제인 자신에게까지 확대한 것으로 이해할 수 있다. 이제 증산을 신앙하는 민중들은 혈연으로 연결된 조상을 넘어서 구천상제인 증산까지를 제사의 범위로 받아들이게 된 것이다. 곧 증산은 민중들이 유교의 의례 체계에서는 하늘에 제사할수 없는 한계를 넘어서 구천상제인 자신에게 직접 의례를 행할 수 있도록 의례적 차원의 '개벽'을 연 것이라 생각된다.

증산이 종도들에게 설하고 가르친 '산 제사', '제사', '절사'가 바로 이후 종단의 역사에서 시행된 치성의 원형으로 보인다. 대순진리회를 창설한 우당(牛堂) 박한경(朴漢慶, 1917-1996) 또한 치성을 제사라고 설하였다.

상제님, 도주님의 화천일치성이 다른 게 아니다. 음식 장만하고 절하고 그러는 것이다. 쉽게 말해서 제사다. 제사를 우리는 치성이라고 하는 것이다. 집에서 음식을 해 놓고 절하면 누구에게 하는 것인가? 돌아가신 분에게 하는 것이다. 자기 정성을 다 바쳐서 음식을 준비하고 돌아가신 조상에게 절하는 것이다. … 치성도 제사와 마찬가지다. 우리 도에서 천상에 계시는 하느님께 올리는 것과 집에서 제사 지내는 것이 비슷한 것이다. 구천상제님 하감지위, 옥황상제님 하감지위라는 말이 있지 않으냐. 모든 음식을 갖

---

34 위의 글, 81쪽.

다 놓고 하감하시고 응감하시도록 정성을 드리는 것이다.[35]

인용문에서, 우당은 일반적인 제사를 대순진리회에서는 치성이라고 하며 정성껏 음식을 준비하여 증산과 정산에게 올리는 치성이 곧 제사와 같은 것이라고 한 것이다. 이러한 우당의 견해는 곧 증산의 교설과도 거의 상통한다고 보인다. 곧 증산의 의례적 가르침과 더불어 치성의례의 원형이 마련되고, 종통을 계승한 정산이 증산에게 올린 치성을 시작으로 치성의례가 규정되어 현 대순진리회까지 치성의례의 전통이 계승되었다고 볼 수 있을 것이다.

2. 치성의례의 변천

위에서 무극도의 초기 치성은 증산의 강세치성과 화천치성의 두 종류인 것으로 보았다. 『무극대도교개황(無極大道敎槪況)』에서도 이 두 치성을 포함하여 원단과 추석에 치성이 있다고 하였다.

치성제(致誠祭)는 매년 음력 6월 23일(강증산 탄생일), 음력 9월 19일(강증산 사망일)과 정월 1일, 8월 15일에 해마다 정기적으로 행하는 제사이고, 그 밖에 입교(入敎) 시에도 이를 행한다.

신도는 매일 실내를 청결히 한 후, 백지에 '옥황상제성령지위'라고 먹으로 쓰고, 그 앞에 상을 놓고 청수를 올린 후 그 앞에 정좌하여 주문을 읽는다. 매일 아침・점심・저녁 식전(食前)과 밤 12시[子時] 이렇게 4회 기도하는

---

35 대순종교문화연구소 편집, 『우당 박한경 훈시』(미발행), 1991년 2월 12일.

데, 아침과 저녁은 주문을 8회 읽고 점심과 밤에는 33회 읽는 것으로 해서 개안(우주 만상을 앉은 채로 감응하는 것을 말함)에 이를 때까지 지속하는 것이 라고 한다.

그리고 입교 시에는 치성금 명목으로 일인당 1엔(円) 50전(錢)을 갹출하 여 포교비에 충당한다. 또 표성금(表誠金)이라 하여 수시로 부정액(不定額) 의 금품을 갹출하여 임시(臨時)의 비용에 충당하는 듯하다.[36]

이 자료의 기록자는 증산의 강세일과 사망일을 잘못 알고 있다. 성령지위 의 사항도 보천교는 증산을 옥황상제라 신앙하며 보천교인들 관련 판결문 에서도 '옥황상제하감지위(玉皇上帝下鑑之位)'[37]라 쓰고 입교를 하지만, 무극 도에서는 증산을 '구천응원뇌성보화천존상제'라고 신앙[38]하기 때문에 잘못 된 기록으로 보인다. 이 기록에서는 입교치성에 대해서도 언급하였다.『무 극대도교개황(無極大道敎槪況)』에는 또한 무극도의 도규(道規)가 기록되어 있 으며, 특히 9조와 12조에서는 입교치성과 교단의 치성에 대해 언급하였다.

9. 本道의 道人은 入道時에 數人金(入道禮으로) 一円 五十錢을 納入하며 每月 五錢 以上의 月誠金을 納入함. …

---

36 全羅北道, 1925,『無極大道敎槪況』, 學習院大學 東洋文化硏究所 M2-87, 12-14쪽.(필 자역)

37 「判決文」大邱覆審法院 刑事 第二部 刑控 第396446655號 CJA0001310, 1921년 11월 26일, 999-1000쪽.

38 대순진리회 교무부(2010a), 위의 책 교운 2장 23절, "을축년에 구태인 도창현(舊泰仁 道昌峴)에 도장이 이룩되니 이때 도주께서 무극도(无極道)를 창도하시고 상제를 구천 응원뇌성보화천존상제(九天應元雷聲普化天尊上帝)로 봉안하시고 종지(宗旨) 및 신 조(信條)와 목적(目的)을 정하셨도다."

12. 本道의 致誠은 左와 如함.

一. 紀念致誠

一. 臨時致誠

紀念致誠은 陰曆 九月 十九日(誕日) 陰曆 六月 二十四日(遁日). 臨時致誠
은 道人과 隨意로 擧行함.[39]

즉 입교의례로서 입도치성이 있으며 매월 월성금을 본부에 납부하고, 교
단의 치성으로는 증산의 탄일(誕日)과 둔일(遁日)의 치성이 있고 임시치성이
있다는 것이다.[40]

치성 장소 즉 제장은 무극도 도장이 준공되기 전에는 정산의 공부처를 위
주로 하였던 것으로 보이며, 도장이 준공된 이후에는 도장에서 주로 모셔진
것으로 추정된다. 『조선의 유사종교』와 1936년 간행된 『정읍군지』에는 무
극도 도장에 대해 기술되어 있다.

본교의 본존(本尊) 즉 경천수도(敬天修道)의 대상은 도솔천(兜率天)과 교
조 강일순(姜一淳)이고 도솔천에는 도솔천신(兜率天神)인 33천(天)과 함께 칠
성신, 그 외의 천신·지신도 모시는 일이 있다. 이 본존관(本尊觀)에 따라서
교 본부에서는 성전(聖殿)과 영전(靈殿)을 짓고 전자에는 도솔천을 후자에는
강 교조의 영(靈)을 모시고 있다. 성전은 도솔궁(兜率宮)이라고 통칭되는 대
정(大正) 11년 완성된 4층 건물인데, 4층을 도솔궁이라고 하며 여기에는 입

---

39 全羅北道, 위의 책, 23-24쪽.
40 참고로 보천교는 증산의 강세와 화천일치성 외에 차경석의 교통전수 및 출생, 원단·
   하지·입추·동지일에 치성을 행하였다.

춘 · 입하 · 입추 · 입동의 4대 절에 도솔천신 33천을 모신다. 3층을 칠성전이라 하고 여기에는 7시신(時神)을 모신다. 2층을 봉령전(奉靈殿)이라 하고 여기에서 33천신 이외의 천신 및 지신을 모신다. 1층을 도주실(道主室) 또는 중궁(中宮)이라 하고 도주가 수도공부하는 곳으로 삼고 있다. 영전은 또 영대(靈臺)라고도 하는 3층 건물인데(대정 11년 낙성) 3층은 강일순의 영(靈)을 모시고 그의 탄일(9월 19일), 서거일(6월 24일)에 2회 여기서 성대한 제사를 지낸다. 2층은 제사 때 교 간부가 참석하는 곳, 1층은 교도가 모이는 곳으로 쓰인다.[41]

〈그림 1〉 무극도 도장 배치도 추정

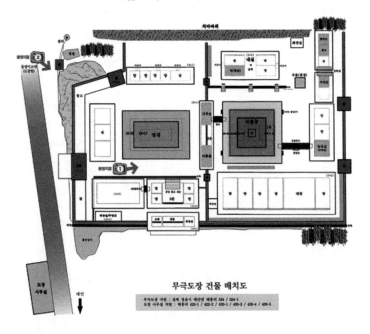

무극도장 건물 배치도

무극도장 지번 : 완북 정읍시 태인면 태흥리 524 / 524-1
도장 사무실 지번 : 태흥리 420-1 / 420-2 / 420-1 / 420-3 / 420-4 / 420-5

---

41 무라야마 지준, 1991, 『조선의 유사종교』, 최길성 · 박상언 공역, 계명대학교출판부, 1991, 273-274쪽.

무극도 본사. 동면 태흥리 1등 도로변에 2~3층의 화려한 누각이 공중에 우뚝 솟아 있으니, 이것이 즉 무극도 본사이다. 그 웅장함은 보천교 본부와 조금 차이가 있으나 구조의 정교함은 그에 별로 손색이 없다. 그런데 그 건축은 대정 13년 3월에 시공하여 대정 15년 4월까지 만 2년 만에 준공하였으니 총 공사비는 약 7만 원에 달하였다고 한다. 건물의 명칭은 중앙의 3층은 도솔궁, 2층은 영대라 하고 부속 건물 수십 동이 있으니 그 장치의 찬란함이야말로 참으로 장관이다. 역시 원근 각지의 관람객이 끊이지 않는다.[42]

〈그림 2〉村山知順,『朝鮮の類似宗教』, 京城: 朝鮮總督府, 1935.

42　張奉善, 1936,『井邑郡誌』, 履露閣, 20-21쪽.

〈그림 3〉張奉善, 『井邑郡誌』, 全北: 履露閣, 1936.

　무극도 도장의 주요 건물은 영대와 도솔궁으로 외관상 영대는 2층, 도솔궁은 3층이지만 실제 내부는 영대는 3층, 도솔궁은 4층으로 되어 있으며, 이 중 영대 3층에 증산을 봉안하고 증산의 강세일과 화천일에 치성을 모셨다고 한다. 또한 『조선의 유사종교』에는 도솔궁 4층에서 입춘·입하·입추·입동일에 도솔천신 33천에게 제사를 지낸다고 하여 다른 기록에서는 찾아볼 수 없는 내용이 나타나 있다. 무라야마 지준은 33천을 신격으로 이해하고 있으나, 다른 기록이나 이후 종단의 역사에서도 이러한 신격이 나타나지 않는 점에서 33천은 신격의 이름이 아니라 제대신명(諸大神明)이 거주하는 천을 의미하는 것으로 보인다.[43] 그리고 입춘·입하·입추·입동일에 치성

43 강돈구 또한 이와 같은 견해를 보였다. 강돈구, 2013, 「대순진리회의 신관과 의례」

을 하였다는 기록은 무극도 시기와 태극도 시기의 문헌에서도 찾아볼 수 없다. 다만 우당이 "도주님께서도 화천 직전에 사립이지(四立二至) 치성을 꼭 하셨다."고 한 발언에서, 정산이 화천한 1958년 음력 3월 6일 이전에 즈음하여 사립(四立)인 입춘·입하·입추·입동과 이지(二至)인 동지·하지에 치성을 행한 것으로 확인된다. 무극도 시기부터 태극도 시기에 이 치성이 행해졌는지에 대해서는 좀 더 조사가 필요하다.

무극도는 1941년 일제의 종교단체 해산령에 의해 종교 활동이 일시 중단되고[44] 무극도 도장 또한 해체되어 현재는 그 모습을 찾아볼 수 없으나, 대순진리회 연구자들의 조사에 의해 도솔궁의 자재가 부안의 경주 이씨 재실[45]과 부안 내소사(來蘇寺)의 보종각(寶鍾閣)을 건축하는 데 사용되었음이 밝혀졌다.[46] 현재 무극도장과 관련하여 남아 있는 사진은 단 2장으로 하나는 『조선의 유사종교』에 다른 하나는 『정읍군지』에 실려 있는 사진이다.

일제강점기 당시 신문 기사에서도 무극도 신도들의 치성에 관한 몇 건의 기사가 확인된다. 가장 이른 기사는 1925년 7월 8일 자 《시대일보》에 실린 것이다.

> … 이 세상에 복을 바드랴면 사람 사람이 타고난 무극의 진리를 지켜야 된다는 것을 표면으로 내세우는 한편에 강증산을 착실히 미더야 한다고 하야 동학(東學)들의 외우든 주문 '시천주 조화정'을 항상 외우게 하며 단오 추

『종교연구』 73, 한국종교학회, 155쪽.

44 대순진리회 교무부(2010b), 위의 책, 12쪽.

45 전라북도 부안군 동진면 당상리 당하마을 소재.

46 대순진리회 교무부, 2012, 「무극도장의 자취를 찾아서」《대순회보》 134, 대순진리회 출판부, 33-41쪽.

석 가튼 명절 째에는 하늘에 치성한다는 이름알에 제물을 차리고 제사를
지내게 하는 등 …

이해《조선일보》8월 20일 자에는 '안동 무극대도 근거(安東 無極敎徒 根
據)를 철저 박멸(徹底 撲滅) 일직 청년회(一直 靑年會)의 분기(奮起)로'라는 제
목의 기사가 실려 있다. 관련 내용은 경북 안동군 일직면에서 증산의 화천
일을 기념하기 위해 무극도 신도 수백 명이 모여 치성을 올리려다 일직 청
년회가 이를 물리력을 동원해 해산시켰다는 것이다.

　… 지난 13일은 강증산(姜甑山)의 제일이라 하야 각처 교도 수백여 명이
　다시 모인다는 소식이 잇는 일직청년회에서는 지나간 12일에 십여 명의 간
　부가 현장에 출동하야 모혀 잇는 80여 명의 교도를 미신(迷信)에 속지 말고
　다시 개과하라는 설유까지 한 후 일제히 해산을 시킨 후 그 교도 수뢰(首腦)
　자와 다른 교도가 다시 모일가 념려하야 밤이 맛도록 수직하얏는데 13일에
　수뢰자는 어듸로 몸을 감추고 교도 수백 명이 모여드러 밤 12시에 제물을
　성대히 설비하고 제청압헤 콩나물 가티 모혀서 반항 긔세를 보임으로 이를
　본 청년회원들은 더욱 분개하야 제텅에 달려드러 제반설비는 진흙과 가래
　춤 두루마기를 만들엇스며 뒤에 후원하는 동민 칠팔십 명은 고함으로 밟어
　라 죽여라 하는 소리에 장내는 자못 위험한 공긔가 긴장하얏다.

당시는 전 조선에서 일제와 언론이 보천교를 사이비 종교라 비난하고 있
었던 시기이다. 언론에 의해 제2의 보천교라 여겨진 무극도 또한 적대적인
비방과 일부 민중의 탄압을 받았던 것이다. 기사에서 언급한 8월 13일은 음
력 6월 24일 즉 증산의 화천일로 이날 치성을 올리기 위해 제물을 준비하고

밤 12시에 신도들이 모였으나 지역 청년회의 무차별적인 탄압을 받았다.

《조선일보》 1926년 3월 14일 자에서는 경북 예천에서 3월 9일에 무극도 신도 150여 명이 모여 치성을 행하려다 이 지역 노동자 친목회원들이 제장을 급습하여 해산시켰다고 하였다.[47] 이 날은 음력 1월 25일로 기념치성이라고 보기는 어렵고 단체로 입교치성을 하려고 하였던 것으로 보인다. 《조선일보》 1928년 3월 4일 기사에는 2월 29일 경남 밀양의 여주 이씨(驪州 李氏) 산정(山亭)인 금시당(今是堂)에 무극도 신자 3백여 명이 모여 대치성을 하였다고 기록되어 있다.[48] 이 날은 음력 2월 10일 정산의 감오득도일로서 즉 정산의 감오득도를 기념하기 위한 치성을 행한 것으로 보인다. 곧 정산의 감오득도일치성에 대해 찾아볼 수 있는 최초의 기록으로 보인다.

이 외의 신문 기록은 보이지 않는다. 이 기록에서 볼 때 무극도 도장 외 지방 교도들의 집 또는 재실(齋室) 등에서 입도치성과 기념치성을 행한 것으로 추정된다. 치성 시간은, 신문 기록에는 밤 12시로 되어 있으나 실제로는 축시에 행해진 것으로 보인다. 대순진리회 원로 임원과 태극도 간부의 발언 등에서 축시에 행하였다는 것을 알 수 있으며, 그러한 전통이 일제강점기 당시부터 지금의 대순진리회까지 그대로 계승되었다고 볼 수 있다. 또한 늦어도 1928년 이후부터 증산의 강세치성·화천치성 외에 정산의 감오득도치성도 행한 것으로 보인다.

같은 시기에 활동하였던 증산교 교단인 보천교와 비교해 볼 때 보천교는 전 조선에 주목을 받으며 대규모의 제천의례로 대황산(大篁山) 고천제(1919

---

47 1916. 3. 14. 「醴泉地方에 無極教 蠢動 대표자의 모임을 로동회에서 해산」 《조선일보》.
48 1928. 3. 4. 「밀양에도 無極道의 蠢動」 《조선일보》.

년 음력 10월 5일 · 7일 · 9일),[49] 황석산(黃石山) 고천제(1921년 음력 9월 24일)[50]를 시행하였다.[51] 그러나 무극도는 이와 같은 산에서의 제천을 전혀 행하지 않았다는 점이 다르다. 하지만 보천교도 원단일, 증산의 탄일과 화천일, 중추절, 하지 · 입추 · 동지에 치성을 하는 점에서 무극도와 상통한다.[52]

무극도는 다른 신종교 단체들과 마찬가지로 일제에 의해 종교 활동이 일시 중단되었고 도장도 해체되었다. 해방 이후 정산은 기존 무극도 도장이 있었던 전라도가 아닌 부산에서 새롭게 종교 활동을 재개하였으며 1950년에 교단의 명칭도 태극도로 변경하였다. 1962년 간행된 『의식규정』에는 태극도의 제반 의식과 의례에 대해 설명되어 있다. 의식은 치성의식 · 입도의식 · 기도의식 · 강식 · 일반 행사의식으로 구분하였고, 정월 1일 원단절 · 3월 6월 도주 화천일 · 4월 28일 창도일 · 6월 24일 강성사(姜聖師) 화천일 · 8월 15일 중추절 · 9월 19일 강성사 강세일 · 12월 4일 도주 강세일을 정기치성일로 하였다.[53]

---

49 이영호, 1948, 『보천교연혁사』 상, 보천교중앙총정원, 9쪽.

50 위의 책, 23쪽.

51 보천교에서는 대황산 고천제는 교단의 간부인 60방주를 임명하는 의례로 황석산 고천제는 천에 교단의 명칭을 고하는 의례로 보았다. 그러나 일제는 황석산 고천제를 단지 교명을 고하는 의례가 아니라, "교주는 한국 황제의 의관속대를 하고 금일 천자가 됨으로써 오늘부터 본인을 천자라 칭하고, 국명을 '시(時)'로 교를 보화(普化)로 개칭한다고 말하고…."라 하여 보천교 교주인 월곡 차경석이 새로운 국가를 개칭하는 의례라 보았다.(全羅北道, 1926, 『普天教一般』, 學習院大學 東洋文化研究所 B393, 151쪽.) 언론에서도 월곡을 '대시국(大時國) 황제'라 칭하였으며 그가 국호와 관제를 발표한다는 풍설이 떠돈다는 기사를 게재하였다.(1922. 10. 26. 「自稱 大時國 皇帝 태을교주 차경석이 국호와 관제를 발표하얏다는 풍설」《동아일보》).

52 全羅北道, 위의 책, 59쪽. 보천교는 추가로 교주 월곡 차경석의 출생일과 증산으로부터의 교통전수일에 치성을 올렸다.

53 태극도, 1962, 『의식규정』, 태극도 출판부.

현재 대순진리회의 치성으로는 원단치성·대보름치성·정산 감오득도치성·정산 화천치성 ·봉천명치성·증산 화천치성·중추절치성·증산 강세치성·우당 탄강치성·정산 탄강치성·여주본부도장 영대봉안치성·금강산도장 영대봉안치성·입춘치성·입하치성·입추치성·입동치성·하지치성·동지치성이 있다. 이 치성은 본부에서 실시되는 치성이고, 각 방면에서는 회관(會館)을 짓고 증산을 봉안한 봉심전(奉心殿)을 세우고 개관기념치성(開館記念致誠)을 행한다. 또한 우당의 지시에 따라 1989년 이후부터 여러 방면 회관에서는 매년 동지 이후 세 번째 미일(未日)에 납향(臘享)[54]치성을 올린다.

　무극도 → 태극도 → 대순진리회의 치성을 자료에 기재된 내용만을 통해 도표로 정리하면 다음과 같다.

〈표1 〉 무극도, 태극도, 대순진리회의 치성[55]

날짜(음)	무극도	태극도	대순진리회	비고
1. 1.	원단치성	원단치성	원단치성	원단일 기념
1. 15.			대보름치성	1919년 정산이 봉서를 받은 것을 기념

---

54 납향은 납제(臘祭)·납평(臘平)·납일(臘日)·가평절(嘉平節) 등으로 불리며, 전통적으로 이날 국가에서는 새나 짐승을 잡아 종묘사직에 공물을 바치고 제사를 지냈으며, 민가에서도 제사를 지냈다. 우당은 1989년 1월 9일에 "올해(戊辰年)에는 납평치성을 올려 보자. … 납평치성은 옛날에 제후들이 지방에서 백성들과 더불어 천제를 드리고 치성물을 천자에게 올리던 치성이니, 각 지방 회관, 회실에서 책임선감이 올리면 된다."라고 훈시하였고 이 뒤로 각 방면에서 납향치성을 행하였다.

55 무극도 시기에 사립이지 치성을 하였는지는 확정하기가 어렵다. 『무극대도교개황』에는 언급되지 않으며 『朝鮮の類似宗敎』에는 사립일에 33천신을 모셨다고 되어 있다. 태극도 시기에는 정산의 화천 즈음에 시작한 것으로 추정되며, 대순진리회 시기의 경우 초기에는 이지일치성만을 하다 1989년 이후부터 사립일에도 치성을 하기 시작한 것으로 보인다.

2. 10.			감오득도치성	1917년 정산의 감오득도를 기념
3. 6.		정산 화천치성	정산 화천치성	1958년 정산의 화천을 기념
4. 28.		창도일치성	봉천명치성	1909년 정산의 봉천명을 기념
6. 24.	증산 화천치성	증산 화천치성	증산 화천치성	1909년 증산의 화천을 기념
8. 15.	중추절치성	중추절치성	중추절치성	중추절을 기념
9. 19.	증산 강세치성	증산 강세치성	증산 강세치성	1871년 증산의 강세를 기념
10. 25.			여주본부도장 영대봉안치성	1986년 대순진리회 여주본부도장 영대에 15신위와 천지신명의 봉안을 기념
11. 30.			우당 탄강치성	1917년 우당의 탄강을 기념
12. 4.		정산 탄강치성	정산 탄강치성	1895년 정산의 탄강을 기념
12. 13.			금강산 토성수련도장 영대봉안치성	1995년 대순진리회 금강산 토성수련도장 영대에 15신위와 천지신명의 봉안을 기념
사립이지 (四立二至)	?	입춘·입하·입추·입동·하지·동지 치성	입춘·입하·입추·입동·하지·동지 치성	사립이지를 기념

Ⅲ. 치성의례의 절차

대순진리회의 대상 신위, 치성 절차, 제물, 진설도 등은 게르노트 프루너와 강돈구, 이경원, 방옥자의 연구에서 잘 밝혀졌다. 다만 필자는 치성물 준비에 관한 부분을 추가하고 여타의 논의는 기존 연구를 비교 분석하여 보충하고자 한다.

종단 대순진리회의 치성은 대부분 경기도 여주에 위치한 여주본부도장에서 실시한다. 금강산 영대봉안치성의 경우 금강산 토성수련도장에서 행하고 또한 제주도 도장에서도 치성이 실시된 적이 있지만, 종단 차원에서의 치성을 시행하는 주된 제장은 여주본부도장이다. 치성의례의 시작 시간은 새벽 1시 축시 정각이다. 단 절후치성(사립이지 치성)의 경우 해당 절후가 드는 시각에 맞추어 올린다.

1. 치성의 준비

여주본부도장에서 치성을 진행할 때 그 준비는 여주본부도장 내에서 이 뤄진다. 치성의 제장인 도장에 대해 우당은 "도장(道場)은 성역(聖域)으로서 엄숙하고 경건한 마음으로 참배하여야 한다."[56]라고 하였으며, "우리 도장은 영대를 봉안하였으니 지상의 옥경(玉京)으로 도통진경의 성전(聖殿)이다. 그러니 이 성역(聖域) 내에서는 성경신의 극치가 되어야 한다."[57]라고 설하였고, "우리 도장은 천지신명을 모시고 있는 장소다. 도장에는 신명들이 꽉 차 있어서 빈 곳이 없다."[58]라고 말하였다. 이러한 우당의 가르침에 따라 대순진리회 수도인들은 도장을 지극한 성역(聖域)으로 여기고 도장에서 경건한 마음으로 예의와 정성을 다한다. 특히 여주본부도장은 숭도문(그림 4의 13)을 중심으로 그 안과 밖의 두 구역으로 구분되는데, 숭도문 안은 정내(庭內)라 불리며 더욱 중요한 성소로 여겨진다.

> 숭도문(崇道門) 안을 정내(庭內)라 하고 그 안에 들어서면서 본전(本殿)을 향해 읍배를 올린다. 영대 앞을 본정(本庭)이라 이르며 본정에서는 최경(最敬)의 예로써 진퇴에 지성지경(至誠至敬)을 다하여야 한다.[59]

즉 우당은 숭도문 안을 정내라고 하며 이곳에 들어서면 영대 본전을 향해 읍배를 올리도록 하였으며 영대 앞은 본정이라 하여 지성지경을 다하도록

---

56 대순진리회 교무부, 2012, 『대순지침』, 대순진리회 출판부, 81쪽.
57 대순종교문화연구소 편집, 위의 책, 1985년 5월 17일.
58 위의 책, 1989년 3월 18일.
59 대순진리회 교무부(2012), 위의 책, 81쪽.

신앙인들에게 분부하였다. 즉 성역인 도장에서 숭도문을 지나 영대에 가까워질수록 성스럽게 여겨지며 영대에 이르러 지성의 공간이 되는 것이다. 우당이 생전에 사용하였던 건축물인 '내정(內庭)'도 영대와 더불어 신성한 공간으로 여겨진다. 바로 이 내정(그림 4의 5)에서 치성물의 준비가 이뤄진다. 곧 치성물은 신성한 공간인 도장 내에서도 더욱 성스러운 곳에서 마련되는 것이다.

치성물을 준비하는 모든 인원은 각 방면의 상급 임원 가운데 선발된다.[60] 특히 우당은 과방(果房)과 진설(陳設)에 대해 "치성 때 과방은 내수 임원들 중 잘하는 사람을 정해서 하고, 진설은 외수 선·교감이 하되 전에 해 본 사람들이 해라. … 치성 때 과방·진설하는 사람들은 전 도인을 대표해서 정성을 올리는 것이다."[61]라고 하여 과방은 여성 상급 임원으로 진설은 남성 상급 임원 가운데 선발하며 과방과 진설을 하는 임원은 전 신앙인들을 대표하여 정성을 올리는 것이라고 설명하였다. 즉 치성물의 준비가 속된 공간과 분리된 성소에서 이뤄지는 것처럼 치성물에 대한 접근도 수행이 깊은 상급자 임원에게 한정되어 있다는 말이다. 곧 신앙인들에게 치성물의 준비에 참여하는 임원이 되는 것은 신성한 영광으로 인식되는 것이다.

치성물은 각 방면 회관에서 올리는 것과 본부에서 직접 마련하는 것으로 구분된다. 본부에서는 소와 돼지를 직접 구매하여 치성에 올릴 수 있도록 준비한다. 치성 준비에 주요한 책임을 담당하는 총무부 차장은 대개 도장치

---

60 치성에 참여한 모든 인원은 치성 준비에 있어서 지켜야 할 사항이 있다. 첫째, 모든 인원은 한복과 앞치마, 머릿수건을 착용해야 한다. 둘째, 치성물의 맛을 보아서는 안 된다. 셋째, 고기류인 소·돼지·닭은 반드시 도장 바깥에서 도축하여 도장 안으로 들여와야 한다. 방옥자, 위의 글, 245-246쪽.
61 대순종교문화연구소 편집, 위의 책, 1990년 6월 17일.

성의 경우 소는 7마리, 돼지는 15마리가 필요하다고 한다. 도축된 상태로 도장에 들어온 소와 돼지는 남성 상급 임원으로 구성된 20여 명의 '고기간사'들이 정성껏 삶는다.

또한 본부에서는 치성에 올릴 떡을 준비한다. 본부도장 내에는 두 곳의 내정이 있는데 그중 한 곳에 방앗간이 설치되어 있다(그림 4의 5). 이 방앗간에서 15인의 남성 상급 인원, 여성 상급 임원으로 구성된 '떡전수원'들은 보통 11가마니 분량의 떡을 준비한다. 치성에 올라가는 떡 종류는 시루 · 절편 · 증편 · 찰편 · 인절미 등이다.

고기와 떡을 제외한 여타 대부분의 치성물은 주로 지방 방면에서 준비하여 도장에 올린다. 전국에 산재한 방면에서 치성에 필요한 치성물을 준비해서 올리는 것이다. 예를 들어 제주도에 활동하는 방면은 제주산 과일, 생선, 특산물 등을 본부로 올린다.

40~50인으로 구성된 '전수원'들은 치성일 2~3일 전에 도장에 들어와 내정에서 여러 가지 전을 부치고, 생선 · 해산물 · 갈비 · 탕 · 적 · 나물 · 매 · 탕국 등을 준비한다. 그리고 밤을 치고 깎는 밤조 인원은 130여 명의 여성 상급 임원으로 구성되어 있으며 치성 전일 밤을 준비한다.

치성물이 준비되면 영대 2층 전수실로 치성물을 옮긴다. 8인의 과방요원은 치성물을 제기에 쌓아 올린다. 축시 즉 새벽 1시에 시작하는 치성 시간에 맞추어 1시간 15분 전인 11시 45분부터 본전 영대 4층의 신위에 진설이 시작된다. 종단의 상급 임원으로 구성된 진설요원들이 진설을 진행한다.[62]

---

62 증산은 일찍이 "제수(祭需)는 깨끗하고 맛있는 것이 좋은 것이요, 그 놓여 있는 위치로서 귀중한 것은 아니니라."(『전경』 교법 1장 48절)라고 하여 진설법을 중시하지 않았다. 대순진리회의 진설 또한 이러한 증산의 언설을 중심에 두겠지만, 『의식』에도 진설도가 실려 있고 관습적인 진설법이 이뤄지고 있다. 방옥자는 논문에서 대순진리회

1	영대	9	시학원	17	일각문
2	봉강전	10	시법원	18	휴게소
3	대순성전	11	정각원	19	주차장
4	종각	12	임원실	20	회관
5	내정	13	숭도문	21	화장실
6	내정	14	청계탑(靑鷄塔)	22	관리동
7	전수당	15	자양당	23	신생활관
8	정심원	16	종무원	24	일념교(一念橋)

치성에 참석하고자 하는 신도들은 도장에 들어와 대기실에서 대기하다
가 시간이 되면 줄을 서서 시립한다. 20여 명으로 구성된 질서요원들은 신
도들의 질서와 도장 예절을 관리한다. 영대 앞, 회관 마당과 도장 사무실 옆
마당 등에 줄을 서서 기다리며 11시 40분경이 되면 직위 순서대로 그리고

치성의 진설도를 실었다.(방옥자, 위의 글, 247 · 249쪽.)

줄을 선 순서대로 차례차례 영대에 올라간다. 영대 4층부터 인원이 차면 그 아래층으로 들어가며 영대 건물에 인원이 모두 차면 영대에 가까운 건물부터 차례로 신도들이 들어가 자리를 잡고 시립한다. 대략 모든 신도들이 자리를 잡고 시립하는 시간은 12시 50분경이다.

2. 치성의 설행

정확히 새벽 1시가 되면 북을 치면서 치성이 시작된다. 치성의 집사자는 '봉헌관'이라 불리며 '도집사'가 치성을 주관한다. 치성 절차와 관련하여 1980년 이전에 발행된 것으로 보이는 『의식』에 의하면 1. 진설(陳設), 2. 분향(焚香), 3. 초헌(初獻), 4. 배례(拜禮), 5. 아헌 개기 삽시(亞獻 開器 揷匙), 6. 삼헌(三獻), 7. 배례(拜禮), 8. 고유(告諭), 9. 퇴갱 반개(退羹 半蓋), 10. 유식, 11. 하시 합개(下匙 合蓋), 12. 배례(拜禮), 13. 예필(禮畢)의 순서로 되어 있다.[63] 1976년 1월 정산의 탄강치성에 참석하였던 게르노트 프루너도 치성의 절차를 위 13단계로 구분하며 각 단계에서의 의례를 구체적으로 설명하였다.[64] 치성의 설행에 대해서는 프루너와 방옥자의 논문에 충분히 다뤄져 있으므로 생략하고자 한다.

---

63 대순진리회 교무부, 『의식』(미발행), 4-5쪽.
64 Gernot Prunner, 위의 글, 19-22쪽.

3. 음복

치성은 대략 2시 반 즈음 마친다. 치성을 마치면 신도들은 영대 본전으로 올라가 증산과 15신위를 참례한다. 참례를 마치면 철상이 시작되고 치성물이 분류되어 각 음복 준비 장소로 이송된다. 각 방면의 상급 임원들은 지정된 음복 장소로 가서 치성물을 썰어 쟁반에 놓는 등 신도들이 치성물을 음복할 수 있도록 준비한다. 신도들은 지정된 음복 장소로 가서 음복을 기다린다. 대략 5~6시경에 음복 준비가 완료되면 음복을 시작한다. 음복을 마치면 치성이 끝난다.

우당은 음복에 대해 "음복도 행사다. 음복을 아무렇게나 생각하지 말라. 상제님께 올렸던 음식이니 귀중한 것이다. 예를 갖추어서 마음에 기쁨을 느끼며 들어야 한다. 우리 도장은 천지신명을 모시고 있는 장소다. 도장에는 신명들이 꽉 차 있어서 빈 곳이 없다. 신명이나 사람이나 같다. 신명도 도인들이 음복할 때 흠향(歆饗)하게 된다. … 음복을 할 때는 모든 예를 갖추어야 하며 소홀히 해서는 안 된다. 특히 본전에서 음복하는 도인들에게는 경(敬)과 예(禮)를 잘 가르쳐야 한다."[65]라고 하여 음복의 의미를 밝히고 음복의 자세를 말하였다. 곧 음복은 상제와 천지신명에 의해 축복되고 성화된 음식을 먹는 행사로서, 신앙인들은 예를 갖추어 기쁜 마음으로 음복 행사에 참여한다.

총무부에 따르면 치성에 참석하는 대략적인 인원은 치성마다 다르지만 평균 6,500여 명 정도라고 한다. 증산의 강세치성의 경우 최대 1만여 명이 넘게 참석하기도 하며 적게 오면 5천여 명이 참석한다고 한다.

---

65 대순종교문화연구소 편집, 위의 책, 1989년 3월 18일.

IV. 마치며

한국 신종교는 전통의 종교 사상을 전유하여 새로운 종교 사상과 실천을 펼쳐 냈다. 동학과 함께 한국의 대표적인 신종교 운동이라 할 수 있는 것은 증산을 신앙하는 종교운동으로, 일명 증산계 종단은 증산의 교설을 중심으로 천(天)을 새롭게 해석하고 의례를 실천하였다. 곧 증산을 삼계대권을 주재하는 구천상제로서 신앙하며 증산에 대한 의례로써 치성을 행하였던 것이다.

증산계 종단의 대표적인 단체인 대순진리회는 종단의 중요 행사로 치성을 행한다. 이 치성은 구천상제인 증산을 중심으로 한 15신위와 천지신명을 대상으로 하며 종단 역사의 시작과 함께 현재까지 지속되고 있는 의례이다. 종단에서는 명확하게 이를 천제나 제천이라고 표현하고 있지는 않지만 그 의미상 천제와 상응한다고 볼 수 있다. 다만 기존의 조선 민중의 천제가 의례정치학에 따라 '숨은 천제'[66]의 형태로 비인격적인 초월 대상에게 행해진 것이라면, 대순진리회의 치성은 곧 스스로 지고신이자 하느님을 표명하는 증산에게 올리는 치성이라는 점이 다르다.

즉 증산은 교리적으로 스스로 하느님이자 상제임을 표명하는 것에 그치지 않고 의례적으로도 자신에게 제사해야 한다고 가르쳤다. 증산을 하느님이라 믿었던 종도들은 살아 있는 증산에게 제사를 지냈고 집안의 조상제사와 절사의 제물을 증산에게 올렸다. 유교적 문화 배경을 지녔던 그들이었지만 그러한 의례적 변용을 수용하였던 것이다.

증산의 천지공사라는 새로운 종교 사상을 천명하였으며 종교의례적으로

---

66 최종성, 위의 글.

도 새로운 의례를 열었다. 증산으로부터 계시에 의해 종통을 계승한 정산은 1925년 종단 무극도를 창도하고 증산을 구천응원뇌성보화천존강성상제로 봉안하고 종단의 교리와 의례를 세웠으며 치성의례 또한 종단의 주요 행사로 정하였다. 일제강점기에서 시작하여 태극도와 현 대순진리회까지 계승되어 종단의 준비와 신앙인들의 정성과 참여로 행해지고 있는 이 치성의례는 독창적인 한국 종교 문화의 하나이다.

금강대도의
경천사상과 치성*

이 재 헌 금강대도 종리학회 회장

*   이 글은 필자가 2020년 8월 『한국종교』 제48집에 발표한 「금강대도의 경천사상
과 치성」을 바탕으로 작성하였다.

Ⅰ. 시작하는 말

금강대도는 1874년에 창도되어 2020년 현재 147년의 역사를 가지고 있어 한국 신종교 운동사의 비교적 초창기, 또는 1세대에 속하는 종단이다.[1] 창도주는 토암(土庵) 이승여(李承如, 1874-1934)와 자암(慈庵) 서의복(徐宜福, 1884-1927)이고, 제2대 도주는 청학(靑鶴) 이성직(李成稙, 1913-1957)과 보단(寶丹) 민영인(閔永仁, 1913- 1959), 제3대 도주는 월란(月鸞) 이일규(李一珪, 1934-2004)와 향련(香蓮) 김동윤(金東允, 1937-현재)이다. 이들은 총칭 '대도덕성사 건곤부모(大道德聖師乾坤父母)'라 하여 삼위일체의 건곤부모(乾坤父母)로 신봉된다. 현재는 제4대 도주인 법산(法山) 이경구(李敬求)와 도향(桃香) 양정숙(梁貞淑)이 이끌고 있다.

1910년 토암과 자암이 금강산을 떠나 계룡산으로 남천포덕(南遷布德)한 이후로 현재까지 100여 년 동안 줄곧 충청도를 중심으로 종교 활동을 해 왔

---

1   금강대도는 창도주 土庵의 출생일인 서기 1874년 5월 19일을 開道 元年으로 본다. 토암이 출생지인 금강산을 떠나 충청도 계룡산으로 거점을 옮겨 포교를 시작했던 개도 37년(1910)이 실질적인 종교 활동의 시작이라고 본다면, 동학(1860)-천도교(1905), 증산교(1901), 대종교(1909), 원불교(1916) 등의 성립 시기와 거의 같은 시기에 성립되어 한국 신종교 운동사에서 제1세대에 속하는 종단이라고 볼 수 있다.

으며, 충청도를 대표하는 한국의 자생 신종교이다. 1934년 조선총독부의 조사(村山智順, 『朝鮮の類似宗教』)에 의하면 당시 신도 수가 13,000여 명으로 전국적으로 천도교, 보천교에 이어 세 번째의 교세로 파악되었는데, 그 교세의 90% 이상이 충청도에 집중되어 있어서 적어도 충청 지역에서는 제1의 교세를 보여주었다는 것을 확인할 수 있다. 현재 국내외에 100여 개의 본원, 분원, 회관 등이 있고, 자체 집계한 도인 수는 70만 명이다.

종교현상에서 중심적인 몸짓과 언어와 상징적 매체를 합한 것을 의례라고 부른다. 그리고 의례에서 실행하는 관계는 무엇보다 먼저 신성한 대상과의 관계이다. 즉 의례는 최초 본래의 체험을 표현하며 예배하는 자들이 신성과의 관계를 표현하는 길이다.[2] 따라서 여기서는 창도주 이토암의 독특한 종교체험으로부터 금강대도의 교리와 의례가 발현되어 나간 과정을 살펴보고자 한다. 토암의 독특한 종교체험을 통해서 하늘을 공경하는 금강대도의 경천사상이 성립되었고, 이러한 경천사상이 이후 금강대도의 의례를 통해서 어떻게 반복되고 있는지를 살펴보고자 한다.

II. 토암의 종교체험과 천제에 나타난 경천사상

금강대도 의례의 시작은 무엇보다도 창도주 이토암 선생의 종교체험에서 찾아야 한다. 그의 종교체험으로부터 금강대도의 교리와 의례가 발현되었다고 볼 수 있다.

---

2 토마스 F. 오데아, 자네트 오데아 아비아드 지음, 朴元基 옮김, 1996, 『종교사회학』, 이화여대출판부, 65-66쪽.

금강대도의 제1대 도주 토암 이승여는 1874년 5월 19일에 강원도 통천군 답전면 포항리에서 금강산의 정기를 받고 태어났다고 한다. 목은(牧隱) 이색(李穡)의 18세손으로서 호는 토암(土庵), 자는 현우(顯宇), 소자는 상필(尙弼)이다. 그의 부친 백산(白山) 이문유(李文囿)는 6대조부터 강원도 통천에서 거주하였다. 어머니 전백전(全白田)의 꿈에 옥황상제가 나타나 하얀 솜을 많이 주기에, 공경하여 품에 안고 이승여를 낳았다고 한다.[3]

집안이 가난하여 정식으로 공부를 하지는 못했지만 어릴 때부터 남다른 비범함과 자비로운 성품으로 주위를 놀라게 했다고 한다. 당시는 조선 구체제의 몰락 과정에서 서세동점의 위협과 종교적 구제력의 상실 등 내우외환(內憂外患)으로 인해 민중들의 삶이 고통스러운 시기였다. 이러한 대내외적 위기 상황 속에서 어린 시절을 보내야 했던 그는 집안 형편이 어려워 정식으로 배움을 갖지는 못하였지만, 거의 독학으로 다양한 분야에 대한 독서와 명상, 그리고 사색을 해 나갔다.[4]

그는 24세 되던 1897년 자암 서의복과 결혼하였다. 결혼 후 생계가 더욱 어려운 가운데서도 홀로 세상 이치를 궁구하던 토암은 33세 되던 1906년 마침내 그의 인생에 결정적인 전환점이 된 일종의 종교적 체험을 했다. 2월 15일 토암은 아우와 더불어 나무를 하러 산에 올라가게 되었다. 나무를 한 짐

---

3 금강대도총본원, 1956, 『성적제강』, 1-3쪽. 이하 그의 생애에 대한 설명은 이 책을 참고하여 인용하였음.

4 금강대도에서는 그가 정식으로 스승을 모시고 공부하지 않았다는 점을 들어 생이지지(生而知之)한 대성인이라고 추앙한다. 그러나 책을 전혀 안 읽었다고 보는 것은 비현실적이고, 오히려 독학으로 다양한 분야의 책을 많이 읽었다고 보는 것이 타당할 것이다. 실제로 그는 "내가 일곱 살 때에 독서에 뜻을 두어 천자문을 끼고 이웃 글방에 가서 불과 두 달 만에 종료하고 계몽(啓蒙)편을 읽음에 첫째 줄을 보고 그 나머지를 모두 알았으니 너희들도 공부를 하려거든 또한 나처럼 공부하라."라는 말을 하기도 했다.(금강대도총본원, 2000, 『성훈통고』 편집본 1-28.)

해서 지고 산을 내려오다가 길옆에서 잠깐 쉬던 중에 갑자기 정신이 아득해지더니, 이윽고 천지가 맑아지고 일성(日星)이 조요(照耀)하여 신기(神氣)가 혼혼(昏昏)하고, 육합(六合;六合, 천지와 사방)이 돈연히 열리면서 우주가 한눈에 펼쳐졌다고 한다. 이때 글을 불러 가로되,

> 현우(顯宇, 토암의 字) 윤세황인(尤世皇人) 개지풍수(開地風水) … 윤사월지망간(閏四月之望間)에 평생덕지심착(平生德之尋鑿)이라. 의외천리객(意外千里客)이 명출고명전(明出高名傳)이라. 장원급제제일(壯元及第第一)이요, 부귀공명특등(富貴功名特等)이라. 시시우봉춘(是時又逢春)하니 만인개앙시(萬人皆仰視)라.[5]

라고 하였다고 한다.

이토암이 겪은 종교체험의 가장 큰 특징은 보통의 종교체험에 보이는 계시(啓示)나 신탁(神託)의 주체가 되는 신격(神格)이 나타나 있지 않다는 것이다. 유대-기독교 전통에서 보이는 유일신 'God'이나 동학의 최제우에게 천도를 내려 주었던 하늘님(한울님) 등과 같은 종교적 최고신이 나타나 있지 않고, 갑자기 천지가 열려 세상 이치를 깨닫게 되는 체험을 했다는 것이다. 이것은 내재적 초월성을 강조하는 동양 종교적인 특징을 잘 나타낸다. 아울러 깨달음을 얻기 위한 특별한 노력, 예컨대 백일기도, 치성, 수도와 같은 계기도 나타나지 않는다. 금강대도에서는 이것을 토암이 생이지지했다는 증거로 풀이한다. 사실 그의 일생을 보면, 그가 뚜렷한 목표를 가지고 구도(求道)를 했다든가, 아니면 수학(修學)을 했다든가 하는 행적은 보이지 않는다.

---

5   금강대도총본원, 1956, 『성적제강』, 11-13쪽.

이때에 이르러 그가 갑자기 본인의 사명을 자각하게 되었다는 것이다.[6]

즉 그는 본래 하늘의 천존이었는데, 오중운도를 맞이하여 건곤부모의 대임을 맡아 중생을 구제하기 위해 이 세상에 오게 되었다는 것이다. 이청학은 토암의 신격에 대해,

> 현재 세상에 대성이 내려오시었으니 성인은 곧 옥황상제께서 사람으로
> 화하신 성인이시고 때는 곧 금강운이 도라온 때이다… 상제께서 태청십이
> 궁과 상청십이궁과 옥청십이궁으로써 삼청국을 삼아 가장 높이 삼청옥황
> 금궐안의 금강궁 일월도덕문에 상좌하고 계시다가 오중운에 이르러 천수
> 를 쫓아 두 번째 중토에 내려오시니…"[7]

라고 말하였다. 결국 토암은 본래 상제로서 하늘의 삼청경(三淸境)에 머물다가 이번에 중생제도의 대임을 맡아 인간의 모습으로 화신하였고, 33세에 이르러 그 사명을 문득 자각하게 되었다는 것이다.

이러한 토암의 독특한 종교체험을 통해서 하늘을 공경하는 금강대도의 경천사상이 현현(顯現)되었음을 알 수 있다. 그리하여 '천지=상제=건곤부모'의 관계가 성립되었고, 나아가 철학적 개념인 도(道)의 개념과도 일치된다는 것을 알 수 있다. 이러한 독특한 경천사상은 이후 금강대도의 의례를 통해서 반복되고 있다. 왜냐하면 의례는 최초 본래의 체험을 표현하며 예배하는 자들이 신성과의 관계를 표현하는 길이기 때문이다. 즉 의례는 감정의

---

6   이재헌, 2014, 「금강대도의 제도화 과정」 『신종교연구』 제31집, 한국신종교학회,
    83-85쪽 참조. 이하 금강대도의 의례에 관한 논의는 이 논문을 많이 참조, 인용하였음.
7   금강대도총본원, 『대정편년』(미출간 자료).

반복과 올바른 태도를 연습함으로써 집단의 유대감을 실천하고 강화시키는 것이며, 종교체험을 재연함으로써 인간은 힘과 위로의 근원과 관계를 맺게 되는 것이기 때문이다.[8]

금강대도의 이러한 하늘 공경 사상이 처음으로 드러난 최초의 의례는 1910년 이토암과 서자암이 남천포덕을 단행한 직후 행하였던 천제(天祭)이다. 그것을 통해서 금강대도라는 종교의 원초적 종교 감정과 숭배 대상을 확인할 수 있다. 남천포덕 직후는 계룡산에서 일본 관헌들의 눈을 피해 은도를 하던 시기였기 때문에 경제적인 궁핍은 이루 말할 수 없을 정도였는데, 토암은 자암과 함께 후원에 단을 설치하고 10여 년 동안 하루도 빠짐없이 창생제도(蒼生濟度)를 발원하는 천제(天祭)를 베풀었다고 한다. 이때부터 천제는 금강대도의 중요 의례의 하나로 자리 잡아 오늘날까지도 계속되고 있다.

그뿐만 아니라 이때에 토암이 머무는 곳에 달도 없는 칠흑 같은 밤하늘에서 밝은 빛이 비치는 이적이 있었는데, 사람들이 모두 불이 나지 않았나 하고 달려가 보니, 자암이 말하기를,

놀라지들 말아라. 상제의 옥가(玉駕)가 강림하심에 길성(吉星)이 조림하는 것이니, 범연히 보고 있지만 말고 손발을 씻고 사배(四拜)하라.[9]

라고 말하여 제자들이 토암과 자암에게 더욱 외경심을 갖게 되었다고 한다. 이러한 사례는 금강대도의 하늘, 또는 상제 숭배 의식을 잘 보여준다.

8   토마스 F. 오데아, 앞의 글, 65-67쪽 참조.
9   금강대도교화교무원, 2000, 『성훈통고』 편집본 1-19.

토암이나 청학, 월란은 그들이 상제의 화신(化身)임을 암시하는 말을 하였으며, 특히 토암이 바로 상제임을 명시적으로 말한 사람은 바로 청학이었다.

> 전날에 대성사부님께서 항상 가라사대 "운회십팔전(輪回十八轉)하니 호칭태상옥(號稱太上玉)'이라." 하셨으니 그 뜻이 깊다. 대성사부님께서 본래 상제님으로서 천도 일원(一元) 도수를 윤회하사 자방(子方)으로부터 사방(巳方)까지 이르도록 한 번 십팔 도수를 구르시고, 오방(午方)으로부터 해방(亥方)까지 이르도록 두 번째 십팔도수를 구르시었으니, 이것을 '윤회십팔전'이라 한 것이다. 또한 '이진윤회만겁년(二塵輪回萬劫年)'이라 하셨으니, 이것은 옥황상제께서 자오(子午) 정중(正中)에 하계에 나리신 것이라.[10]

청학은 자신의 선친이며 금강대도를 창도한 토암이 바로 옥황상제라는 것을 분명하게 강조하고 있다. 그뿐만 아니라 '건곤부모'라는 신격을 창안하여 이토암을 신격화한 것도 바로 청학이었다.

> 성운(聖運)에 조부자(祖父子)의 운이 있으되, … 전에 석가와 노자와 공자 삼성의 칭호가 조(祖)와 자(子)의 운이 있는 고로 석가는 불조(佛祖)가 되고 노자는 도조(道祖)가 되고 공성은 공자(孔子)가 되었나니 조(祖)와 자(子)는 삼성이 이미 주장하였거니와 부위(父位)는 빠져 있는지라. 이 지위를 맡은 이치는 하늘이 반드시 정한 바인 고로 대성사부님께서 오늘날 후천오중(後天午中) 운에 중앙무기오십토(中央戊己五十土)의 운으로써 세상에 내리시

---

10 『대정편년』(미출간 자료).

어 존호를 토암(土庵)이라 칭하시고 중위(中位)에 거하시어 부(父)가 되시니, 하늘에 있어서는 건곤부모(乾坤父母)가 되시고 세상에 있어서는 대성사부모(大聖師父母)'가 되시니 가히 숭봉하지 않을 수 없다.[11]

라고 하여 '토암=옥황상제=건곤부모'임을 명확하게 제시하였다.

사실상 토암이 처음부터 옥황상제요, 건곤부모로서 숭배되었던 것은 아니었다. 처음에는 제자들에게 그냥 선생, 스승 정도로만 인식되었는데, 그가 열반하게 되면서부터 차차로 그에 대한 숭배 의식이 본격화되었던 것으로 보인다. 특히 제2대 도주 청학에 의해 토암은 점차로 신격화되면서 옥황상제와 일체화되어 간 것으로 보인다.

1928년 토암은 토암과 자암의 천계에서의 신격과 사명, 그리고 덕을 찬양하는 '보고(寶誥)'[12]라는 글을 내려 주었는데, 여기에서 '수명옥제(受命玉帝)', '옥제지수명(玉帝之受命)'과 같은 구절은 그가 상제의 명을 받았다는 것으로 해석할 수 있다. 그러나 '태극무극현화천존(太極無極玄化天尊)'이라든가 '태상태상무상자암(太上太上無上慈庵)'과 같은 구절에서는 우주를 주재하는 지

---

11 『대정편년』(미출간 자료).

12 만법교주금강대불(萬法敎主金剛大佛) 태상태상무상자암(太上太上無上慈庵) 수명옥제개화주재(受命玉帝開化主宰) 월궁선녀좌우시위(月宮仙女左右侍位) 구천공주여래신원(九天公主如來伸願) 삼보지주금강화신(三寶之主金剛化身) 대자대비호생지덕(大慈大悲好生之德) 제도중생삼교지사(濟度衆生三敎之師) 삼천대천연화세계(三千大千蓮華世界) 무량공덕불가사의(無量功德不可思議) 자암세존주(慈庵世尊主) 천상옥경삼청옥황금궐지내(天上玉京三淸玉皇金闕之內)에 유금강궁지일월도덕문(有金剛宮之日月道德門)하니 좌(左)에 옥련궁(玉蓮宮)과 우(右)에 월남궁(月南宮)이 시야(是也)라. 태상태상무상자암(太上太上無上慈庵)은 옥제지수명고(玉帝之受命故)로 태상지상좌(太上之上坐)하시고, 태극무극현화천존(太極無極玄化天尊)은 금강지설교고(金剛之設敎故)로 호생지대불(好生之大佛)이시니라.

고존재임을 나타낸다.

실제로 평소에 금강대도에서 도주인 토암과 자암, 즉 건곤부모에 대해 올리는 치성과 제향 등에서 그들을 옥황상제로까지 숭배하지는 않는다. 다만 도주에 대해 올리는 치성이나 제향과는 별도로 3~5년에 한 번씩 대치성이라는 이름으로 특별한 의례를 거행하는데, 여기서는 옥황상제를 주존으로 하여 분명한 천제를 행한다. 이때 건곤부모와 옥황상제는 분리되는 것 같지만 사실은 연계성, 또는 일치성을 의례를 통해 확인하는 것으로 보인다. 즉 평소에 건곤부모와 옥황상제는 분리되어 있지만, 대치성을 통해 다시 그 일치성을 주기적으로 확인하는 것이다.

이것을 엘리아데(Mircea Eliade, 1907-1986)가 말한 '사라진 지고신'(至高神, Deus Otiosus)[13]으로 설명할 수 있다고 본다. 평상시에 옥황상제는 사람들의 관심 밖에 있다. 그들의 모든 기원이나 봉헌(奉獻)은 건곤부모에게 향하는 것이다. 따라서 평소에는 건곤부모에게 치성이나 제향을 올리지만, 3~5년에 한 번씩 주기적으로 잊혀졌던 옥황상제를 모셔 놓고 천제(天祭)를 올림으로써, 건곤부모가 옥황상제로부터 천명을 계승한 존재라는 것을 확인하고, 그들의 하늘에 대한 믿음과 숭배를 강화하는 것이다. 이때 본래 건곤부모는 옥황상제라고 할 수도 있는 것이지만, 옥황상제는 공적(公的)인 지위를 가리키는 것이기 때문에, 건곤부모와 옥황상제를 분리하여 건곤부모가 옥황상제의 천명을 계승했다고 보고, 건곤부모가 스스로 천제를 주관하여 올리는 것이라고 한다.[14]

이렇듯 천제와 치성의식의 밑바탕에는 강한 하늘 숭배, 즉 경천사상이 자

---

13 멜시아 엘리아데, 李恩奉譯, 1979, 『宗敎形態論』, 螢雪出版社, 64-69쪽 참조.
14 이재헌, 앞의 글, 100-102쪽.

리하고 있다. 이것을 도교의 영향으로 볼 것인가?[15] 아니면 한국 고유의 신교(神敎)를 계승한 것으로 볼 것인가? 하는 의문이 있을 수 있는데, 필자는 이 두 가지 측면이 다 있다고 본다. 전자로 볼 수 있는 근거는 토암이 도덕가에서 '노자 앞장 이토암'이라고 했을 뿐 아니라, '삼청보광전(三淸寶光殿)'이라는 전각에 이른바 보좌신명의 하나로서 '태상노군(太上老君)'을 모셔 놓고 4배를 올리는 신명으로 일정한 숭배의식을 행하기 때문이다. 후자로 볼 수 있는 근거는 일제강점기 금강대도 포덕 초창기부터 단군국조에 대한 숭배를 강조하였고, 삼청보광전에 역시 단군 존영을 모셔 놓고 5배를 올리는 신명으로 존숭하고 있기 때문이다. 결국 금강대도의 사상적 연원이 도교, 또는 선도(仙道)에 뿌리를 두고 있음을 확인할 수 있는 것이다.[16]

이와 같이 금강대도는 천지인(天地人) 삼재의 세계관을 기반으로 하는 하늘 숭배, 즉 경천사상이 교리 사상의 근간을 이룬다. 기본적인 실천 덕목인 금강실행십조(金剛實行十條)의 첫 번째가 경천지(敬天地)이며, 금강십계율(金剛十戒律)의 첫 번째가 물기천지인(勿欺天地人)이라는 점에서도 이것을 확인할 수 있다.

나아가 이러한 천지인 삼재의 세계관을 '건곤부모(乾坤父母)' 신앙으로 승화시킨다. 건곤부모라 함은 건부(乾父)와 곤모(坤母)를 함께 이르는 것이니,

---

15 대치성, 즉 천제를 올릴 때에 봉선(封禪)의식과 유사하게 제물로 황소를 쓰며, 암송하는 경문이 '영운경(靈運經)'이니, 도교 의식과의 관련성이 분명하게 드러난다. 그 내용은 다음과 같다. "九天開化大敎主玉皇上帝明敎하노라. 提發樂善想하고 劈破做惡性하라. 禽獸도避禍機하야 網阱에 飛走輕이어늘 盲痴不識死하니 焉能知生이리오. 憫哀斯하야 降寶訣하노니 善勇起하고 惡急去하라 善脫劫하고 惡當劫이니 皎潔을 若琉璃하고 磨琢을 似璞玉하야 烝民은 警하라.…"

16 환인(桓因), 환웅(桓雄), 단군(檀君)이 동방 선파의 조종이라고 하는 점은 이능화 선생이 『조선도교사』에서 밝혀 놓은 관점으로서, 단군신화와 도교 사상은 원래 밀접한 관계가 있는 것이다.

하늘을 아버지로, 땅을 어머니로 본다. 천지인의 세계와 그 안에 담긴 삼라만상을 낳고[生成], 기르고[化育], 다스리는[治敎] 아버지요 어머니이니, 동양의 천지인 삼재적 세계관을 창조적으로 승화시킨 것이다. 토암·청학·월란을 건부(乾父)로, 그 배위인 서자암·민보단·김향련을 곤모(坤母)라 하여 이들을 천지를 대표하는 부모요, 또는 도(道) 그 자체라고 믿는다.

이렇듯 건곤부모에 대한 절대적 신앙이 갖는 생태윤리적인 함의는 이 우주를 하나의 가정으로 보고, 그 안에 존재하는 삼라만상의 조화로운 관계를 중시하는 것이다. 이러한 세계관을 금강대도에서는 '우주가화(宇宙家和)' 사상이라고 하는데, 토암의 『도덕가(道德歌)』에 보면,

> 천지는 부모라 하고 일월은 형제라 하며 성신(星辰)은 붕우라 하였으니
> 천하지인이 누가 형제 아니 되며 누가 붕우 아니 되리.

라고 하였다. 이는 건곤부모가 낳은 천지를 하나의 가정으로 보고, 일월성신(日月星辰)과 천하의 모든 사람들을 형제와 붕우로 본다는 것이다. 더 나아가 이토암은,

> 천지는 부모시니 우주 만물을 나와 형제라 해도 과언이 아니요, 사람이 만물의 영장이니 비록 금수, 곤충, 초목이라도 마땅히 사랑하여서 함부로 죽이거나 꺾지 말아야 하느니라.[17]

라고 말함으로써 우주 만물을 형제로 보아야 한다는 점을 강조하였다.

---

17 『성훈통고』 편집본 1-6.

그리하여 금강대도는 생활 속에서 체천칙지(體天則地), 또는 순물자연(順物自然)의 이상을 실천한다. 천지를 원망 말며[不怨天地] 풍우를 꾸짖지 않는 것[不罵風雨]을 이상으로 여겨, 예컨대 비가 오면 "비가 오시네" 또는 "비를 주시네"처럼 말한다. 또한 가래침을 함부로 뱉지 않고, 땅을 밟을 때도 조심스럽게 밟는 것을 미덕으로 여긴다. 토암 선생이나 청학 선생은 어릴 적에도 땅을 밟을 때 혹 벌레나 미물을 밟아 죽이지나 않을까 하여 조심스럽게 걸었다고 하는데, 도인들은 그것을 교훈 삼아 걸을 때 발바닥의 벌레까지도 조심하는 태도로 살아간다. 이러한 행위는 모두 천지를 공경하는 기본적인 의식 속에서 저절로 우러나오는 것이다.

Ⅲ. 금강대도의 치성과 제향

평상시에 행하는 금강대도의 의례는 크게 치성(致誠)과 제향(祭享)으로 구분된다. 치성과 제향을 올리기 위해 집단적으로 모여 의식을 치르는 것을 총회(總會)라고 한다. 치성은 '정성을 드리는 것'인데, 3대 도주의 탄강일을 기념하는 것이고, 제향은 3대 도주가 열반한 날을 추모하는 것이다. 세종시에 위치한 총본원에서는 1년에 20여 회의 총회일이 있어 치성과 제향을 올리며, 국내외 각지의 본원·분원·회관에서는 지역 실정에 따라 한 달에 한 번씩 소규모의 총회를 연다. 총본원 총회는 4대 도주의 탄강일과 제향일이 중심이 되며, 기타 단군을 추모하는 개천절과 어천절, 그리고 1941년 신사사변 때의 순도자를 추모하는 성경숭의절(誠敬崇義節) 등이 있고, 매년 정초에 도인 상호 간에 세배를 하는 신년하배식(新年賀拜式)과 6월 15일에 유두절(流頭節), 칠월칠석인 쌍칠절(雙七節), 도주의 성산에 벌초를 하는 성산봉성절(聖山奉省節) 등이 있다. 총회 시 집회 장소는 대개 건곤부모의 존영을 모신 삼종대성전(三宗大聖殿)이 중심이 된다.

　　오늘날 금강대도의 공식적인 총회는 다음과 같다.

날짜(음력)	총 회 명	의 미
1월 4일	신년하배식	집단 세배일
1월 18일	금강용화대종성탄절(金剛龍華大宗聖誕節)	대종법사 탄강일
2월 6일	연화용화대종성탄절(蓮華龍華大宗聖誕節)	대종덕사 탄강일
2월 15일	태청성덕통천절(太淸聖德通天節)	통천교주봉대기념일
3월 15일	어천절(御天節)	단군국조 제향일
4월 29일	금강덕성대화성탄절(金剛德聖大化聖誕節)	덕성사부 탄강일
5월 5일	금강도성대화성탄절(金剛道聖大化聖誕節)	도성사부 탄강일
5월 12일	연화도성대화성탄절(蓮華道聖大化聖誕節)	도성사모 탄강일
5월 19일	금강개도성탄절(金剛開道聖誕節)	대성사부 탄강일
5월 28일	금강삼청현화도성건원절(金剛三淸玄化道聖乾元節)	도성사부 제향일
6월 10일	금강삼청현화덕성건원절(金剛三淸玄化德聖乾元節)	덕성사부 제향일
6월 15일	유두절(流頭節)	유월 유두
7월 7일	쌍칠절(雙七節)	칠월 칠석
8월 1일	성산봉성절(聖山奉省節)	성산 금초일
9월 13일	연화삼청현화도성곤원절(蓮華三淸玄化道聖坤元節)	도성사모 제향일
10월 3일(양)	개천절(開天節)	단군국조 개국일
10월 19일	성경숭의절(誠敬崇義節)	신사사변일
11월 2일	금강삼청현화대성건원절(金剛三淸玄化大聖乾元節)	대성사부 제향일
11월 25일	연화개도성탄절(蓮華開道聖誕節)	대성사모 탄강일
12월 25일	연화삼청현화대성곤원절(蓮華三淸玄化大聖坤元節)	대성사모 제향일
12월 26일	연화덕성대화성탄절(蓮華德聖大化聖誕節)	덕성사모 탄강일

총회일이 이렇게 정해진 것은 1970년 제3대 도주 이월란 선생에 의해서 였다. 그런데 일제강점기인 1934년 조선총독부의 자료에 의하면[18] 제1대 도주 이토암 선생 시대의 총회일은 이와는 상당히 달랐다.[19] 옥황상제, 태상노군, 석가문불, 공부자, 관성제군 탄강일과 관성제군 및 공부자 승하일 등 오늘날에는 없어진 기념일이 있다는 점이 주목된다. 유불선 삼종일합을 주요 교리로 삼고 포덕을 시작했던 당시 상황이 반영된 것으로 보인다. 오늘날의 총회와 비교해 보면 금강대도가 제도화되는 과정에서 어떠한 변화가 있었는지를 뚜렷하게 알 수 있다. 4대 도주 내외의 탄강과 제향일에 대한 총회가 계속 추가되어 온 반면, 옥황상제 · 태상노군 · 석가모니 · 관성제군 · 공부자에 대한 총회가 사라졌다. 이는 금강대도의 신앙 대상이 정립

---

18 村山智順 저, 최길성 · 장상언 공역, 1991, 『朝鮮의 類似宗教』, 계명대학교출판부, 321쪽. 금강도 종헌 제40조에 예식일이 나와 있다.
19 1. 경축일

개도(開道) 기념일	매년 음력 5월 19일
성사 탄신일	음력 5월 19일
선성사모(先聖師母) 탄신일	음력 11월 25일
노암(露庵)사모 탄신일	음력 7월 28일
월암(月庵)사모 탄신일	음력 5월 25일
옥황상제 보탄일(寶誕日)	음력 정월 9일
태상노군(太上老君) 탄강일(誕降日)	음력 2월 15일
석가 문불(文佛) 탄강일	음력 4월 8일
공부자(孔夫子) 탄강일	음력 8월 27일
관성제군 탄강일	음력 6월 24일

　2. 대제일

선성사모 승하일	음력 12월 25일
관성제군 승하일	음력 12월 7일
공부자 승하일	음력 2월 18일

　3. 도일
　남 : 매월 1 · 3 · 5 · 7 · 9일　　　　　여 : 매월 2 · 4 · 6 · 8 · 10일

되어 오는과정에서 일어난 자연스러운 변화라고 할 수 있다.[20]

〈사진 1〉 도복을 입고 총회를 보는 모습.　　　〈사진 2〉 치성 올리는 모습.

또한 단군과 관련하여 개천절과 어천절이 추가되었는데,[21] 이는 해방 이후 단군민족주의가 널리 수용되는 사회 분위기와 관련이 있다.[22] 금강대도는 1962년에 문교부의 종단 통합 지시에 의하여 제주도의 '단군성주교(檀君聖主敎)'와 부산의 '단군도덕성회(檀君道德聖會)'를 통합하였으며, 총본원은

---

20 이 점에 대해서는 고병철, 2002, 「금강대도 교단의 정체성 확립 과정」『종교연구』 제 26집, 한국종교학회, 229- 232쪽을 참조할 것.

21 개천절과 어천절에는 전통 유관(儒冠)을 쓰고 제관을 분방(分榜)하여 홀기에 따라 의식을 진행한다. 축문에 이어 악가를 봉창하는데, "惟皇國祖시여 降于太白하옵시사 弘益人間이 祖國鴻恩이시니 苗裔四川萬이 一切同血이로다. 大哉國祖시여 神道設敎하옵시사 神市化民하옵신 流澤無窮하옵시니 歷史半萬年 與天同配샷다. 巍乎聖輝시여 昭格玆土하옵시사 天地並寧하옵시고 日月倍光하옵시니 洋洋乎如在其上 如在其左右샷다."라고 봉창한다. 금강대도총본원, 2000, 『의례요람』, 53쪽.

22 해방 직후에는 단군민족주의가 널리 수용되는 분위기 속에서 단군계 종단이 비약적으로 늘어나게 되었는데, 이는 잃었던 나라를 되찾은 민족적 감정에다가 국조를 숭봉하는 민족종교라는 점에서 급격히 종단의 숫자가 늘어난 것이다. 이 점에 대해서는, 이재헌, 2012, 「한국 신종교 민족주의 운동의 변화와 전개」『신종교연구』제26집, 한국신종교학회, 55쪽을 참조할 것.

금강대도에 두면서 잠시 도명을 '단군천선금강대도(檀君天仙金剛大道)'라 한 적도 있었다. 물론 금강대도는 일제강점기 토암 시절부터 단군 성상을 비밀리에 내세워 민족정신을 고취해 오긴 했지만, 단군을 의례의 대상으로 하게 된 것은 해방 이후의 일이라고 할 수 있다.[23]

대개의 총회는 치성이나 제향을 중심으로 하여 일정한 식순에 따라 진행하는 모든 의식 전체를 말한다.[24] 그중에서 가장 중심이 되는 의식이 바로 치성이나 제향이다. 치성과 제향의 의식 절차가 크게 다른 것은 아니다. 다만 탄강일이면 치성을 올려 함께 기뻐하는 것이고, 기일이면 제향을 올려 추모하는 것이 다르고, 옷차림이 다른 것이다. 즉 치성 때는 대개 일반적인 무색의 한복이나 도복을 입고, 제향 때는 전통적인 굴건제복(屈巾祭服)을 한다는 것이 다르다.

치성이나 제향은 홀기(笏記)에 따라 진행하는 것이 일반적인데, 헌작과 배례, 보고(寶誥) 봉독, 고유문(告由文), 송덕사(제향 때는 숭모사) 등으로 이루어진다. 헌작은 초헌, 아헌, 종헌 등으로 이루어지는데, 이때 올리는 술은 누룩과 쌀로 자체적으로 빚은 전통 곡주를 사용한다.[25] 헌작을 한 뒤에는 배례를 하는데, 건곤부모 각위에는 5배씩을 한다.[26] 보고는 3대 도주 각

---

23 이재헌, 앞의 글, 105쪽.
24 총회의 일반적인 식순은 다음과 같다. '성위에 경례, 개식사, 타종, 분향, 성전에 대한 경례, 도기에 대한 경례(봉독문 봉독), 명교장 봉독, 참여 인원 보고, 치성, 송덕사, 제 증장 하사, 주지 사항, 알현, 폐식사', 금강대도총본원, 2000, 『의례요람』, 45쪽.
25 금강대도의 「명교장」에 보면 "주육(酒肉)을 불식하라."라는 구절이 있어 원래 술은 먹지 않는 것으로 되어 있지만, 치성과 제향 시에 전통주를 빚어 헌작하고, 의식이 끝난 후에는 이를 음복(飮福)하기 때문에 술은 어느 정도 허용된다.
26 원래 토암과 청학 시절에는 4배를 하였는데, 3대 도주 월란에 와서 5배로 바뀌었다. 보통 제왕에게 4배를 하는 만큼, 건곤부모는 그보다 높여서 5배를 하는 것이라고 한다.

각의 천계에서의 신격과 성덕을 찬양하는 글인데, 모든 의식에서 염송(念誦)할 뿐만 아니라, 수행할 때 가장 기본적으로 암송해야 하는 글인데,[27] 3회-9회 정도 반복해서 암송한다. 제수는 진지와 국, 청수, 나물, 과일, 떡 등을 정성껏 올리는데, '불식어육류(不食魚肉類)'라는 계율에 따라 어육은 쓰지 않는다. 치성에 참여하는 사람에게 특히 요구되는 것은 청결인데 피, 망자의 시체 등 부정(不淨)에 대한 금기를 철저히 이행해야 한다.

금강대도의 총회 의식을 보면, 그 구조상 유교식 제례의식과 유사한 측면이 있다. 그러나 타종을 한다든지 목탁과 바라를 치고, 염주를 세며 독경을 하는 것 등은 불교식이다. 또 공식적 총회일 이외에 초하루 보름에 소규모 치성을 올리고, 가끔 천제를 올릴 때도 있으며, 청수를 올리고 소지를 하는 것 등은 도교적인 요소이다. 이렇듯 유·불·선의 각 요소가 혼재하여 그 유래가 어떠한 것인지를 명확히 밝혀내기 어려운 부분이 많다. 그러나 가장 중심적인 요소는 무엇보다도 한국적 선도(仙道)를 중심으로 하는 도교적 요소이다. 도교라는 것이 본래 유·불 등 타 종교의 의례를 포함하는 것이며, 또 하늘 숭배·효성·조상 공경을 중시한다.

제향을 올릴 때는 남녀가 모두 전통 상복을 입는데, 이는 스승에게 의성(義誠)을 상징적으로 표현하는 것이다.[28] 사실 금강대도에서는 스승의 사후

---

27 1928년 토암은 제1대 도주인 대성사부(大聖師父)·대성사모(大聖師母), 즉 토암과 자암에 대한 보고를 내려 주었고, 1950년에 청학은 도성사부(道聖師父)와 도성사모(道聖師母), 즉 청학과 보단에 대한 보고를 내려 주었으며, 1984년에는 월란이 덕성사부(德聖師父)와 덕성사모(德聖師母), 즉 월란과 향련에 대한 보고를 내려 주었다.

28 제3대 도주 월란은 금강대도의 도덕을 '의성(義誠)'이라는 말로 상징하여 표방하고 도인들의 신앙과 수련을 독려하였다. 그는 말하기를 "以孝事親則其道明하고 以忠事君則其道明하고 以誠事師則其道明이라. 忠自孝誠하여 動中敬顯하고 孝生忠敬하여 靜中誠現하나니 曰忠曰孝와 曰誠曰敬은 天道之常이요 人道之綱이라. 故로 仁合萬善하고 義合千善이라." 하니, 금강대도의 핵심 교리인 충·효·성경을 '의성'이라는 말로

에 중복(重服)을 입었다는 것을 상당히 강조한다. 복제 문제가 처음으로 논란의 대상이 된 것은 1927년 자암이 돌아갔을 때이다. 제자들 사이에 사모를 위하여 중복을 입어야 한다 말아야 한다는 논란이 잠시 일어났으나, '인생삼은(人生三恩)', 즉 나라·부모·스승의 은혜를 똑같이 갚는다는 충효성경(忠孝誠敬)의 가르침을 실천하기 위하여, 결국 중복을 입고 부모를 잃은 것처럼 슬퍼했다고 한다. 즉 인간은 누구나 태어나서 살아가는 데 세 분의 은혜를 안 입을 수 없는 것이니, 즉 나를 낳고 길러 주시는 골육부모(骨肉父母), 나에게 인간으로서의 바른 도리를 가르쳐 주시는 심성부모(心性父母)인 스승, 그리고 내가 몸을 의지하고 생활할 수 있는 터전인 의식부모(衣食父母)인 나라, 이 세 분의 은혜는 모두 같아서 똑같이 섬겨야 한다는 것이다. 따라서 과거 공자(孔子) 사후에 제자들이 다만 심상(心喪)으로 3년을 지냈다는 것은 옳은 도리가 아니며, 금강대도가 그것을 시정하여 도덕의 이정표를 다시 세웠다는 것이다.

〈사진 3〉 성전 제향 올리는 모습.　　　〈사진 4〉 성산(산소) 제향 올리는 모습.

재해석하였다.

이상에서 살펴본 바와 같이 금강대도의 의례는 토암의 독특한 종교경험과 하늘 숭배에서 비롯되어 청학을 거치면서 종교성이 심화되었고, 3대 월란에 이르러 의성(義誠)을 중심으로 사상적 체계화가 완성되어 오늘에 이르렀다고 정리할 수 있다.[29]

IV. 금강대도의 수행과 수련

도인들이 개인적으로 실천해야 할 수행 방법은 다음과 같다.

첫째, 항상 '보고(寶誥, 건곤부모의 성덕을 찬양하는 글)'를 외우면서 대도덕성사건곤부모의 심법에 귀의토록 모든 정성을 다한다.

둘째, 모든 계율을 항상 생활 속에서 실천에 옮긴다.

셋째, 광화중생(廣化衆生)과 오만성업(五萬聖業)을 위한 각종 사업에 열심히 참여한다.

넷째, 건곤부모의 말씀, 즉 『대성경(大聖經)』을 지성껏 외우고 연구해서 실천에 옮긴다.

겨울에 전 도인이 총본원에 모여 열흘간 수련하는 '성재(誠齋)'라고 하는 집단 수련 과정이 있다. 성재가 끝나면 수련에 참가한 사람들에게 수련한 정도에 따라 등급을 매겨 주는데, 성구전(誠九轉)·정구전(正九轉)·대원구전(大圓九轉) 등 총 27단계가 있다. 여름에는 주로 청소년을 대상으로 하는 수련법회가 열린다.

금강대도를 신앙하다가 죽은 사람들은 그 믿음과 수행의 정도에 따라 10

---

29 이재헌, 앞의 글, 102-107쪽 참조.

단계로 나누어 부처와 신선으로 천도를 하게 되니, 의성사(義誠師)·성경사(誠敬師)·봉성사(奉誠師)·봉도사(奉道師)·봉덕사(奉德師)·성신사(誠信師)·경신사(敬信師)·정신사(正信師)·봉신사(奉信師)·평신사(平信師)가 있고, 또한 등외로 천도되는 사문제자(沙門弟子)가 있는데, 이들의 위패는 학몽사(鶴夢祠)에 등급별로 안치한다. 그리고 1년에 2회, 즉 금강대도 개도성탄절(음 5월 19일)과 연화대도 개도성탄절(음 11월 25일)에 봉불(奉佛)제향을 지낸다.[30]

금강대도의 실천계율을 소개하면 다음과 같다.

ㅇ 금강실행십조(金剛實行十條)

일왈. 경천지(敬天地, 하늘과 땅을 공경하라.)

이왈. 예불조(禮佛祖, 부처님께 예배하라.)

삼왈. 봉조선(奉祖先, 조상을 받들어라.)

사왈. 효쌍친(孝雙親, 부모님께 효도하라.)

오왈. 수국법(守國法, 나라의 법을 지켜라.)

육왈. 중사존(重師尊, 스승을 존중하라.)

칠왈. 별부부(別夫婦, 부부간의 도리를 분별하라.)

---

30 이때 봉창하는 악가는 "金剛化身大道德聖이시여 三神一體三佛世尊이시로다. 萬法歸一統三大道兮여 三寶之主儒佛仙宗이시로다. 大道大德濟度衆生兮여 浩浩蕩蕩不可思議시로다. 念念存誠宣道布德兮여 五萬聖業師道確立이시로다. 明德至善大道證明兮여 義誠一貫萬世長明이시로다. 千秋香火綿綿不絶兮여 百代不遷阿彌陀佛이시로다. 文質彬彬有斐君子兮여 功高德崇至誠君子시로다. 三生宿緣作之不已兮여 金剛宮仙玉蓮宮佛이시로다. 五萬長春世世生生兮여 不生不滅不老不朽시로다."이다. 금강대도총본원, 2000, 『의례요람』, 46쪽.

팔왈. 애형제(愛兄弟, 형제간에 우애하라.)

구왈. 목종족(睦宗族, 종족 간에 화목하라.)

십왈. 신붕우(信朋友, 친구 간에 믿음을 지켜라.)

○ 금강삼대보훈(金剛三大寶訓)

일왈. 백지환원(白紙還元, 백지로 돌아가 순수하게 믿어라.)

이왈. 중용지도(中庸之道, 항상 가장 올바른 도를 지켜라.)

삼왈. 지성무식(至誠無息, 지극한 정성으로 쉬지 말고 나아가라.)

○ 금강십계율(金剛十戒律)

일왈. 물기천지인(勿欺天地人, 하늘·땅·사람을 속이지 말라.)

이왈. 심신청정결(心身淸淨潔, 마음과 몸을 깨끗하고 맑게 하라.)

삼왈. 연성극기욕(煉性克己慾, 성품을 단련하여 욕심을 이겨 내라.)

사왈. 경석자서지(敬惜字書紙, 글씨 쓴 종이를 공경하고 아끼어라.)

오왈. 언행중여산(言行重如山, 말과 행동을 산같이 무겁게 하라.)

육왈. 계살제중생(戒殺濟衆生, 죽이는 것을 경계하여 중생을 구제하라.)

칠왈. 불식어육류(不食魚肉類, 어류, 육류를 먹지 말라.)

팔왈. 일부당일처(一夫當一妻, 한 남편에 한 아내.)

구왈. 물취타인물(勿取他人物, 남의 물건을 갖지 말라.)

십왈. 물범죄과오(勿犯罪過誤, 죄와 과오를 범하지 말라.)

V. 의례의 사상적 근원: 의성(義誠) 사상

의례는 본래 한 종교의 교리, 또는 사상의 행위적 측면이란 의미가 있다. 특히 금강대도는 무엇보다도 실천을 강조하는 종교이므로 교리와 의례는 더욱 밀접한 관계가 있다. 집단적 의례의 모습은 '총회'라고 하는 집회를 통해서 살펴볼 수 있는데 그 기본 정신은 어디까지나 '의성(義誠)'에 있다.

금강대도의 의례는 한마디로 의성 사상의 행위적 표현이다. 즉 건곤부모를 지성껏 믿어서 그 심법을 전수받으려는 몸짓인 것이다. 의성을 다해야 하는 실천도덕으로는 충효성경(忠孝誠敬)과 가화(家和), 청결(淸潔)이 있다. 청학은 "충효는 수도의 뿌리[修道之根]요, 성경은 달도의 근본[達道之本]이며, 가화는 적덕의 근원[積德之源]이요, 청결은 안정의 터[安定之基]라."[31]라고 말했다.

첫째, '충효성경'이니, 나라에 충성하고 부모에게 효도하며, 스승께 정성과 공경을 다하는 것이 인간의 도리 중에 가장 기본이 된다는 것이다. 토암은 '충효성경은 인지본(人之本)'이라고 하였다. 사람은 본래 세 분의 은혜로 사는 것이니, 낳고 길러 주시는 골육(骨肉)부모, 즉 어버이의 은혜와 입혀 주고 먹여 주시는 의식(衣食)부모, 즉 국가의 은혜, 그리고 가르치고 이끌어 주시는 심성(心性)부모, 즉 스승의 은혜는 모두 같아서 똑같이 섬겨야 하는 것이다[人生三恩 事之如一]. 충효성경이란 대도의 수행법 중 가장 중요하다. 그러기에 삼성제군, 즉 관성제군과 문창제군, 부우제군을 각각 충·효·성경을 감찰하는 신명으로 존숭하고 있으니, 이는 금강대도의 종교적 재해석으로 독특한 측면을 보여준다. 또한 토암은,

31 『대정편년』(미출간 자료).

오직 믿는 제자들이여 성경(誠敬)으로 일심할지니라. 정성스럽게 하고 공경하는 것이 심성 수련의 방도이니 사람이 오직 충효라야 천지를 감동케 할 것이라. 어찌 부처에 제를 올리고 신령을 섬김에 있겠는가?[32]

라고 하였다. 이는 '충효'가 곧 '성경'이라는 가르침이니, 평소의 삶에서 인간의 도리를 잘하는 것, 그것이 곧 종교적인 행위가 된다는 것이다. 그리하여 아랫목 부처님(부모님)께 효도를 다하는 것이 금부처 돌부처에게 절하는 것보다도 낫다고 한다.

둘째, '가화(家和)'이니, 예부터 가화만사성이라는 말씀이 있으되, 대도의 가화사상은 훨씬 더 의미가 깊어 인생의 가장 본질적인 진리이다. 토암은 "금은보화가 가화만 못한 것이라."[33] 하였고, "사람의 길흉화복이 하늘이 내려 주시는 것이 아니라, 집안이 화목하지 않으면 질고가 생기는 것이다."[34] 라 하였으며, "부모께 효도하고 부부간에 화합하며 성심으로 신행하는 집은 재앙이 침범하지 못하나니 빈한을 탄식 말고 가화로 일을 삼거라."[35] 하였으니, 가화의 여부는 인간의 행복과 불행을 결정하는 가장 결정적인 조건이다. 또한 토암은 "가화의 가운데 오륜이 있고, 오륜 가운데 도덕이 있으며, 도덕 가운데 소원성취가 있고, 소원성취 가운데 생극락이 있으며, 생극락 가운데 왕생극락이 있느니라."[36] 하였으니, 가화는 수행의 한 덕목으로서도 독특한 의미가 있는 것이다. 또한 미륵대불의 운도는 과거에 독신 수도하는

32 『성훈통고』편집본 8-5.
33 같은 책 9-2.
34 금강대도총본원, 1956, 『성훈통고』제1권, 64쪽.
35 『성훈통고』편집본 14-3.
36 금강대도총본원, 1956, 『현묘경』, 19쪽.

석가불의 운도와는 달라서 온 가족이 다 같이 도를 닦아 함께 성불한다고 하는 가화성도(家和成道)의 가르침 또한 독특한 측면이 있다. 그뿐만 아니라 이 가화는 비단 육친(六親, 父子·夫婦·兄弟)의 화합이라는 뜻만이 아니라, 나아가서는 전 우주적인 차원의 화합을 의미한다. 즉 건곤(乾坤)은 곧 부모 (父母)이기에 그 사이에 있는 삼라만상이 모두 형제 아님이 없고, 따라서 천지 사이에 있는 생령들은 서로 화합해야만 이 우주 전체가 평화로울 수 있다는 것이다.

셋째, '청결(淸潔)'이니, 이것은 신명을 모시는 기본자세요, 수도를 위한 첫걸음이다. 토암은 "청결 가운데 신선 부처가 있다."[37]라고 하였으니, 수도하는 사람은 언제나 청결에 힘을 써야 하는 것이다. 청결 중에서도 가장 중요한 것은 심성의 청결이니, 이것은 심법(心法)을 잘 써서 사욕(私慾)의 잘못을 범하지 않는 것이다. 그뿐만 아니라, 음식도 청결이요, 신체도 청결이며, 의복도 청결이요, 가택도 청결이니, 인간의 행주좌와(行走坐臥) 모든 면에서 청결은 아주 중요한 것이다. 특히 음식 청결은 "술과 고기를 즐기고 좋아하면 심성을 배합하기가 어렵다."[38] 하였고, "어육을 먹는 자는 인도환생은 가능하지만 신선, 부처되기는 어렵다."[39]라고 하였으니, 도에 뜻을 둔 사람은 특별히 주의해야 한다는 것이다. 또한 글씨 쓴 종이를 함부로 더러운 곳에 사용하지 말라는 경석자서지(敬惜字書紙)의 가르침은 수도적인 차원의 실천덕목이기도 하지만, 인간의 문화를 존중하는 관점으로서 조명될 수 있다고 본다.

37 『성훈통고』편집본 5-9.
38 『대정편년』(미출간 자료).
39 같은 책.

VI. 끝맺는 말

금강대도 의례의 시작은 무엇보다도 창도주 이토암 선생의 종교체험에서 찾아야 한다. 그의 종교체험으로부터 금강대도의 교리와 의례가 발현되었다고 볼 수 있다. 토암의 독특한 종교체험을 통해서 하늘을 공경하는 금강대도의 경천사상이 현현(顯現)되었다. 그리하여 '천지=상제=건곤부모'의 관계가 성립되었고, 나아가 철학적 개념인 도(道)의 개념과도 일치한다는 것을 알 수 있다.

이러한 독특한 경천사상은 이후 금강대도의 의례를 통해서 반복되었다. 처음에는 토암이 옥황상제와 뚜렷이 구별되었는데, 점차 신격화되면서 옥황상제와 일체화되어 간 것으로 보인다. 이렇듯 천제와 치성의식의 밑바탕에는 강한 하늘 숭배, 즉 경천사상이 자리하고 있다.

금강대도는 천지인 삼재의 세계관을 기반으로 하는 하늘 숭배, 즉 경천사상을 가장 중요시한다. 나아가 이러한 천지인 삼재의 세계관을 '건곤부모' 신앙으로 승화시킨다. 이렇듯 건곤부모에 대한 절대적 신앙이 갖는 생태윤리적인 함의는 이 우주를 하나의 가정으로 보고, 그 안에 존재하는 삼라만상의 조화로운 관계를 중시한다는 것이다. 이러한 세계관을 금강대도에서는 '우주가화' 사상이라고 한다.

평상시에 행하는 금강대도의 의례는 크게 치성과 제향으로 구분된다. 치성은 3대 도주의 탄강일을 기념하는 것이고 제향은 3대 도주가 열반한 날을 추모하는 것이다. 세종시에 위치한 총본원에서는 1년에 20여 회의 총회일이 있어 치성과 제향을 올리며, 국내외 각지의 본원·분원·회관에서는 지역 실정에 따라 한 달에 한 번씩 소규모의 총회를 연다. 총본원 총회는 4대 도주의 탄강일과 제향일이 중심이 된다.

금강대도의 총회 의식을 보면, 그 구조상 유교식 제례의식과 유사한 측면이 있다. 그러나 타종을 한다든지 목탁과 바라를 치고, 염주를 세며 독경을 하는 것 등은 불교식이다. 또 공식적 총회일 이외에 초하루 보름에 소규모 치성을 올리고, 가끔 천제를 올릴 때도 있으며, 청수를 올리고 소지를 하는 것 등은 도교적인 요소이다.

집단적 의례의 모습은 '총회'라고 하는 집회를 통해서 살펴볼 수 있는데 그 기본 정신은 어디까지나 '의성(義誠)'에 있다. 금강대도의 의례는 한마디로 의성 사상의 행위적 표현이다. 즉 건곤부모를 지성껏 믿어서 그 심법을 전수받으려는 몸짓인 것이다. 의성을 다해야 하는 실천도덕으로는 충효성경(忠孝誠敬)과 가화(家和) 청결(淸潔)이 있다.

『주역』으로 해석한 고구려의 제천의례와 삼족오*

임 병 학 원광대학교 동양학대학원 조교수

* 이 글은 필자가 2018년 9월 『원불교사상과 종교문화』 제77집에 발표한 「『周易』으로 해석한 고구려의 祭天儀禮와 三足烏」를 바탕으로 작성하였다.

Ⅰ. 시작하는 말

　『주역(周易)』은 주나라의 역(易)이라는 설이 있지만, 그 저자가 복희씨(伏羲氏)부터 시작되어 문왕(文王)과 주공(周公) 그리고 공자의 네 성인에 의해 완성된 책이기 때문에 동북아의 근원적인 사상을 담고 있다. 즉, 『주역』은 천도(天道) 운행의 원리와 인간 삶의 깊은 이치를 담고 있기 때문에 수천 년 동안 동북아의 문화 발전 과정에서 가장 근원적인 학문으로 인간의 사유와 삶 속에 깊이 들어와 있다.[1]

　또한 『주역』이 점서(占書)라는[2] 의미도 새롭게 이해할 필요가 있다. 점

1　류승국, 2008, 『한국사상의 연원과 역사적 전망』, 유교문화 연구총서 10, 성균관대학교 출판부, 257쪽 참조.

2　『주역』이 占書라는 것은 易學의 발생과 함께 시작된 것이며, 특히 秦始皇이 焚書坑儒를 하면서 占書이기 때문에 태우지 않았다는 기록 등에 의해 일반적으로 받아들여지고 있다. 그런데 『주역』은 聖人이 천하의 깊은 진리인 易道를 자각하여 사물적 존재의 形容에 비겨서 뜻의 마땅함을 상징적으로 표상함으로써 형성된 학문이며,(「繫辭上」 제8장, "聖人, 有以見天下之賾, 而擬諸其形容, 象其物宜, 是故謂之象.") 또 『주역』의 저작 목적이 人道인 性命之理를 밝히기 위한 것이라 하였고,(「說卦」 제2장, "昔者聖人之作易也 將以順性命之聖.) 「계사상」에서는 직접 占이 聖人之道 가운데 하나(「繫辭上」 제10장, "易有聖人之道, 四焉, 以言者, 尙其辭, 以動者, 尙其變, 以制器者, 尙其象, 以卜筮者, 尙其占.")라고 하였다.

(占)이나 무(巫)의[3] 한자 속에는 벌써 하늘과 인간의 소통이라는 의미가 들어 있다. 고대사회는 물론이고 지금도 제천의례는 모두 하늘의 뜻과 소통하고자 하는 인간의 행위이다. 제례(祭禮)와 복서(卜筮)는 하늘과 인간의 소통이라는 입장에서 공통된 의미가 있다.

『주역』의 상(象)과 수(數) 그리고 괘(卦)와 효(爻)는 하늘의 뜻을 드러내고자 하는 인간의 상징인 것이고, 괘사(卦辭)와 효사(爻辭)는 이러한 뜻을 풀어 말씀으로 전달한 것이다.

고구려의 제천의례는 고조선으로부터 이어 온 천민(天民)이라는 민족정신을 계승한 것이자, 동북아 고대 문명의 문화적, 철학적 의미가 있는 것이고, 삼족오(三足烏)는 고구려의 상징으로 하늘의 뜻을 직접 드러낸 것이다.

이러한 고구려의 제천의례와 삼족오에 대한 연구가 역사학이나 문화인류학적 측면에서는 다양한 연구가 진행되었지만,[4] 동북아 고대의 근원적 사상을 담고 있는 『주역』 입장에서의 연구는 아직 발견되지 않았다. 『주역』 사상에 바탕을 둔 고구려의 제천의례와 삼족오의 철학적 의미에 대한 연구는 동북아 고대 문명의 보편성을 확인하는 것이며, 고구려 문화를 이해하는

---

3 점(占)은 복(卜)과 구(口)로 하늘의 뜻을 말한다는 의미이고, 무(巫)는 공(工)과 인(人)으로 하늘과 땅을 연결하는 사람의 의미이다.(임병학, 2018, 『하늘을 품은 한자, 주역으로 풀다』, 골든북스, 100쪽 참조.)

4 고구려 제천의례의 연구는 조우현의 「4-5세기 고구려 국가제사와 불교신앙연구」(인하대학교 대학원, 박사학위논문, 2010.)과 김인술의 「한민족 제천의례와 국조사전의 통시적 연구」(원광대학교 대학원, 박사학위논문, 2015.) 등이 대표적이고, 고구려 삼족오의 연구는 이형구의 「고구려의 삼족오 신앙에 대하여-고고학적 측면에서 본 조류숭배사상의 기원문제」(『동방학지』 제86집, 연세대학교 국학연구원, 1994.)와 송미화의 「고분벽화에 나타난 고구려인의 삼족오 인식 : 한-당대의 삼족오 인식과 관련성을 중심으로」(한국교원대학교 교육대학원 석사학위논문, 2003.)과 김주미의 「삼족오, 주작, 봉황 도상의 성립과 친연성 고찰」(『역사민속학』 제31집, 한국역사민속학회, 2009.) 등이 있다.

새로운 안목을 제공하게 될 것이다.

이에 본 논문에서는 『주역』 사상을 통해 고구려의 제천의례와 삼족오에 나타난 역철학적 의미를 고찰하기 위해, 제2장에서는 고구려의 제천의례와 『주역』의 제(祭)·희생(犧牲)을 논하고, 제3장에서는 고구려의 삼족오와 『주역』의 역도(易道)를 통해 제1절은 『주역』의 새와 성인(聖人), 제2절은 삼족오의 일월(日月)과 음양 원리, 제3절은 삼족오의 삼(三)과 삼재지도(三才之道)를 논하고자 한다.

II. 고구려의 제천의례와 『주역』의 제(祭)·희생(犧牲)

1. 제천의례와 제(祭)·상제(上帝)

고구려에서 매년 10월에 '동맹(東盟)'이라는 제천의례를 행한 것은 주지의 사실이다. 이 동맹은 국중대회(國中大會)로 금과 은으로 장식한 비단옷을 입고 나라의 동쪽 강에서 수신(隧神)을 맞이하여 신위에 모시고 제사를 올리는 것이었고,[5] 부여의 영고(迎鼓)와 같이 이 기간에는 음식과 가무(歌舞)가 그치지 않았다.[6]

---

5 『삼국지』 「魏書」 〈동이전〉 고구려편, "以十月祭天 國中大會 名曰東盟, 其公會 衣服皆錦繡金銀以自飾 … 十月國中大會 迎隧神還于國東上祭之 置木隧于神坐."

6 고구려의 동맹제에서는 건국의 재연을 통해 현재 상황을 건국이라는 신성한 시간으로 돌아가 시조(始祖)인 주몽이 하늘의 자손임을 확인하는 행위이다. 따라서 동맹제는 추수감사제의 의미보다 고구려의 건국과 관련된 축제인 것이다.(서영대, 2009, 「한국 고대의 제천의례」 『한국사 시민강좌』 45집, 15쪽 참조.)

동맹제는 왕이 천명(天命)을 받은 천제의 후손이라는 점을 확인시키는 것으로 왕권의 신성화와 정당화에 기여하는 것이었다.[7] 즉, 제천의례는 하늘의 뜻인 천명사상을 확인하는 행위로『주역』의 천명사상과 상관성이 있다. 일반적으로 주대(周代)에는 천신(天神)의 자식인 천자(天子)가 제천의례를 거행함으로써 종법 질서를 확인하는 것으로 이해했지만, 그 속에는 철학적 의미가 내포되어 있었다.

먼저 천명에 대하여「천뢰무망괘(天雷无妄卦)」에서는 "정도로써 크게 형통하니, 하늘의 명(命)인 것이다. … 천명(天命)이 돕지 않는데 행하겠는가?"[8]라 하고,「택지췌괘(澤地萃卦)」에서는 "큰 희생을 사용하니 길하고 갈 바가 있음이 이롭다는 것은 천명에 순응하는 것이니"[9]라고 하여, 정도(正道)를 행하는 것과 하늘에 희생(犧牲)을 올리는 행위가 직접 천명(天命)에 순응하는 것임을 밝혔다.

「지수사괘(地水師卦)」에서는 "상육은 위대한 임금은 천명이 있으니, 국가를 열고 계승함에 소인을 쓰지 않는다."[10]라고 하여, 제천의례가 천명을 확인하는 것이라 하였고,「화천대유괘(火天大有卦)」에서는 군자가 악을 막고

---

7 전통적으로 중국의 제천의례의 정치적 의미는 첫째, 무적(巫的) 성격이 강한 것으로 왕을 매개로 천신(天神)과 소통하여 기상(氣象)을 조정하는 행위를 통해 정치권력을 안정시키는 것이다, 둘째, 왕의 덕과 천명사상을 표방하여 왕권의 정당성을 표방하는 장치로 역할 한다. 셋째, 왕이 천하 만민의 대표로서, 제사라는 하늘과의 소통을 통해 중앙집권 체제라는 새로운 정치체제를 전제로 한 제천이다. 넷째, 부족연맹 시대의 부족 간의 공동체 의식과 일체감 형성을 위한 것이다.(조우현, 2010,「4-5세기 고구려 국가제사와 불교신앙 연구」, 인하대학교 대학원 박사학위논문, 41쪽 참조)

8 『周易』「천뢰무망괘」 단사, "大亨以正, 天之命也. … 天命不祐, 行矣哉."

9 『周易』「택지췌괘」 단사, "用大牲吉利有攸往은 順天命也니."

10 『周易』「지수사괘」 상육효사, "上六, 大君, 有命, 開國承家, 小人勿用."

선을 드날려 천명에 순응하고 아름답게 한다고 하였다.[11] 또「중풍손괘(重風巽卦)」에서는 군자가 천명을 실천하여 세상의 일을 행한다고 하였고,[12] 「천풍구괘(天風姤卦)」에서는 하늘의 임금이 천명을 베풀어 사방에 알린다고 하였고,[13] 「계사상(繫辭上)」에서는 널리 행하고 다른 곳으로 흐르지 않아서 천명을 알아서 즐기니 근심하지 않는다[14]고 하였다.[15]

따라서 고대사회에서 제천의례가 지니는 철학적 의미는 국가를 열고 지켜 가는 것이 하늘의 뜻에 의한 것임을 확인하는 행위이자, 통치자는 하늘의 일을 하고 있다는 것을 드러내는 것이라 하겠다.

또한 동맹제가 축제의 형식으로 지낸 제천의례였는데, 이는 중국의 장엄한 제례와는 구별되는 것이다. 무도문채도분(舞蹈紋彩陶盆)과[16] 같은 상고시대의 유물과 같은 집단 무도(舞蹈)의 형상이 발견되는데, 이 같은 집단 무도는 신을 즐겁게 해 주기 위한 행위라고 해석된다.

이러한 무도(舞蹈)에 대하여, 『주역』에서는 "공자께서 말씀하시기를 성인이 상(象)을 세워서 그 뜻을 다하고, 괘(卦)를 베풀어 참과 거짓을 다하고, 말씀을 메어서 그 말씀을 다하고, 변하고 통하게 하여 이로움을 다하니 북치고 춤춰서 신명(神明)을 다한 것이다."[17]라고 하여, 북치고 춤추는 행위에 하

---

11 『周易』「화천대유괘」 대상사, "君子, 以, 遏惡揚善, 順天休命."
12 『周易』「중풍손괘」 대상사, "君子, 以, 申命行事."
13 『周易』「천풍구괘」 대상사, "后, 以, 施命誥四方."
14 『주역』「계사상」 제4장, "旁行而不流, 樂天知命, 故不憂."
15 『주역』에서 천(天)과 명(命) 그리고 천명(天命)은 각각 다른 의미로 해석이 가능하지만, 본고에서는 하늘의 뜻이 드러난다는 의미에서 공통적으로 사용하고 있다.
16 무도문채도분은 1973년에 발굴된 유물로 마가요문화(馬家窯文化, B.C.3100-B.C.2700) 시기 유물로, 용기 내벽에 5인 1조로 손잡고 춤추는 형상이 묘사되어 있다.(조우현, 앞의 논문, 57쪽 재인용.)
17 『주역』「계사상」 제11장, "子曰聖人立象, 以盡意. 設卦, 以盡情僞. 繫辭焉, 以盡其言.

늘의 신명을 다하는 의미가 있다고 보았다. 따라서 동맹제가 축제의 행위로 춤추고 즐기는 것은 하늘의 본성과 일체화하는 것으로 이해할 수 있다.[18]

한편 고구려에는 동맹제 이외에 또 다른 제천의례가 있는데, 이를 '수신제(隧神祭)'라고 한다. 동맹제는 '제(帝)'를 '사(祠)'에 모시고, 수신제는 '신종(神宗)'을 '혈(穴)'에 모셔 제사 지내는 것이다.[19] 즉, 동맹제는 천제(혹은 천신)를 사당에 안치하여 제천의례를 거행하는 것이고, 수신제는 여성 조상신인 지모신(地母神 = 신종)을 수혈에 모셔다가 제사를 지낸다는 것이다. 이 두 의례는 천신(天神)과 지신(地神)에 대한 제사이다.[20]

고구려의 제천의례에서 모신 제(帝, 天神)와 지신(地神, 社稷)을 『주역』에서 고찰해 보면, 먼저 「풍뢰익괘(風雷益卦)」에서는 제(帝, 上帝)를 다음과 같이 밝혔다.

> 육이는 혹이 더하는 것은 십이 벗하는 것이다. 거북도 능히 어기지 않는 것이니 길게 곧으면 길하고, 왕이 상제에게 제향을 하는 것이라도 길한 것이다.[21]

變而通之, 以利. 鼓之舞之, 以盡神."

18 엄숙한 의례에서는 신에 대한 경외와 신과의 연결 고리인 주제자(主祭者)의 신성이 강조되지만, 축제로 행해지는 의례는 신성보다는 참여자들의 일체감을 조성하는 어우러짐에 강조를 두고 있다. 또한 동맹이 천신(天神)사상과 연결된 제천보본, 농경의례로서 부족사회 공동체의 추수감사제의 의미로 해석하는 것이 기존의 이해이다.

19 조우현, 앞의 논문, 62쪽.

20 고구려의 천신(天神)은 일종의 퇴거신(退去神)으로서 지고신(至高神)임에도 불구하고 종교적 기능이 크지 않은 반면에 지모신인 수신(隧神)은 참여자들의 현실적 삶과 관련된 종교적 경험을 이끌어 낼 수 있는 가장 중요한 신앙의 대상이었다.

21 『주역』 「風雷益卦」 六二爻辭, "六二, 或益之, 十朋之, 龜弗克違, 永貞, 吉, 王用享于帝, 吉."

「풍뢰익괘」는 손괘(巽卦, ☴)와 진괘(震卦, ☳)가 만난 괘로 성인에 의해서 하늘의 신도가 행해지는 것을 밝혔다. 위 인용문에서는 혹(或)은 무엇이라 규정할 수 없는 하늘의 신명성(神明性)을 의미하고, 십(十)은 그대로 하늘 본성의 수리(數理)이고, 거북은 하늘의 뜻을 드러내어 보이는 신령스러운 존재이다. 따라서 왕이 하늘의 주재자인 상제(上帝)에게 제향(祭享)함으로써 길하게 되는 것이다. 즉, 사람을 대표하는 왕이 하늘에 제향(祭享)하여, 하늘의 뜻을 상징한 혹(或)·십·거북이 더하고·벗하고·어기지 않는 것이다.

또「풍뢰익괘」와 대응되는「산택손괘(山澤損卦)」에서는 "어디에 쓰겠는가? 두 제기만 가지고도 제향할 수 있다는 것은 두 제기는 시(時)가 있음에 응하는 것이며, 강을 덜어 유에 더함은 시(時)가 있으니, 덜고 더하며 채우고 비움을 시(時)와 더불어 행해야 한다."[22]라고 하여, 하늘에 올리는 제향을 밝혔다.

'두 제기[二簋]'는 제사에 사용하는 그릇으로 제사는 신(神, 귀신)과 인간이 감응하는 행위이기 때문에 인간이 지극한 정성을 통해 천도에 감응하는 것을 상징한다.[23] 또 '시(時)가 있다'는 것은 바로 '천도의 작용이 인간의 본성으로 드러남이 있다'는 것으로 이해된다.[24]

---

22 『주역』,「山澤損卦」象辭, "曷之用二簋可用享, 二簋, 應有時, 損剛益柔, 有時, 損益盈虛, 與時偕行."

23 제기가 둘이라는 것은 하나는 인간이 하늘에 지극한 정성을 올리는 것이고, 다른 하나는 하늘이 인간에게 뜻을 베풀어주는 것이다. 이것을 『주역』에서는 順逆이나 往來의 문제로 논하고 있다. 즉, 하늘의 뜻이 인간에게 강림하는 입장에서는 順이고, 인간의 입장에서 하늘의 뜻을 자각하는 것은 逆이 되는 것이다.

24 임병학, 2016,「『주역』의 시(時)에 대한 고찰」『인문학연구』제24집, 인천대학교 인문과학연구원.「산택손괘」에서는 '時가 있음(有時)'과 '時와 더불어(與時)'를 논하고 있다. '時가 있다'는 것은 바로 '天道의 작용이 인간의 본성으로 드러남이 있다'는 것으로 이해된다. 이는 앞에서 논한 마친 즉 시작이 있는 終始가 바로 천도 운행이고, 이것을

또한 「뇌지예괘(雷地豫卦)」와 「화풍정괘(火風鼎卦)」에서는 제(帝)를 다음과 같이 밝혔다.

상에서 말하기를 우레가 땅에서 나와 떨치는 것이 예괘이니 선왕이 예괘의 이치를 써서 음악을 짓고 덕을 숭상하여 그윽이 상제에게 올려서 조상과 짝하는 것이다.[25]

단에서 말하기를 정괘는 상(象)이니, 나무로써 불을 피워 음식을 삶음이니 성인이 제향하여 상제에게 올리고, 크게 제향하여 성현(聖賢)을 봉양하는 것이다.[26]

예괘(豫卦)와 정괘(鼎卦)에서는 하늘에 제사를 올리는 행위에 그치지 않고, 조상에 제향(祭享)하는 것과 성현(聖賢)을 기리는 데까지 확장하였다. 하늘에 제사를 올리는 것은 하늘의 뜻에 감응하는 것이 1차적 의미이지만, 궁극적으로는 하늘의 뜻을 세상에 실천하는 것에 그 의미가 있음을 알 수 있다.

『중용』에서는 "교제(郊祭)와 사직제사의 예는 상제를 섬기는 것이고, 종묘의 제사는 그 선조를 섬기는 것이니, 교제와 사직제사의 예와 체제사와

자각했을 때 時가 완성된다는 것과 일치하는 것이다. 또 '時와 더불어 모두 행해야 한다'라는 부분도 단순히 시간에 맞게 행동하는 것에 그치는 것이 아니라, 天道 운행인 終始를 자각한 군자가 자신의 본성에 근거하여 행동해야 한다.
25 『주역』 「雷地豫卦」 大象辭, "象曰雷出地奮, 豫, 先王, 以, 作樂崇德, 殷薦之上帝, 以配祖考."
26 『주역』 「火風鼎卦」 象辭, "象曰鼎, 象也, 以木巽火, 亨飪也, 聖人, 亨, 以享上帝, 以大亨, 以養聖賢."

상제사의 뜻에 밝으면 나라를 다스림은 그 손바닥 위에서 보는 것과 같구나."[27]라고 하여, 제사를 밝혔다. 유학에서 제사의 본래적 의미가 여기에서 밝혀진다. 제사는 양생(養生)과는 다른 인간만의 일로 자신의 근원 자리인 천지부모·조상을 받들어 모시는 것으로, 첫째, 내 마음속에 살아 계시는 천지부모에게 효를 다하는 것이다. 둘째, 조상님(부모님)이 후손들에게 베풀어 주신 사랑에 보답하고 추모(追慕)하는 것이다. 셋째, 제사를 경건히 함은 부모님의 사랑을 생각하며 자신의 삶을 반성하는 인격 수양의 장(場)이기도 하다.[28]

하늘의 상제에게 제향하고 조상에게 제사하는 것을 「중뢰진괘(重雷震卦)」와 「풍수환괘(風水渙卦)」에서는 다음과 같이 밝혔다.

> 우뢰가 백리를 놀라게 함은 멀리를 놀라게 하고 가까이를 두렵게 하는 것이니, 나아가서 종묘(宗廟)와 사직(社稷)을 지켜서 제주(祭主)가 되는 것이다.[29]

---

27 『중용』 제19장, "郊使之禮는 所以事上帝也오 宗廟之禮는 所以祀乎其先也니 明乎郊使之禮와 禘嘗之義면 治國은 其如示諸掌乎인져."

28 일반적으로 제례(祭禮)는 단순히 신을 섬기는 종교적 행위에 머무르지 않고 다양한 사회적 역할을 수행하면서 동양 사회의 문화를 이끌어 온 문화적 행위로 규정되고 있다. 현대사회에서 제사의 주요 기능을 세 가지로 이해할 수 있다. 첫째, 윤리적 기능으로 조상을 받드는 효의 정신을 되새기면서 한편으로 현재의 자신의 존재에 대하여 생각하게 하는 것이고, 둘째는 사회적 기능으로 사회질서의 근원이 되는 가족 관계를 재확인하고 인간관계에서의 질서를 확립하도록 하며, 셋째는 교육적 기능으로 인간관계의 규범과 도리를 배우고 가르치는 교육의 장이 되는 것이다. (임병학, 2018, 『중용, 주역으로 풀다』, 도서출판 동남풍, 100쪽 참조.)

29 『주역』 「重雷震卦」 象辭, "震驚百里, 驚遠而懼邇, 出可以守宗廟社稷, 以爲祭主也."

상에서 말하기를 바람이 물 위에서 부는 것이 환괘(渙卦)이니 선왕이 환괘의 이치를 써서 상제에게 제향하고 조상의 사당을 세우는 것이다.[30]

이와 같이 『주역』에서는 하늘의 상제에게 올리는 제례, 그리고 사직(社稷), 조상의 사당에 올리는 제례로 나누어지는 것을 알 수 있다. 이러한 행위는 하늘과 인간, 땅과 인간, 조상과 인간의 소통을 의미하는 것으로 기본적으로 천지인(天地人) 삼재지도의 이치에 부합하는 것이다. 따라서 고구려의 제천의례가 2종류로 거행된 이유가 밝혀지면서, 동시에 그 철학적 의미도 드러나게 되는 것이다.

한편 『주역』에서는 "제사를 이롭게 하는 것은 복을 받는 것이다."[31], "구오(九五)는 동쪽 이웃이 소를 잡는 것이 서쪽 이웃의 봄제사 같지 않음은 실제로 그 복을 받는 것이다. 상에서 말하기를 동쪽 이웃이 소를 잡는 것이 서쪽 이웃의 시(時)와 같지 않음이니, 실제로 그 복을 받음은 길하여 크게 래(來)하는 것이다."[32]라고, 제(祭)를 밝혔다. 우리가 일상적으로 제사를 지내면 복을 받는다는 의미를 생각하게 한다.

『예기』에서는 "복이라는 것은 갖추는 것이다. … 갖춘다는 것은 안으로 자신의 성의를 다하고, 밖으로 도리에 순응하는 것을 말한다."[33]라고 하여, 제사는 자신의 내면적 성의를 다함으로써 밖으로 만사가 순조롭게 이루어지기를 기원하는 행위이다. 즉, 모든 일이 순조롭게 되기를 기원하는 마음

---

30 『주역』「風水渙卦」大象辭, "象曰風行水上, 渙, 先王, 以, 享于帝, 立廟."
31 『주역』「澤水困卦」九五小象辭, "利用祭祀, 受福也."
32 『주역』「水火旣濟卦」九五爻辭, "九五, 東隣殺牛, 不如西隣之禴祭, 實受其福. 象曰東隣殺牛, 不如西隣之時也, 實受其福, 吉大來也."
33 『예기』「祭統」, "福者 備也, … 備者 言內盡於己而外順於道也."

에서 정성[誠]·믿음[信]·충성[忠]·공경[敬]을 다하는 것이다. 또 "내면으로부터 나와 마음에서 생기는 것이라, 마음이 두려워하여 예(禮)로써 받드는 것이다."[34]라 하고, "어떻게 신이 흠향하는 것을 아는가, 역시 주인이 재계하고 공경하는 마음이 있어야 한다."[35]라고 하였다.

2. 제천의례와 희생(犧牲)

고구려에는 동맹제 이외에 매년 3월 3일에 개최되는 다른 제천의례인 수신제(隨神祭)가 있었다. 이때에 낙랑의 언덕에 모여 수렵을 하고, 포획한 멧돼지로 천신(天神)과 산천(山川)신에 제사를 하였다. 『삼국사기』에는 이러한 사실을 다음과 같이 기록하였다.

> 19년 가을 8월에 교제(郊祭)에 사용될 돼지가 달아났다. 왕이 탁리와 사비를 시켜 따라가 잡게 하였더니, 그들이 장옥의 연못 가운데 이르러 얻어서 칼로 힘줄을 잘랐다. 왕이 듣고 논하여 말하기를 "제천(祭天)의 희생을 어찌 상하게 할 수 있는가?" 하고, 드디어 두 사람을 구덩이 속에 던져 죽였다.[36]

> 21년 봄 3월에 교제에 사용될 돼지가 달아났다. 왕이 희생을 관장하는 설지에게 쫓으라 하였더니, 국내 위나암에서 붙잡아서 국내 사람의 집에서

---

34 『예기』「祭統」, "自中出生於心也, 心怵而奉之以禮."
35 『예기』「檀弓下」, "豈知神之所饗, 亦以主人有齊敬之心也."
36 『삼국사기』제13권「고구려본기」제1, "十九年 秋八月 郊豕逸 王使託利·斯卑追之 至長屋澤中得之 以刀斷其脚筋 王聞之怒曰 祭天之牲 豈可傷也 遂投二人坑中殺之."

기르게 하였다.[37]

이를 통해 고구려의 제천의례에 올린 주된 희생(犧牲)이 돼지였다는 사실을 알 수 있다. 돼지가 제천의례에 사용되었다는 기록만 있고, 왜 사용하였는지에 대한 설명은 없다. 또 제사에서 돼지를 제물로 바치는 것은 민간신앙에서도 볼 수 있지만, 사용 이유에 대해서는 자세히 알 수가 없다.

돼지를 제천의례나 제사에 사용한 이유를 『주역』의 학문적 체계를 통해 이해할 수 있다. 특히 『삼국사기』 「신라본기 제5」에서는 제사에 돼지를 사용한 것을 서술하고, 『주역』의 구절을 인용하면서 경계하지 않으면 안 된다고 하여,[38] 『주역』과 돼지의 상관성을 추론할 수 있다.

먼저 『주역』에서 돼지는 하늘의 뜻을 대행하는 감괘(坎卦, ☵)를 상징한다.[39] 감괘(坎卦)는 팔괘(八卦) 가운데 중남괘(中男卦)로[40] 아버지의 뜻을 대행한다는 의미가 있다.

또 「산천대축괘(山天大畜卦)」에서는 "육오는 불깐 돼지의 어금니이니 길한 것이다."[41]라고 하고, 「화택규괘(火澤睽卦)」에서는 "상구는 규가 외로우

---

37 『삼국사기』 제13권 「고구려본기」 제1, "二十一年 春三月 郊豕逸 王命掌牲薛支逐之 至國內尉那巖得之 抱於國內人家養之."
38 『삼국사기』 제5권 「신라본기」 제5, "論曰 臣聞之 … 書云 牝鷄之晨 易云 羸豕孚蹢躅 其可不爲之戒哉."
39 『주역』 「설괘」 제8장, "坎爲豕."
40 「설괘」 제10장에서는 "乾은 天也라 故로 稱乎父오 坤은 地也라 故로 稱乎母오 震은 一索而得男이라 故로 謂之長男이오 巽은 一索而得女라 故로 謂之長女오 坎은 再索而得男이라 故로 謂之中男이오 離는 再索而得女라 故로 謂之中女오 艮은 三索而得男이라 故로 謂之少男이오 兌는 三索而得女라 故로 謂之少女라."라고 하여, 팔괘를 부모와 여섯 자녀로 밝혔다.
41 『주역』 「산천대축괘」 유오효사, "六五 豶豕之牙 吉."

니 돼지가 진흙을 지고 있음을 보는 것이고, 귀신이 한 수레에 싣는 것이다. 먼저는 활을 당기고 후에는 활을 푸는 것이라 도적이 아니면 혼인할 짝이다. 가서 비를 만나면 길한 것이다."[42]라 하고, 「천풍구괘(天風姤卦)」에서는 "초육은 쇠 수레바퀴에 메는 것이라 곧음이 길하고, 갈 바가 있음에 흉을 보니, 마른 돼지가 믿음으로 머뭇거리는 것이다."[43]라고 하여, 돼지가 하늘의 뜻, 또는 하늘의 은택을 상징하는 감괘(坎卦)를 의미한다는 것을 알 수 있다.

특히 『삼국사기』 제16권 「고구려본기」에서는 "12년 겨울 11월에 교제(郊祭)에 사용될 돼지가 달아났다. 맡은 사람이 쫓아서 주룡촌에 이르렀는데, 돼지가 날뛰어 붙잡지 못하였다."[44]라고 하여, 「천풍구괘」의 돼지가 머뭇거리고 날뛰는 것을 의미하는 '척촉(躑躅)'을 사용하였다.

기존의 연구자들은 고구려의 제천의례에서 희생(犧牲)으로 돼지와 사슴을 사용했다고 하였지만, 이는 『당서(唐書)』[45]에 기록된 것으로 『삼국사기』의 본기에서는 돼지를 바쳤다는 기록이 있으며, 사슴은 "흰 사슴을 잡았다."[46]나 '신령한 사슴'[47]으로 기록되어 있다.

다만 『삼국사기』 제46권 「열전」 제5의 온달(溫達)에서 "고구려에서는 항

---

42 『주역』「화택규괘」 상구효사, "上九 睽孤 見豕負塗 載鬼一車. 先張之弧 後說之弧 匪寇 婚媾. 往遇雨 則吉."

43 『주역』「천풍구괘」 초육효사, "初六 繫于金柅 貞吉 有攸往 見凶 羸豕孚蹢躅."

44 『삼국사기』 제16권 「고구려본기」 제4, "十二年 冬十一月 郊豕逸 掌者追之 至酒桶村 蹢躅不能捉."

45 『삼국사기』 제32권 「잡지」 제1, "唐書云 … 獲猪鹿 祭天及山川."

46 『삼국사기』 제15권 「고구려본기」 제3, "十年 秋八月 東獵得白鹿 國南飛蝗害穀.", "四十六年 春三月 王東巡柵城 至柵城西罽山 獲白鹿.", 『삼국사기』 제17권 「고구려본기」 제5, "秋八月 王東狩獲白鹿." 등.

47 『삼국사기』 제23권 「백제본기」 제1, "五年 冬十月 巡撫北邊 獵獲神鹿.", "十年 秋九月 王出獵獲神鹿.", "二十七年 王獵漢山獲神鹿."

상 봄 3월 3일에 낙랑 언덕에 모여서 사냥을 하여 잡은 돼지와 사슴으로 하늘과 산천신에게 제사를 지냈다."[48]라고 하여, 사슴을 희생(犧牲)으로 사용한 것으로 기록했지만, 『삼국사기』의 본기(本紀)에는 사슴을 희생으로 사용했다는 기록이 없다.

따라서 하늘에 제사를 지내는 데, 사슴을 희생으로 사용했는지는 재고(再考)해 보아야 할 것이다. 『삼국유사』에서도 하늘에 제사를 지냈다는 기록은 있지만,[49] 희생으로 돼지나 사슴을 사용했다는 기록은 찾아볼 수 없다.

참고로 『주역』에서는 사슴에 대하여, "육삼(六三)은 사슴에 나아가는 데 길잡이가 없으니 숲속에 들어가는 것이다. 군자가 기미를 보아 버리는 것 같지 못하니 가면 인색한 것이다. 상에서 말하기를 사슴에 나아가는 데 길잡이 없는 것은 짐승을 쫓는 것이고, 군자가 버려야 하는데 왕(往)은 인색하고 궁한 것이다."[50]라고 하여, 소인적(小人的) 욕망을 상징하는 금수의 대표자로 논하였다.

Ⅲ. 고구려의 삼족오(三足烏)와 『주역』의 역도(易道)

삼족오는 우리가 알고 있듯이 '다리가 세 개 달린 검은색 새(까마귀)'이다.

---

48 『삼국사기』 제46권 「열전」 제5, "高句麗常以春三月三日 會獵樂浪之丘 以所獲猪鹿祭天及山川神."
49 『삼국유사』 「延烏郎 細烏女」, "今何歸乎 雖然朕之妃有所織細綃 以此祭天可矣. … 祭天所名迎日懸 又都祈野."
50 『주역』 「水雷屯卦」 六三爻辭, "六三 卽鹿无虞 惟入于林中. 君子幾 不如舍 往 吝. 象曰 卽鹿无虞 以從禽也. 君子舍之 往 吝窮也."

이러한 삼족오의 기본적 형상은 『주역』의 입장에서는 중요한 철학적 함의가 있다. 물론 여기에 삼족오가 그려진 배경과 내용을 더하여, 다양한 해석을 할 수 있다.

기존의 고구려의 삼족오(三足烏)에 대한 사상적 연구는 대체로 세 가지 입장에서 이해하고 있다. 첫째는 태양숭배와 조류 숭배 사상이고, 둘째는 일월(日月) 원리에 근거한 음양 사상이고, 셋째는 수리(數理)에 근거한 길수(吉數) 삼(三)에 대한 사상이다.[51] 태양숭배와 조류 숭배 사상은 『주역』의 신도(神道)와 관계되고, 일월(日月)은 음양 원리이고, 삼(三)의 수리(數理)는 천지인(天地人) 삼재지도(三才之道)와 연계되어 해석될 수 있다.

그런데 고구려의 삼족오를 표현하는 양상을 보면, 일중삼족오(日中三足烏)가 주류를 이루는 점이나 두꺼비가 대부분 달 속의 대칭 요소로 표현되는 점 등은 한대(漢代)의 삼족오 표현 양상과 거의 유사하다. 이 점을 들어 고구려의 삼족오가 중국의 것을 차용했다고 할 수도 있지만, 오히려 동북아의 고대 문명에서 공통점으로 이해되는 것이다.[52] 즉, 동북아의 상고시대 문명은 역(易) 사상에 연원을 두고 있기 때문이다.[53]

---

51 송미화, 「고분벽화에 나타난 고구려인의 삼족오 인식 - 한~당대의 삼족오 인식과의 연관성을 중심으로 -」, 한국교원대학교 교육대학원, 석사학위논문, 17-30쪽 참조.

52 漢代와 고구려의 삼족오에 공통적으로 나타나는 유형은 성좌형에 보이는 日中三足烏月中蟾蜍상과 신격형의 奉日中伏羲奉月中蜍蝸상의 삼족오이다. 두 유형 중에서도 가장 많이 보이는 삼족오의 유형은 고분의 천장에 星宿과 함께 묘사한 日中三足烏月中蟾虫余상이다. 이러한 성좌형의 삼족오는 시기와 지역을 불문하고 한~당대의 모든 양식의 무덤에서 발견되고 있다. 일중 삼족오가 보편화된 삼족오의 표현 양식으로 나타나고 있다. 이런 점에서 볼 때, 해 속의 삼족오는 해 자체를 가리키는 것으로 인식할 수 있으며, 따라서 삼족오는 고대인이 새와 태양을 거의 동일한 존재로 인식했을 가능성을 보여준다.

53 류승국, 2008, 『한국사상의 연원과 역사적 전망』 유교문화 연구총서 10, 성균관대학교 출판부, 250쪽 참조.

특히 동북아의 문명이 만들어 낸 학문인『주역』의 천원지방(天圓地方), 천지인(天地人) 삼재지도(三才之道), 음양(陰陽) 원리 등을 공통된 관념으로 지니고 있다. 따라서 고구려의 삼족오는 동북아 고대 문명의 학문적 체계를 담고 있는『주역』에 근거하고 있다는 것을 추론할 수 있다.[54]

1.『주역』의 새와 성인(聖人)

『주역』에서 새는 하늘의 소리를 전하는 천사(天使)의 의미가 있다. 날개를 가지고 날아다니는 새는 인간의 마음을 하늘에 전하고, 또 하늘의 뜻을 인간에게 전해 주는 상징적인 존재이다.[55]

「뇌산소과괘(雷山小過卦)」에서는 새를 다음과 같이 설명했다.

> 나는 새가 그 소리를 남기니, 위는 마땅하지 않고 아래가 마땅하여 크게 길하니, 위로 오르는 것은 역(逆)이고, 아래로 내리는 것은 순(順)이다.[56]

날개를 편 새의 형상을 가진 소과괘(小過卦)에서[57] 하늘의 소리를 전하는

---

54 실제로 한대(漢代)의 사상과 문화는 기본적으로『주역』을 해석한 상수역학(象數易學)을 근본으로 하고 있으며, 그것도『주역』의 음양론과 오행설에 바탕을 두고 전개되고 있다.

55 실제로 고대인들에게 하늘은 절대적 공간으로 인식되었으며, 태양은 인간을 비롯한 지상의 모든 생명과 직결된 우주 자연의 절대적인 표상이었다. 태양 안에 까마귀가 살았다는 인식은 실제 중국 문헌에도 나타나며, 까마귀는 곧 태양과 같은 존재로 묘사되고 있다.(『山海經』卷11 海外東經篇, "下有湯谷湯谷上有扶桑, 十日所欲 在黑齒北, 居水中, 有大木, 九日居下枝, 一日居上枝.")

56 『주역』「뇌산소과괘」단사, "飛鳥遺之音不宜上宜下大吉, 上逆而下順也."

57 『주역』「뇌산소과괘」단사, "有飛鳥之象焉."

새를 설명했다. 즉, 하늘의 말씀이 새를 통해 인간 세계로 내려오는 것이다. 하늘의 말씀이 위로 오르는 것은 마땅하지 않고, 아래 땅으로 펼쳐지는 것이 마땅하여 크게 길하다고 하였다. 또 위로 오름은 인간이 하늘의 뜻을 헤아리는 것으로 역의 방향이고, 아래로 내려옴은 하늘의 소리가 인간에게 전해지는 것으로 순의 방향이다.

또한 「풍택중부괘(風澤中孚卦)」에서는 다음과 같이 설명했다.

> 구이는 우는 학이 그늘에 있음에 그 자식이 화답하는 것이다. 나에게 좋은 작위가 있어서 내 너와 함께하고자 한다.[58]

> 상구는 새의 울음소리가 하늘 위로 오르니, 곧아도 흉한 것이다.[59]

학의 울음소리는 하늘의 소리이고, 이것에 화답하는 인간의 삶을 나타낸다. 또 새의 울음소리가 하늘로 올라간다는 것은 하늘이 자신의 천명(天命)을 거둬들이는 것으로 곧게 하여도 흉하게 된다는 것이다.

또 중부괘(中孚卦)는 위의 손괘(巽卦, ☴)와[60] 아래의 태괘(兌卦, ☱)로 구성되어, 새가 신도(神道)를 전하는 존재임을 알 수 있다. 손괘가 들어간 「풍지관괘(風地觀卦)」에서는 "하늘의 신도(神道)를 살펴보고 사시의 운행이 조금도 어긋남이 없으니, 성인이 신도로써 가르침을 펴서 천하가 모두 감복하게 되

---

58 『주역』「풍택중부괘」 구이효사, "九二, 鳴鶴在陰, 其子和之, 我有好爵, 吾與爾靡之."

59 『주역』「풍택중부괘」 구이효사, "上九, 翰音, 登于天, 貞凶."

60 『주역』에서 신도(神道)는 바람과 나무 그리고 새, 들창 문 등으로 상징되고 있다.(『周易』「說卦」제11장, "巽爲木爲風爲長女爲繩直爲工爲白爲長爲高"

는 것이다.''⁶¹라고 하여, 성인이 하늘의 신도를 자각하여 세상에 가르침을
펼치니, 세상이 모두 성인의 말씀에 따른다고 하였다.

신도는 하늘의 운행 원리, 하늘의 뜻, 하늘의 질서 등으로 이해할 수 있으
며, 새는 이것을 전하는 존재이다. 인간에게 하늘의 뜻 또는 운행 원리를 가
르쳐 준 존재는 성인이다. 즉, 새는 하늘의 소리를 전하는 천사(天使)로 인류
역사에서는 성인(聖人)을 상징한다.

삼족오(三足烏)에서 '발이 세 개'라는 것에서도 성인(聖人)의 의미를 찾을
수 있다. 「설괘」에서는 '진괘(震卦)는 발이 되고'⁶²라고 하여, 성인을 상징하
는 진괘(震卦, ☳)를 인체에서 발이 된다고 하였다. 따라서 삼족오의 세 개의
발은 세 분의 성인을 상징하는 것으로 해석이 가능하다.

「계사상」에서는 「풍택중부괘」의 우는 학에 대하여, "우는 학이 그늘에
있음에 그 자식이 화답하는 것이다. 나에게 좋은 작위가 있어서 내 너와 함
께하고자 한다 하니, 공자께서 말씀하시기를 군자가 그 집에 거하여 그 말
을 함에 선하면 천리의 밖에서 응하니 하물며 가까이 있는 사람이겠는가,
그 집에 거하여 말을 함에 불선하면 천리의 밖에서 어기니 하물며 가까이
있는 사람이겠는가, 말이 몸에서 나와서 백성에게 더해지며 행동은 가까이
에서 발하여 멀리에 나타나니 말과 행동은 군자의 지도리와 기틀이니 지도
리와 기틀이 발하는 것이 영예와 욕됨의 주인이다. 말과 행동의 군자가 세
상을 움직이는 까닭이니 삼가지 않겠는가?"⁶³라고 하여, 하늘의 소리에 화답

---

61 『周易』「風地觀卦」象辭, "觀天之神道而四時, 不忒, 聖人, 以神道設敎而天下, 服矣."
62 『周易』「설괘」 제9장, "震爲足."
63 『周易』「계사상」 제8장, "鳴鶴在陰, 其子和之. 我有好爵, 吾與爾靡之. 子曰君子, 居其
   室, 出其言善, 則千里之外應之, 況其邇者乎, 居其室, 出其言不善, 則千里之外違之, 況
   其邇者乎. 言出乎身, 加乎民, 行發乎邇, 見乎遠. 言行, 君子之樞機, 樞機之發, 榮辱之

하는 군자의 말과 행동이 중요함을 강조했다.

군자는 새가 전해 주는 하늘의 소리를 듣고 선(善)을 말하고 행할 때 명예롭게 세상을 움직이게 되는 것이다. 군자는 성인이 밝힌 진리를 공부하여, 세상을 아름답게 만들어 가는 사명을 짊어진 것이다.

또한 『주역』에서는 하늘의 소리를 익히고 듣는 것을 새를 잡는 것으로 설명했다. 「뇌수해괘」에서는 "상육은 공이 높은 언덕 위에서 새매를 쏘아 잡으니 이롭지 않음이 없다."[64]라고 하여, 군자가 하늘의 소리를 잡았으니 이롭지 않은 것이 없다고 하였고, 「화산려괘」에서는 "육오는 꿩을 쏘아서 한 개의 화살을 잃는 것이라, 마침내 천명을 명예롭게 하는 것이다."[65]라고 하여, 꿩을 잡아서 하늘의 뜻을 따르니 명예롭게 된다고 하였다.

2. 삼족오의 일월(日月)과 음양(陰陽) 원리

고구려 고분벽화에서 일중(日中) 삼족오와 대칭적으로 많이 등장하는 것은 월중 섬서(月中 蟾蜍)이다. 새는 하늘을 나는 양(陽)적 존재로 해 속에 있고, 두꺼비는 습지나 물에 있는 음(陰)적 존재로 달 속에 있다는 것을 일반적으로 상대적인 음양(陰陽)이나 일월(日月)의 조화 사상으로 이해하고 있으나,[66] 『주역』의 입장에서는 또 다른 의미가 있다.

이에 『주역』에서 밝힌 일월과 음양의 이치를 통해 삼족오의 음양 원리를

主也. 言行, 君子之所以動天地也, 可不愼乎."

64 『周易』「雷水解卦」上六爻辭, "上六, 公用射隼于高墉之上, 獲之, 无不利."

65 『周易』「火山旅卦」六五爻辭, "六五, 射稚一矢亡, 終以譽命."

66 이병도, 「강서고분벽화의 연구-주로 대묘벽화에 대한 연구」, 『한국고대사 연구』, 박영사, 1976, 412쪽 참조.

고찰하고자 한다.

먼저 「계사상」에서는 '한 번 음하고 한 번 양하는 것을 일러 도라 하고'[67], '음양의 뜻은 일월과 짝하고'[68]라 하고, 「중화이괘」에서는 '일월이 하늘에 걸려 있으니'[69]라 하고, 「설괘」에서는 '이로써 천도(天道)를 세워서 음양이라 이르고'[70]라고 하여, 음양은 천도(天道)를 표상하고, 하늘의 일월(日月) 원리와 짝하는 것이라고 설명했다. 즉, 음양은 하늘의 작용을 표상하는 형이상적 존재이다.[71]

또 음양과 일월에 대해서 「계사상」에서는 "음양(陰陽)을 헤아릴 수 없는 것을 일러 신(神)이라 한다.",[72] "공자께서 말씀하시기를 변화의 도를 아는 자가 신이 하는 바를 알 수 있다고 하였다."[73]라고 하고, 「설괘」에서는 "신이라는 것은 만물이 묘합된 것이 말씀이 된 것이다."[74]라고 하여, 신은 만물의 생성 변화를 가능하게 하는 오묘한 원리인 변화지도로써 음양이 합덕된 것이라 하였다.

이는 앞 절에서 논한 신도(神道)와 관계된 것으로 새가 하늘의 뜻인 신도를 전하는 존재라면, 음양은 신도(神道)의 내용 혹은 작용이라 하겠다. 즉, 삼족오에서 까마귀가 지니는 상징성과 그 까마귀가 그려진 내용을 분석하는 것은 서로 다른 것이다. 까마귀가 새로서 성인을 의미한다면, 까마귀가

---

67 『周易』 「繫辭上」 제5장, "一陰一陽之謂道."
68 『周易』 「繫辭上」 제6장, "陰陽之義, 配日月."
69 『周易』 「重火離卦」 象辭, "日月, 麗乎天."
70 『周易』 「說卦」 제2장, "是以立天之道曰陰與陽, 立地之道曰柔與剛, 立人之道曰仁與義."
71 『周易』 「繫辭上」 제11장, "形而上者, 謂之道."
72 『周易』 「繫辭上」 제5장, "陰陽不測之謂, 神."
73 『周易』 「繫辭上」 제9장, "子 曰知變化之道者, 其知神之所爲乎."
74 『周易』 「說卦」 제6장, "神也者, 妙萬物而爲言者也."

그려진 태양과 색은 음양의 이치를 의미한다. 『주역』에서 밝힌 음양(陰陽), 일월(日月), 그리고 신(神)과 도(道)는 하늘의 작용 원리, 또는 뜻을 드러내는 것이다.

또한 『주역』에서 일월(日月)은 현상적으로 이해하는 것이 아니라 일(日)은 이괘(離卦, ☲)로 음괘(陰卦)이고,[75] 월(月)은 감괘(坎卦, ☵)로 양괘(陽卦)이다.[76] 해는 음을 대표하는 곤괘(坤卦)의 중정지기(中正之氣)를 표상하는 이괘와 결부되고, 달은 양을 대표하는 건괘(乾卦)의 중정지기를 표상하는 감괘와 결부된다. 또 음괘인 이괘(☲)의 괘상을 보면 가운데는 음효(陰爻, ⚋)이고 상하는 양효(陽爻, ⚊)이며, 양괘인 감괘(☵)는 가운데는 양효(⚊)이고 상하는 음효(⚋)로 음양(陰陽)이 조화되어 있다.[77]

따라서 해 가운데 삼족오와 달 가운데 두꺼비는 그대로 음양이 조화된 이치를 담고 있다. 음양(陰陽)은 서로 체용의 관계로 해 가운데 삼족오는 음(陰)을 본체로 하고 양(陽)으로 작용하는 것이고, 달 가운데 두꺼비는 양(陽)을 본체로 음으로 작용하는 것이다.

고구려 건국 설화에서도 '천제(天帝)의 아들'인 주몽을 '일자(日子, 日之子)', '일월지자(日月之子)', '천제자(天帝子, 天帝之子)'로 묘사하여, 일(日)과 일월(日月)의 사상이 있었음을 알 수 있다.[78]

---

75 『周易』「설괘」제11장, "離, 爲火爲日爲電爲中女."

76 『周易』「설괘」제11장, "坎, 爲水 … 爲通爲月爲盜."

77 한자에서도 일(日)은 일(一)과 구(口)로 양수(陽數)인 일(一)을 본체로 하여 음(陰)으로 작용하는 것이고, 월(月)은 이(二)와 경(冂)으로 음수(陰數)인 이(二)를 담고 양(陽)으로 작용하는 것이다.(임병학, 『하늘을 품은 한자, 주역으로 풀다』, 골든북스, 2016 참조.)

78 고구려 고분벽화의 삼족오 중 복희·여와와 결합한 삼족오의 표현 유형도 그 당시인들이 陰陽 調和 思想을 가지고 있었음을 말해준다. 집안에 있는 6세기 벽화고분인 오

또 「계사상」에서는 '일월이 운행하여 한 번 춥고 한 번 더워서'[79]라 하고, '상을 본받음은 천지보다 큰 것이 없고, 변하고 통함은 사시보다 큰 것이 없고, 상을 매달아 밝음을 드러내는 것은 일월보다 큰 것이 없고'[80]라고 하여, 일월의 상징성과 작용을 밝혔다.

한편 삼족오는 기본적으로 검은색 까마귀인데, 『삼국사기』에서는 까마귀를 다음과 같이 설명했다.

> 왕이 여러 신하들과 의논하고 대답하기를 "검은 것은 원래 북방의 색인데, 이제 변하여 남방의 색으로 되었고, 또 붉은 까마귀는 상서로운 것인데 그대가 얻었으나 이를 가지지 못하고 나에게 보냈으니 두 나라의 흥망을 알 수 없구나!" 하였다. 부여왕 대소가 듣고 놀라고 후회하였다.[81]

검은색 까마귀는 음(陰)이고, 붉은색 까마귀는 양(陽)으로 생각할 수도 있지만, 검은색은 북방의 수(水)를 상징하고, 붉은색은 남방의 화(火)를 상징하기 때문에 오행의 이치로 이해할 수 있다.

즉, 고구려에서는 붉은 까마귀의 소유 문제에 비중을 두어서, 남방의 색

회분 5호묘와 오회분 4호묘 벽화에는 해와 달뿐만 아니라 각기 해와 달신을 머리 위로 받쳐 든 해신과 달신이 그려져 있다. 이 해신과 달신은 위는 사람이고 아래는 용인 복희·여와신이다. 이들 신의 기본 형상은 중국에서 따온 것이지만 그 관념적 바탕은 고구려의 전통적 해신과 달신 신앙인 것으로 이해된다. 그리고 여기에서 해신과 달신에 대한 숭배는 음양 조화 사상에 기초한 것이라 할 수 있다.

79 『주역』「繫辭上」제1장, "日月運行, 一寒一暑."

80 『주역』「繫辭上」제11장, "法象, 莫大乎天地, 變通, 莫大乎四時, 懸象著明, 莫大乎日月."

81 『三國史記』권14「高句麗本記」, "王與臣議 答曰 黑者 北方之色 今變而爲南方之色 又赤烏瑞物也 君得而不有之 以送於我 兩國存亡 未可知也 帶素聞之 驚悔."

인 붉은색의 까마귀가 자신들의 손에 들어왔으므로 자신들이 이길 것이라고 고구려에 유리한 해석을 하였다. 이를 통해서 고구려의 삼족오(三足烏)는 음양의 문제뿐만 아니라 오행의 이치까지 담고 있다는 것을 알 수 있다.

3. 삼족오의 삼(三)과 삼재지도(三才之道)

고구려 고분벽화에 나타난 까마귀의 다리는 왜 셋인가? 이 문제를 논하기에 앞서 먼저 고대인들의 숫자 3에 대한 철학을 이해해야 한다.

기존의 연구자들은 문화인류학적 입장에서 이 문제를 논했다. 고대인들이 우주를 이해하는 관건으로 숫자를 이용한 흔적을 엿볼 수 있다. 고대 동아시아에서는 어느 나라에서나 숫자 '3'을 길수(吉數)로 여겨 모든 수 가운데 으뜸으로 쳤다. 그리고 3은 흐트러짐이 없는 '충족성(充足性)', '자체 속의 통일성'을 상징했다. 또 3은 양수의 시작인 순수 양수 1과 음수의 시작인 순수 음수 2가 최초로 결합하여 이루어진 수로 안정, 조화, 완성, 변화의 시초를 상징하는 복합적 의미를 지니고 있다. 양수와 음수의 결합이라는 측면에서 3은 포용성의 상징이기도 했으며, 그것은 하늘의 삼위일체로 이어졌다.[82]

『주역』의 진리는 천지인(天地人) 삼재지도(三才之道)로 표상되기 때문에 삼재(三才)라는 말이 동양학에서 기본적으로 사용된다. 이에 『주역』에서 사용된 삼(三)의 의미를 통해 삼족오의 삼이 지니는 철학적 의미를 확충해 보

---

82 하늘의 뜻을 전한다는 까마귀의 다리 세 개는 이 삼위일체를 담은 것으로 여기에서 첫째 다리는 떠오르는 태양, 둘째 다리는 정오의 태양, 셋째 다리는 지는 태양을 상징한다고 한다. 이 세 다리는 위의 복합적 의미, 즉 안정과 조화, 그리고 변형의 시초를 의미하고 있으며 동시에 지성이나 정신적 질서를 상징한다고 한다. (김진섭, 『교과서에도 나오지 않은 우리 문화 이야기』, 초당, 2001, 14쪽.)

고자 한다.

먼저 「산풍고괘(山風蠱卦)」에서는 "갑(甲)의 앞 삼일과 갑의 뒤 삼일은 마치면 시작이 있는 천도 운행이다."[83]라고 하여, 하늘의 운행 원리인 종시(終始) 원리를 밝히면서 삼일(三日)을 논하였다. 또 「중풍손괘(重風巽卦)」에서는 "구오는 곧으니 길하여 후회가 없는 것이라 이롭지 않음이 없으니, 처음은 없고 마침이 있는 것이라 경(庚) 앞 삼일이고 경 뒤 삼일이니 길한 것이다."[84]라고 하여, 종시(終始)의 다른 표현인 무초유종(无初有終)을 통해 하늘의 운행을 설명하면서 3일을 설명했다.

『주역』의 선갑삼일·후갑삼일과 선경삼일·후경삼일은 모두 하늘의 운행을 의미하는 것으로 삼일(三日)이 공통적으로 들어가 있다.

「계사하」 제10장에서는 "『주역』의 책이 넓고 커서 모든 것을 갖추어 천도가 있고, 인도가 있고, 지도가 있으니, 삼재가 모두 둘로 작용하기 때문에 육효이고, 육효는 다른 것이 아니라 삼재의 도이다."[85]라 하고, 「설괘」 제2장에서는 "성인이 『주역』을 지음에 천도·지도·인도를 세우고 그것이 모두 둘로 작용하기 때문에 육효(六爻)로 역이 완성된다."[86]라고 하여, 육효중괘(六爻重卦)로 표상되는 『주역』의 64괘의 학문적 구조는 천도·지도·인도의 삼재지도라고 설명했다.[87]

---

83 『周易』「山風蠱卦」彖辭, "先甲三日後甲三日, 終則有始, 天行也."
84 『周易』「重風巽卦」九五爻辭, "九五 貞吉, 悔亡, 无不利, 无初有終, 先庚三日, 後庚三日, 吉."
85 『周易』「繫辭下」 제10장, "易之爲書也, 廣大悉備, 有天道焉, 有人道焉, 有地道焉, 兼三才而兩之, 故六, 六者, 非他也, 三才之道也."
86 『周易』「說卦」 제2장, "是以, 立天之道曰陰與陽, 立地之道曰柔與剛, 立人之道曰仁與義, 兼三才而兩之, 故, 易, 六畫而成卦, 分陰分陽, 迭用柔剛, 故, 易, 六位而成章."
87 『주역』의 天地人 三才之道는 서로 체용의 관계로 天道가 體가 되면 地道(人道 포함)

또한 삼재지도의 삼(三)은 삼효(三爻)로 구성된 팔괘(八卦)의 의미가 있다. 「계사하」에서는 '팔괘가 열을 이루니 상이 그 가운데 있고'[88]라고 하여, 삼효단괘(三爻單卦)의 팔괘가 배열됨으로써 하늘의 상이 드러난다고 하고, 또 "팔괘가 작게 이루어져서 당겨서 펴며 류(類)에 접촉하여 기르면 천하에서 할 수 있는 일을 마치게 된다.",[89] "역(易)에는 태극이 있으니, 이것이 양의(兩儀)를 낳고, 양의가 사상(四象)을 낳고, 사상이 팔괘를 낳으니, 팔괘가 길흉을 정하고, 길흉이 큰일을 낳는 것이다."[90]라고 하여, 팔괘가 세상의 일을 하는 기본이 되고, 길흉을 정하는 것임을 설명했다. 즉, 삼효(三爻)로 구성된 팔괘가 기본이 되기 때문에 삼(三)의 수리(數理)가 지니는 의미를 이해할 수 있다.

또한 『주역』의 64괘인 육효중괘(六爻重卦)도 내괘·하괘(下卦) 삼효와 외괘·상괘(上卦) 삼효로 구성되어, 실재는 삼효(三爻)가 중첩된 것이다. 「계사상」에서는 '육효의 움직임은 삼극(三極)의 도이니'[91]라고 하였다. 따라서 『주역』의 진리를 표상할 때 삼(三)은 근본이 될 뿐만 아니라 작용의 기본 원

가 用이 되고, 地道가 體가 되면 人道가 用이 되며, 人道의 작용을 통해 天地之道가 드러나고 밝혀지기 때문에 天地人 三才之道는 人道로 집약되게 된다. 『주역』의 저작이 君子로 하여금 性命의 이치에 순응하기 위한 목적이기 때문에 그 학문적 지향이 인간에 있는 것이다. 따라서 人道를 실천하며 살아가는 인간 존재의 구조도 天地之道로 이해되는데, 天道에 근거를 둔 마음[心]과 地道에 근거를 둔 몸[身]으로 풀어지는 것이다.(임병학, 2016, 「『주역』의 시(時)에 대한 고찰」 『인문학연구』 제24집, 인천대학교 인문과학연구원, 120쪽.)

88 『周易』 「繫辭下」 제1장, "八卦成列, 象在其中."
89 『周易』 「繫辭上」 제9장, "八卦而小成, 引而伸之, 觸類而長之, 天下之能事畢矣."
90 『周易』 「繫辭上」 제11장, "是故, 易有太極, 是生兩儀, 兩儀, 生四象, 四象, 生八卦, 八卦, 定吉凶, 吉凶, 生大業."
91 『周易』 「繫辭上」 제2장, "六爻之動, 三極之道也."

리를 담고 있다.

특히 『주역』의 수리(數理)철학을 온전히 밝히고 있는 「계사상」 제9장에서는 일(一)에서 십(十)까지를 천지(天地)의 수로 규정하면서, 삼은 천수(天數)라 하였고, 또 지수(地數)의 합이 삼십(三十)이라 하였고, 하나를 걸어서 삼(三)을 상징한다고 하여,[92] 수리로 표상되는 진리의 세계를 드러내어 삼의 특별한 의미를 밝혔다. 삼(三)은 하늘의 수로 세상의 모든 이치의 근본이 됨을 알 수 있다.

이 외에 『주역』에서는 여러 곳에서 삼(三)을 설명했다.[93] 「중풍손괘」에서는 "육사는 후회가 없으니 밭에서 세 개의 물건을 회득하는 것이다. 상에서 말하기를 밭에서 세 개의 물건을 얻는 것은 공이 있기 때문이다."[94] 「뇌수해괘」에서는 "구이는 밭에서 세 마리의 여우를 획득하여 누른 화살을 얻는 것이니 곧아서 길한 것이다."[95] 「화수미제괘」에서는 "구사는 곧으면 길하여 후회가 없으리니 벼락이 귀방(鬼方)을 정벌하여 삼년에야 큰 나라에 상(賞)이 있는 것이다."[96]라고 하여, 하늘의 뜻 또는 자신의 본성을 자각하는 것을

---

92 『周易』「繫辭上」 제9장, "天一地二天三地四天五地六天七地八天九地十 … 地數 三十 … 掛一, 以象三."

93 「지수사괘(地水師卦)」에서는 "구이는 스승이 있어서 적중하기 때문에 길하고 허물이 없으니 왕이 세 번 명령을 주는 것이다. 상에서 말하기를 스승이 있어서 적중하고 길함은 하늘의 은총을 계승하기 때문이고, 왕이 세 번 명령을 주는 것은 만방(萬邦)을 품기 때문이다.(「지수사괘」, "九二, 在師中, 吉无咎, 王三錫命. 象曰在師中吉, 承天寵也. 王三錫命, 懷萬邦也.")"라 하고, 「화지진괘」에서는 "진괘는 편안한 제후가 말을 주어서 우거지게 하고 낮에 세 번 접하는 것이다.(「화지진괘」 괘사, "晉, 康侯, 用錫馬蕃庶, 晝日三接.")"라고 하여, 왕이나 제후가 명령을 내리고 신하를 접하는 데도 세 번을 한다고 하였다.

94 『周易』「重風巽卦」 六四爻辭, "六四, 悔亡, 田獲三品. 象曰田獲三品, 有功也."

95 『周易』「雷水解卦」 九二爻辭, "九二, 田獲三狐, 得黃矢, 貞吉."

96 『周易』「火水未濟卦」 九四爻辭, "九四, 貞吉, 悔亡, 震用伐鬼方, 三年, 有賞于大國."

설명하면서 삼(三)을 얻음으로 논하였다.

IV. 맺음말

이상에서 동북아 고대 문명의 정신을 담고 있는『주역』사상을 바탕으로 고구려의 제천의례와 삼족오의 철학적 의미를 고찰하였다.

고대의 제천의례는 천명(天命)을 받은 후손임을 확인하는 것으로『주역』의 천명사상에 근거한 것이다. 하늘에 제사를 올리는 것은 천명(天命)에 순응하는 것이자, 바른 정치를 행한다는 의미가 있다.

고구려의 제천의례에서 모신 제(帝, 天神)와 지신(地神, 社稷)은『주역』의 여러 곳에 서술된 것으로 역학적(易學的) 해석이 가능하다. 또 고구려의 제천의례에서 행한 집단 무도(舞蹈)는 '북치고 춤추는 행위를 통해 하늘에 신명(神明)을 다한다'는「계사상」의 내용과 일치한다.

특히 제천의례에서 희생(犧牲)으로 사용된 돼지는『주역』에서 하늘의 뜻을 대행하는 감괘(坎卦)를 상징한다. 즉, 돼지는 하늘의 뜻을 상징하기 때문에 전통적으로 제사에 사용된 것이다. 고구려의 제천의례에서는 돼지와 사슴을 함께 사용한 것으로 이해하고 있지만,『삼국사기』와『삼국유사』를 통해 돼지만 사용한 것을 알 수 있다.

다음으로 고구려의 삼족오와『주역』의 역도(易道)에서는 삼족오가 새로서 하늘의 소리를 전하는 천사(天使)이기 때문에 인류 역사에서는 성인(聖人)을 상징한다고 하겠다. 또 삼족오와 두꺼비가 같이 등장하여 일월의 음양 원리를 담고 있으며, 삼족오가 해 가운데 존재하여 그 자체적으로 음양의 원리를 표상하고 있다. 삼족오의 삼(三)은 하늘의 수로 세상의 모든 이치의 근본이 되기 때문에 『주역』의 삼재지도(三才之道)를 그대로 상징한다.

한편 본 연구를 통해 동북아 고대 문명이 역학(易學)에 바탕을 두고 있다는 것을 알 수 있다. 이는 고구려와 동북아 고대사회에서 행해졌던 제천의례가 『주역』의 천명사상에 바탕을 두고 있으며, 삼족오(三足烏)와 같은 문화적 상징도 역학으로 해석할 때 그 철학적 의미가 분명하게 드러나기 때문이다.

마테오 리치 천학의 철학사적 위상 비판을 위한 시론*

— 서양의 '도야' 개념의 변천사와 칸트 『순수이성비판』의 도야(陶冶) 개념을 중심으로

염 승 준 원광대학교 원불교학과 조교수

* 이 글은 필자가 2020년 2월 『한국종교』 제47집에 발표한 「마테오 리치 '동아시아 천학(天學)'의 철학사적 위상 비판을 위한 시론」을 바탕으로 작성하였다.

Ⅰ. 머리말

본 연구는 서양에서 마음, 영혼 그리고 몸의 돌봄을 의미했던 '도야' 개념이 중세 시대에 '신을 향한 숭배'라는 전혀 다른 이질적 의미로 변환되고 근세에 이르러 코페르니쿠스적 혁명으로 평가받고 있는 칸트(Immanuel Kant, 1724-1804)의 『순수이성비판』에 이르기까지 도야 개념이 지니는 철학사적 의미의 변화를 살펴봄으로써, 『천주실의』 저자인 이탈리아 예수회(Society of Jesus) 소속 마테오 리치(Matteo Ricci, 利瑪竇, 1552-1610)와 그의 사상을 계승하는 가톨릭 예수회 선교사의 '천학(天學)'이 동서양의 종교 · 철학 · 문화 영역에서 '호혜적 교류 형상의 극점'이라는 가톨릭을 중심으로 한 학계의 긍정적 평가를 비판적으로 검토하는 데에 목적이 있다.

마테오 리치의 천학이 서양철학사에서 특정 시기에 해당하는 중세 시대스콜라철학의 형이상학을 전제로 한 것이기에 유학, 불교, 그리고 도교의 형이상학–각각의 형이상학의 동일성과 차이는 논외로 치더라도–을 포괄할 수 있는 동양 전체의 형이상학과 호혜적 교류의 가능성을 논하기에 앞서 동서양 형이상학의 차이와 동일성에 대하여 비판적 논의가 선행되어야 한다. 『천주실의』에서 "사람이란 그릇은 보잘것없어서 천주라는 거대한 도리를 담기에는 부족하다."는 마테오 리치의 견해는 스콜라철학 체계에서 형이상학의 주된 탐구 대상인 천주와 비교하여 인간을 어떻게 이해하는지를 단적으로 보여주는 것이다. 그는 '조물자와 피조물이 같다고 하는 말은 마귀 루시퍼의 오만한 말'[1]이며 "지상의 민(民)이 지상의 군(君)과 망령되게 견주는 것도 가능하지 않은데, 어찌 천상의 상제와 같다고 할 수 있는가?" 하고 말했다. 이는 피조물로서의 인간은 창조자인 천주와 질적으로 전혀 다른 존재이며 신과 인간 사이에는 어떤 동일성도 허용되지 않는다는 것을 강조한 것이다. 반면에 내성외왕(內聖外王)과 성불제중(性佛濟衆)을 강조하는 유교나 불교에서 인간은 신과 같은 절대적이고 초월적인 존재에 의한 구제와 구원이 목표가 아닌 인간 스스로의 수양을 통해 성인이 되고 부처가 되는 것을 궁극적인 목표로 한다. 이처럼 마테오 리치와 유교나 불교가 형이상학과 인간관을 달리하기에 인간의 사명에도 질적인 차이가 있다. 따라서 동양과 서양의 종교나 철학 중 어느 한쪽이 기준이 될 때, 그 기준 때문에 다른 쪽의 사상 · 문화 · 관습에 대하여 배타적 포섭과 배제가 불가피해지면서 호혜적 교류는 불가능하게 된다.

마테오 리치의 사상이 아리스토텔레스(Aristoteles, B.C.384-B.C.322)와 그의 철학을 기반으로 한 중세 스콜라철학의 영향을 받은 것이라면, 그로부터 발원되었다는 천학으로 인해 동서양의 호혜적 교류가 가능했다는 긍정적인 평가에 앞서, 우리는 철학의 암흑기라고 평가받는 중세의 시대정신으로부터 자유롭지 못한 그들의 사상과 주장이 서양철학사에서 어떤 위상을 차지하는지에 대한 거시적 차원에서의 사상사적 검토가 선행될 필요가 있다. 만약 그 위상이 인류 전체의 복지와 인권 그리고 더 나은 행복을 위한 시공간을 초월한 보편적 가치를 지닌다고 한다면, 얼마든지 중세철학과 고금을 관

---

1 『천주실의』 제4권, 192쪽.

통하는 동양철학, 종교와의 공통분모를 학문적으로 발굴해 내고 그 의미와 가치를 강조하는 것은 나쁠 것이 없다. 아리스토텔레스와 스콜라철학이 한 개인이나 특정한 집단의 관심과 이익을 위한 학문적 탐구 대상이 되는 것은 얼마든지 가능하고 그것에 대해 왈가왈부할 필요도 없다.

그러나 정치, 경제, 권력 그리고 시대정신으로부터 자유로울 수만은 없는 철학사에서 등장한 특정 학파에 동양의 고금을 아우르는 보편적 가치와 위상을 부여하고자 할 때는 문제가 달라진다. 우리는 중세 시대가 지성사에서 사상적 암흑기이며 그 시대 철학이 신학의 시녀 역할을 자임했다고 말하고 있지 않은가! 서양철학사에서 중세 신학의 시녀 역할을 담당한 스콜라철학의 영향을 받은 마테오 리치의 천학이 유교, 불교, 도교를 아우를 수 있는 동아시아의 사상과 철학의 공통분모를 탐색하는 것 자체가 무엇을 위한 것인가 하는 근본적인 물음이 필요하다. 서구의 시선대로 동양과 우리의 정신사를 이해할 때, 그것을 오리엔탈리즘이라고 한다.[2] 서양의 시선에 의해 왜곡된 동양과 우리의 정신사를 바르게 정립하기 위해서라도 그런 비판적 물음이 꼭 필요하다.[3]

칸트는 그의 학문적 경력의 절정기에 집필한 『법 이론의 형이상학적 기초 원리들』 서문에서 1781년에 출판된 자신의 『순수이성 비판』이 발행되기 이전까지 어떤 철학도 존재하지 않았다고 다음과 같이 언명했다. "비판철학의 발생 이전에는 어떤 철학도 존재하지 않았다고 주장하는 것은 건방지고, 이기적이며 그리고 자신들의 오래된 체계를 단념하지 않는 사람들에게 있어서

---

2 한자경, 2018, 「서양화의 물결과 우리의 시선: 오리엔탈리즘적 불교관과 유교관의 비판을 겸함」 『동아시아 근대 담론과 탈오리엔탈리즘』, 원광대학교 한중관계연구원 동북아시아인문사회연구소 인문한국(HK+) 사업단 제5차 NEAD 국내학술대회. 참고.
3 한자경, 2019, 『성유식론 강해-아뢰야식』, 서울: 서광사, 7쪽.

는 비방하는 것처럼 들린다."[4] 이 말은 칸트 자신의 비판철학 이전의 철학은 철학이 아니라는 말이며, 따라서 칸트 이전의 철학인 예수회 선교사들의 사상적 기반인 아리스토텔레스나 스콜라철학 역시 철학이 아니라는 것이다. 칸트의 견해를 따른다면 – 물론 그의 명성과 권위에 의존하는 것은 아니며 그의 비판철학이 지니는 정당한 권위에 따르는 것이다. – 서양철학사에서 철학으로 평가받지 못하는 스콜라철학을 중국의 유교와 비교하는 작업은 그야말로 아무것도 아닌 작업에 불과하게 된다. 칸트는 "인간의 지성은 수 세기 동안 지성이 인식할 수 없는 인식의 대상들, 이를테면 '신의 존재'와 '영혼의 불멸' 등과 같은 대상들에 대해서 다양한 방식으로 광신에 가까운 견해를 표명해 왔다"[5]고 말한 바 있다. 이러한 그의 견해는 아리스토텔레스의 형이상학과 스콜라철학자들의 신 존재 증명을 향한 비판이기도 하다.

칸트의 주장의 옳고 그름을 논하려는 것이 본 연구의 목적은 아니지만 이에 대해서는 본 연구의 III장에서 충분히 해명되리라 본다. 서양철학사에서 칸트의 비판철학 이전에 그 어떤 철학자도 서양철학사의 핵심 주제인 플라톤(Platōn, B.C.427-B.C.347)의 이데아, 그리스도교의 유일신 존재 증명 등과 같은 형이상학적 탐구 대상을 인간 이성이 과연 인식할 수 있는지에 대한, 다시 말해서 인간 인식능력에 대한 비판과 성찰이 부재했다는 점은 누구나 보편적으로 공감할 수 있는 상식이라고 할 수 있을 것이다. 신의 존재를 증명하기에 앞서 과연 인간의 이성이 신의 존재를 증명할 수 있는지를 칸트 이전의 그 어떤 철학자도 비판적으로 질문하지 않았기 때문이다.

---

4   Eckart Förster, 2011, *Die 25 Jahre der Philosophie,* Frankfurt am Main, Vittorio Klostermann GmbH, S.7.
5   이마누엘 칸트/염승준 옮김, 2013,『프롤레고메나』, 서울: 책세상, 19쪽.

인간의 인식능력 자체에 대한 비판과 성찰이 없이 신의 존재를 맹목적으로 믿거나 회의적으로 불신하는 것을 철학사에서 독단주의와 회의주의로 분류한다. 따라서 인간 이성에 대한 비판적 성찰 이전에 신의 존재를 증명하는 데 사상적 기반이 된 아리스토텔레스나 스콜라철학은 독단론이며, 따라서 그러한 사상을 기반으로 한 마테오 리치의 '천학' 역시 독단론이라는 멍에로부터 자유롭지 못한 것이다.

전홍석은『초기 근대 서구지식인의 동아시아사상과 지식』에서 마테오 리치를 동아시아 천학의 정초자로 평가하면서 그가 중국의 유교 경전인 『논어』·『맹자』·『중용』·『대학』·『시경』·『역경』 등에 나타난 '상제'와 '천' 개념을 그리스도교의 인격신과 동일시하고, 정주의 성리학·육왕의 심학(心學)·송명 리학(理學)의 핵심 개념인 리(理) 또는 태극(太極)을 철저히 부정했다는 사실을 언급했다. 그렇다면 왜 우리는 그토록 배타적인 그의 천학에 적응주의니 관용적이며 호혜적이라는 수식어를 붙여 가면서까지 그리고 굳이 그의 천학 앞에 '동아시아학'이라는 수식어까지 붙여 가면서 '동아시아 천학'으로 명명하는 것일까? 더군다나 원시 유학 이후에 송명 시대 성리학뿐만 아니라 불교와 도교를 마테오 리치나 다른 예수회 선교사들이 그토록 비판했다면, −마테오 리치는 "불교의 공(空)과 도교의 무(無), 그리고 신유학의 태극(太極)-리(理)의 개념이 중국인 본래의 양능을 오염시켜 가로막고 있으며 순수한 중국인들의 양능은 오로지 고대 유교의 상제 신앙에만 나타나 있다고 주장했다."[6] − 그의 천학이 동서양의 호혜적 교류 형성의 극점이라는 견해는 시기적으로 중국 원시라는 특정한 시기에만 국한될

---

6 김상근, 2006,「동서문화의 교류와 예수회의 16세기 중국 선교의 배경」『동서문화의 교류와 예수회 선교역사』, 서울: 한들출판사, 136-137쪽.

뿐이다. 마테오 리치와 그를 계승하는 소위 호혜적이고 관용적이라고 하는 '예수회 문화적응주의자들'이 중국의 전례인 경천(敬天), 사조(祀祖)에 관대한 태도를 취했다고는 주장한다. 그러나 "사천(祀天) 의식은 천지 만물의 근원을 향해 경건한 예를 표하는 것이지 결코 창천(蒼天)의 신을 섬기는 종교적 의식과는 무관했다."[7]라는 그들의 주장을 과연 호혜적이고 관용적인 문화적응주의적 차원에서 해석할 수 있는 것인지 묻지 않을 수 없다. 그들의 주장에 따르자면 중국인들의 천을 향한 종교적 행위는 단지 '윤리적 습속'일 뿐이지 종교적 신앙은 아니라는 것이다. 이 말은 원시 유교의 천 숭배 이외에 송명의 리학, 불교 또는 도교 등이 지니는 동양의 고유한 형이상학과 종교성을 부정하면서 동양만의 고유한 종교성과 형이상학을 습속, 관습, 윤리의 차원으로 격하시킨 것과 같다. 그리고 그들이 부정한 동양의 형이상학에 대해 빈자리에 자신들의 형이상학과 종교를 대체하고자 한 것이다. 그렇기 때문에 마테오 리치와 그의 사상을 계승하는 예수회 소속 선교사들이 동양 형이상학에 대해 배타적이고 왜곡된 평가를 했던 것을 비판하고 바로잡는 것이 동양의 정신사를 바로잡는 일이기도 하다.

본 연구는 마테오 리치의 천학에 대한 평가를 재고하기 위한 시론으로서 서양철학사에서 독단론으로 평가받는 스콜라철학과 마테오 리치의 천학의 철학사적 위상을 거시적인 차원에서 재고함으로써 마테오 리치의 천학이 동서양 종교, 철학 그리고 문화의 호혜적 교류에 기여했다는 주장에 비판적인 문제 제기를 했다. 이 문제의식을 미시적 차원에서 서양철학사의 '도야' 개념의 수행과 숭배라는 이중적 의미와 역사적 변천 과정을 살펴보고, 칸트

---

7 전홍석, 2018, 『초기 근대 서구지식인의 동아시아상과 지식체계-예수회 선교사의 유교오리엔트: 호혜적 교류 형상』, 서울: 동과서, 78쪽.

『순수이성비판』의 도야 개념과 아리스토텔레스의 4원인설을 도용하여 천주와 인간의 관계를 설명하는 마테오 리치의 사상을 비교함으로써, 마테오 리치의 천학보다는 오히려 동서양의 철학, 종교의 교류의 가능성을 서양 근세의 칸트의 비판철학의 형이상학과 그의 인간관에서 찾을 수 있다는 사실을 보이고자 한다.

동서양 철학사에서 도야 개념의 변천사를 살펴보면 동일한 기표로서의 중세 시대 '신에 대한 숭배'의 의미를 내포했던 도야 개념이 중세 이전과 신학이 지배하게 된 중세 시대에 의미상 큰 차이가 있다는 것을 확인할 수 있다. 중세 시대에 본래 몸, 영혼, 정신의 수양이라는 동양의 도야 개념과 유사한 도야 개념이 신을 향한 숭배의 의미로 변질되었고, 근세 칸트 비판철학에서는 다시 본래의 도야의 의미로 재해석되었다. 서양의 도야 개념의 변천사를 살펴보면, 사상적으로 스콜라철학의 영향을 받은 마테오 리치가 생각하는 신에 대한 숭배는 중세 이전과 서양 근세의 도야나 숭배 개념과 차이가 있을 뿐만 아니라, 송명 이학에서의 천(天)에 대한 중국인들의 의식과 숭배는 그의 주장–마테오 리치는 "유럽에 알려진 종교 외에 다른 종교를 가진 민족 가운데 종교 문제에 관해서 나는 고대 중국인들만큼 순수하며 또한 잘못된 관념이 적은 민족을 본 적이 없다. … 그들은 줄곧 최고의 신을 숭배해 왔다."[8]고 말했다.–과 본질적으로 다르다는 것을 확인할 수 있다.

---

8 마테오 리치, 2013,『마테오 리치 중국 선교사 Ⅰ』, 신진호 · 전미경 옮김, 서울: 지식을
   만드는지식, 140쪽.

II. 동서양 도야(cultura) 개념의 변천사

일반적으로 동양의 도야(陶冶)[9] 개념의 사전적 의미가 '도기를 만드는 일과 쇠를 주조하는 일. 또는 그런 일을 하는 사람.'이지만 비유적으로 '훌륭한 사람이 되도록 몸과 마음을 닦아 기름.'을 이르는 말로 '수양', '함양', '절차탁마(切磋琢磨)' 등과 유사한 의미가 있다.

동양의 고전 속에서 도야(陶冶) 개념은 도공(陶工)과 야공(冶工) 등의 직업과 관련된 개념으로 사용되었고 동중서(董仲舒, B.C.176?~B.C.104)에 이르러 비유적으로 몸과 마음을 닦는 교육과 교화의 의미로 사용된 것으로 보인다. 도야 개념은 장자 철학에서도 살펴볼 수 있다. 진고응(陳鼓應)은 『노장신론(老莊新論)』에서 장자의 「소요유」편 해석을 통해 인간의 마음이 도야를 통해서 속세의 구속에서 벗어날 수 있다는 것을 다음과 같이 설명했다. "인간은 시공과 예속의 속박에서 해방되어야만 비로소 마음이 열릴 수 있다. 열려진 마음을 도야해야만 비로소 비좁은 속세와 상식의 구속에서 벗어날 수 있다. 열려진 마음은 넓은 사유의 공간이 전제되어야만 도야될 수 있다. 넓은 사유의 공간은 드넓은 내면세계를 펼쳐 보일 수 있게 한다."[10]

이러한 동양의 도야 개념은 서양에서 사용되는 독일어 'Kultur', 영어 'culture' 그리고 프랑스어 'culture'의 번역어로 각각 사용된다. 서양에서 도야 개념은 희랍어, 히브리어와 함께 고전 문헌 언어(文獻言語)이면서 어원학적으로 경작의 의미가 있는 라틴어 'cultura'[11]를 차용어로 한다. 동양의 도야

---

9 도야의 개념에 대해서는 『漢語大词典』, 上海: 上海中华印刷厂, 1993, 1042面 참조.

10 陳鼓應 · 최진석 옮김, 1992, 『老莊新論』, 서울: 소나무, 214-215쪽.

11 J. Niedermann, 1941, *Kultur, Werden und Wandlungen des Begriffs und seiner Ersatzbegriffe von Cicero bis Herder.*

개념이 도기를 만드는 일이나 쇠를 주조하는 일과 관련된 개념이면서 비유적으로 몸과 마음을 닦는 의미[12]로 사용되었듯이 라틴어 cultura의 1차적 의미가 경작(Bebauung eines Ackers)의 뜻을 지니면서 비유적으로 '정신의 돌봄(Pflege des Geistes)'[13] 혹은 '정신과 몸의 돌봄(Pflege des Körpers und Geistes)', 'animi culti(도야된 정신 혹은 영혼)'[14], 'cultura animi(영혼의 교육, 영혼의 도야 혹은 정신 도야)', 'tempora cultiora(교양 있는 시간)', 'cultus litterarum(문학에의 종사, 문학 연구, 학문에의 종사)' 등의 의미로 다양하게 사용되었으며 키케로[15](Cicero, B.C.106-B.C.43) 이후 'cultura animi(영혼의 교육, 영혼의 도야 혹은 정신 도야)' 등의 개념으로 통용되었다.

키케로가 '정신의 돌봄'을 '철학의 특성(Charakteristik der Philosophie)'[16]이라고 말했듯이, 철학의 본래 사명은 그리스도교 이전에 인간의 정신·영혼·마음 그리고 몸을 돌보는 것이어야 하며 따라서 신학이 지배하기 이전까지 중세 시대 철학은 이미 동양의 수행적 의미의 '도야'와 밀접한 관련이 있었음을 확인할 수 있다. 그러나 철학의 특성으로서의 이러한 마음, 영혼, 정신 그리고 몸의 돌봄이라는 도야의 의미는 중세 시대를 거쳐 점차 사라지고 초기 기독교와 중세 시대 문필가들에 의해서 cultura 개념이 지니는 정신과 몸의 돌봄이라는 비유적 의미는 배제되었으며 단지 1차적이고 기본적인 경작

---

12 『汉书』「동중서전」: "臣聞命者天之令也, 性者生之質也, 情者人之欲也. 惑夭或壽, 或仁或鄙, 陶冶而成之, 不能粹美." 『漢語大词典』, 上海: 上海中华印刷厂, 1993, 1042面 참조.

13 Cicero, Tusc. II, p.5·13.

14 라틴어 culti는 정신과 영혼의 도야의 결과를 의미한다.

15 마루쿠스 툴리우스 키케로는 로마의 정치가, 법학자이며 수사학자였다. 그는 도덕, 국가, 수사학 그리고 역사에 대한 많은 저서를 남겼다.

16 Cicero, Tusc, disp. II, p.5

의 의미로 사용하거나 혹은 그리스도에 대한 숭배를 뜻하는 신본주의 관점에서만 사용하게 되었다.

신학에 종속된 철학의 위상을 중세 이탈리아의 신학자 페트루스 다미아니(Petrus Damiani, 1007?-1072)는 철학의 사명이 '신학의 시녀(ancilla theologiae, Magd der Theologie)'[17]가 되는 것이라 주장했다. 본래 철학의 특징이며 철학의 사명이었던 '정신의 돌봄(cultura animi, Pflege des Geistes)'을 위한 스토아적인 요구를 중세의 철학자들은 그리스도교 이외의 이교도적인 가르침으로 간주했지만, 16세기에 이르러서 필리포 베르발도(Filippo Bervaldo, ?-?) 에라스무스 폰 로테르담(Erasmus von Rotterdam, 1464-1536)[18] 그리고 토마스 모루스(Thomas Morus, 1478-1535)[19] 등에 의해서 도야 개념은 키테로-르네상스적 의미, 다시 말해서 인본주의적 관점에서 'ingenii cultura(능력의 도야 혹은 재능의 도야)'와 'anima honestis artibus excolenda(영혼 혹은 정신은 존경할 만한 기술을 통해서 교육되어야 한다)'라는 의미로 재생되었다.

이상에서 살펴본 바와 같이 서양의 cultura 개념의 의미는 그리스도교와 키케로-르네상스, 그리스도교와 비그리스도교 혹은 그리스도교와 이교도 간에 본질적인 차이를 지니게 되었고 이러한 차이가 곧 도야의 방식, 도야의 대상이 되는 정신 · 영혼 · 마음 · 몸을 이해하는 데 신본주의와 인본주의 두 가지 관점에 따라 본질적 차이를 지니게 되었다. 동일한 기표로서의 도야 개념은, 신본주의적 관점에서 라틴어 cultura가 '숭배(Verehrung)'의

---

17 *Historisches Wörterbuch der Philosophie*, Bd. 1, S, p.294.
18 에라스무스는 네덜란드의 학자로 고대 인본주의를 통한 인간 정신의 참된 도야의 필요성을 주장하였다.
19 Morus는 토마스 모어(Thomas More)의 라틴어 이름이다.

의미를 지니게 되면서 'cultura Christi'[20]는 그리스도 숭배, 'cultura Christinae religionis'는 그리스도교 숭배, 그리고 'cultura dolorum'는 고통의 숭배를 의미하게 되었다.

서양 고대와 중세 시대 그리고 르네상스 시대에 그리스도교와 이교도 간의 도야 개념에 대한 대립과 혼재의 상황은 예수회 선교사들이 중국 고금의 도야 개념을 이해하는 데서도 동일하게 나타났다. 그리스도교의 관점에서 원시 유교의 상제 사상은 서양의 신본주의와 상통하지만 이후 신유교, 특히 성리학에서 인간의 마음과 몸의 수양을 주된 논의의 대상으로 삼는 유교를 서양의 신본주의적 관점에서 볼 때 본래 유학의 정신을 잃어버린 것으로 평가 절하하게 된다. 따라서 원시 유교의 상제[21] 사상은 그리스도교와 융합될 수 있지만 신유교는 보충되고 부정되어야 할 것이다. 이것이 바로 중세 스콜라철학의 영향을 받은 마테오 리치가 주장했던 보유론(輔儒論)이다.

전홍석은 마테오 리치를 비롯한 예수회 회원들의 보유론에 대한 견해를 『초기 근대 서구지식인의 동아시아상과 지식체계』에서 다음과 같이 정리했다. 예수회 회원들은 첫째, "무신론적 성향의 후유인 송대 신유학[理學, Neo-Confucianism]을 배제하고 그에 앞서서 존재했던 원시 유학을 유교-그리스도교 융합의 형태로 포섭하고자 했다."[22] 둘째, "동아시아 '천학'의 정초

---

20 I. Baur, 1951, *Die Geschichte des Wortes 〈Kultur〉 und seiner Zusammensetzungen*, Diss, München, S, p.13.

21 그리스도교적 관점과 유교적 관점의 상제가 비록 동일한 기표이지만 그 의미에서는 본질적 차이가 있다. 유학자 신후담이 유교적 관점에서 상제는 곧 마음이라고 밝혔다. 신후담, 『서학변』「영혼려작」, 65・473쪽, "今以吾儒之說論之, 則人之可比於上帝者, 惟有此心耳." 여기서 신후담은 상제를 심에 비교했다. 이에 대해서는 한자경, 2008, 『한국철학의 맥』, 서울:이화여자대학교출판국, 258쪽 참조.

22 전홍석, 2018, 『초기 근대 서구지식인의 동아시아사상과 지식체계-예수회 선교사의

자 리치는 자연종교(natural religion), 자연 이성(natural reason)의 관점에서 원시 유학에는 '인격적 유일신'이 존재했지만 송명 시대로 넘어오면서 도교와 불교의 여독으로 중국 문화가 타락해 유물론화·무신론화되었다고 주장했다. 이러한 주장은 마테오 리치가 유교로부터 도·불교를 떼어 낸 뒤 유교-그리스도교의 혼합체를 만들고자 했을 때, 그 혼합체라는 것이 그를 비롯한 예수회 소속의 선교사들의 철학과 사상을 척도로 삼아 배타적이고 차별적인 포섭과 배제의 결과였음을 확인할 수 있는 대목이다.

Ⅲ. 칸트 『순수이성비판』에서 도야(陶冶) 개념

임마누엘 칸트는 본래 cultura 개념이 인간 정신의 돌봄이라는 철학의 사명을 망각하고 오직 그리스도 숭배와 숭배를 위한 변증의 도구로 전락하여 '신학의 시녀(ancilla theologiae)'가 되어 버린 철학을 비판하고 키케로-휴머니즘의 관점에서 정신의 돌봄이라는 철학 본래의 사명을 계승 발전시키게 된다. 칸트에게 있어 '도야(Kultur)'는 '도덕성의 이념'[23]이며 키케로적 관점에서 인간의 정신, 영혼, 마음 그리고 몸의 돌봄의 의미와 일맥 상통한다.

『순수이성비판』에서 칸트가 철학의 궁극적 목적과 사명이 '도야'[24]임을 규정하고 도야를 위해 행한 것이 인간 이성 능력 자체에 대한 비판이다. 그

유교오리엔트: 호혜적 형상』, 서울: 동과서, 77쪽.

23 Kant, Idee zu einer allgemeinen Geschichte in weltbürgerlicher Absicht, Akademie Ausgabe Band 8, p.26.

24 Kant, Kritik der Urteilskraft. § 83 Von dem letzten Zwecke der Natur als eines teleologischen Systems, Akademie-Ausgabe Bd. 10, S, p.387.

는 신과 인간의 정신, 영혼 그리고 마음에 대한 '교설(Doktrin)'[25]을 논하기에 앞서 과연 인간 이성이 이러한 대상들을 탐구할 능력이 있는지에 대한 탐색 먼저 비판적으로 이루어져야 한다고 본 것이다. 따라서 그는 주저인 『순수 이성비판』에서 자신의 비판철학 이전의 서양철학사 전체를 비판했다.

칸트에게 서양 형이상학의 주된 탐구 대상인 인간의 영혼 불멸과 신 존 재 증명에 관한 서양철학사에 등장한 모든 학설은 실천을 배제한 이론적이고 추상적인 교설이어서는 안 되며 '훈육'이어야 한다고 분명히 밝혔다. 서 양 형이상학의 주제들 가운데 하나인 인간 영혼의 불멸에 관한 철학적 물음 은 이론적 지식의 차원에서 다루어지는 것이 아니라 실천적 '훈육', 즉 도야 와 관련되어 있다.

> 이성적 영혼론은 우리의 자기 인식에 무엇인가를 덧붙이는 교설로서는
> 있지 않고, 단지 훈육으로서 있을 뿐이다.[26]

인간의 영혼이 이론적 차원의 교설로서 있지 않고 오직 실천적 차원의 훈 육을 위해 존재한다는 자각은 인간의 이성이 절대적 진리인 '선의 이데아'를 이론적으로 인식할 수 있다는 플라톤의 교조적이고 독단적인 전제, 신학의 시녀의 역할을 담당하는 중세 철학자들의 신의 존재를 증명하기 위한 다양 한 모든 시도들,[27] 반대로 신의 존재를 부정하는 유물론자나 경험론자의 모

---

25 Kant, KrV, B, p.421.

26 Kant, KrV, B, p.421.

27 신학자 말레브랑쉐(Mallebrance)와 크루시우스(Crusiu)에 대한 칸트의 비판은 1772년 2월 21일 마르쿠스 헤르쯔(Marcus Herz)에게 보낸 편지를 통해서도 확인할 수 있다. Kant, Akademie-Ausgabe Bd.10, 129쪽.

든 논의들 그리고 영혼의 불멸을 이론적으로 증명하거나 부정하는 모든 인간 이성의 시도들을 비판한 결과 얻어지는 자각이다. 칸트는 서양 전통 형이상학에 등장한 사유의 대상인 인간 밖의 절대적이고 초월적인 존재인 이데아와 신의 존재 여부를 증명하기 이전에 과연 인간 이성이 그러한 대상을 사유할 수 있는지를 우선 비판적으로 검토하고자 한 것이다. 서양철학사에서 최초로 철학의 탐구 대상이 인간 밖의 절대자나 초월자가 아닌 '자기 인식의 일에 새로이 착수'하여 인간 이성을 법정에 세우게 된 것이다. 법정이 곧 '순수 이성 비판'을 의미한다.

> 이 시대는 또한 이성에 대해, 이성이 하는 업무들 중에서도 가장 어려운 것인 자기 인식의 일에 새로이 착수하고, 하나의 법정을 설치하여, 정당한 주장을 펴는 이성은 보고하고, 반면에 근거 없는 모든 월권에 대해서는 강권적 명령에 의해서가 아니라 이성의 영구불변적인 법칙에 의거해 거절할 수 있을 것을 요구한다. 이 법정이 다름 아닌 순수 이성 비판 바로 그것이다.[28]

인간의 이성은 법정에서 소송을 제기한 원고이면서, 동시에 소송을 당한 피고다. 동시에 원고와 피고 사이의 문제를 재판에 의해서 판단하는 판사의 역할도 한다. 칸트의 철학적 관심은 더 이상 형이상학의 대상인 이데아, 신, 영혼 불멸과 같은 대상에 대한 이론적 인식 가능성을 증명하거나 부정하는 것이 아니라 그러한 것들을 인식의 대상으로 하는 이성 능력 일반 자체를 비판하는 것이다. 칸트의 비판철학은 선의 이데아나 신과 같은 인간

---

28 Ibidem AXII.

이성 밖의 형이상학적 대상이 아니라 '형이상학이라는 것이 가능한지 불가능한지를 결정하고, 형이상학의 원천과 범위 그리고 한계를 규정'하는 것이다. 이 점이 바로 칸트 철학이 서양철학사에서 코페르니쿠스적 혁명으로 평가받는 이유다.

> 순수 이성 비판이란 책들과 체계에 대한 비판을 뜻하는 것이 아니라, 이성 능력 일반을, 이성이 모든 경험으로부터 독립해서 추구함직한 모든 인식과 관련해서 비판함을 뜻한다. 그러니까 그것은 도대체 형이상학이라는 것이 가능한지 불가능한지를 결정하고, 형이상학의 원천과 범위 그리고 한계를 규정하되, 그것들을 모두 원리로부터 수행함을 뜻한다.[29]

앞서 살펴본 바와 마찬가지로 신본주의자들에게 cultura 개념의 뜻은 그리스도 숭배를 통해 인간을 교화·교육하는 것이 목적이며 오직 그리스도를 통해 교화·교육하는 것만이 인간의 정신과 몸을 돌볼 수 있다는 것이다. 인간 스스로 주체적으로 수행할 수 있는 정신과 마음의 도야를 부정하고 오직 신을 숭배함으로써만 교화와 교육이 가능하다는 신본주의자들의 도야 개념의 기저에는 신과 인간의 질적 차이를 강조하는 피조물로서의 인간의 유한성이 자리하고 있다. 이는 마테오 리치와 예수회 소속 선교사들이 천주에 비하면 사람은 보잘것없이 유한한 존재일 뿐이며 사람이 가진 마음 또한 유한한 것에 불과하다는 인간관과 그 맥을 같이하는 것이다.

> 지극히 위대하고 지극히 존귀한 천주를 어찌 쉽게 이해할 수 있겠는가?

---

29 Ibidem AXII.

만약 사람들이 쉽게 이해할 수 있다면 천주가 아닐 것이다. (…) 사람이란 그릇은 보잘것없어서 천주라는 거대한 도리를 담기에는 부족하다.[30]

반면에 인본주의적 관점과 칸트 철학에서 도야는 신에 대한 숭배와 외경을 통해서 수행되는 것이 아니다. 도야의 원리나 원칙도 인간 밖의 초월적 존재에서 찾아지는 것이 아니며, 숭배나 외경의 대상은 '참된 무한성을 갖는 나'가 된다. 보잘것없는 존재로서의 인간이 칸트의 인간관에 따르면 신의 속성인 무한성을 지닐 수 있다는 것이다. 칸트는 『실천이성비판』에서 불완전하고 유한한 존재에 불과했던 신학적 인간관과 달리 인간에게서 무한성을 발견했다. 그에 따르면 인간은 '이승의 생의 조건들과 한계에 제한받지 않고 무한히 나아갈 수 있는 존재'다.

그에 대해서 자주 그리고 계속해서 숙고하면 할수록, 점점 더 새롭고 점점 더 큰 경탄과 외경으로 마음을 채우는 두 가지 것이 있다. 그것은 내 위의 별이 빛나는 하늘과 내 안의 도덕법칙이다. 이 양자를 나는 어둠 속에 감춰져 있거나 초절적(超絶的)인 것 속에 있는 것으로 내 시야 밖에서 찾고 한낱 추측해서는 안 된다. 나는 그것들을 눈앞에서 보고, 그것들을 나의 실존 의식과 직접적으로 연결한다. … 후자는 나의 볼 수 없는 자아, 나의 인격성에서 시작해서, 참된 무한성을 갖는, 그러나 오성에게만은 느낄 수 있는 세계 속의 나를 표상한다. 이 세계와의(그에 의해서 그러나 또한 동시에 저 볼 수 있는 모든 세계들과의) 나의 연결을 나는 앞서의 세계에서처럼 그렇게 한낱

---

30 『천주실의』 제1권, 64쪽 · 68쪽, "天主至大至尊者, 豈易達乎. 如人可以易達, 亦非天主矣. (…) 人器止陋, 不足以盛天主之理也."

우연적인 것이 아니라, 보편적이고 필연적인 것으로 인식한다. 무수한 세계 집합의 첫째 광경은 동물적 피조물로서의 나의 중요성을 없애 버린다. 동물적 피조물은 그것으로 그가 된 질료를, (어떻게 그리된 것인지는 모르겠지만) 짧은 시간 동안 생명력을 부여받은 후에는, 다시금 … 유성에게로 되돌려 줄 수밖에 없다. 이에 반해 두 번째 광경은 지적 존재자(예지자)로서의 나의 가치를 나의 인격성을 통해 한없이 높인다. 인격성에서 도덕법칙은 동물성으로부터, 더 나아가 전 감성 세계로부터 독립해 있는 생을 나에게 개시한다. 적어도 이것이 도덕법칙에 의해 이승의 생의 조건들과 한계에 제한받지 않고, 무한히 나아가는, 나의 현존의 합목적적 규정[사명](사명)으로부터 추정되는 만큼은 말이다.[31]

칸트에게 인간은 유한한 존재만은 아니다. 그는 인간을 구성하는 '질료'와 '동물적 피조물' 그 이상의 존재로서, 그는 인간 자아를 '나의 볼 수 없는 자아, 나의 인격성에서 시작해서, 참된 무한성을 지니는, 그러나 오성에게만은 느낄 수 있는 세계 속의 나'로 설명했다. 인간 자아 안에서 무한성 그리고 그 무한성에서 도덕법칙을 발견하는 칸트의 인간관과 달리 마테오 리치는 아리스토텔레스의 4원인설을 도용하여 인간 존재를 설명했다.

네 가지 중 모(模, 형상인)와 질(質, 질료인) 둘은 각 사물에 내재하여 그 사물의 본래 몫(본분)을 이루니, 혹 음과 양과 같은 것이라고 할 수 있다.[32]

31 Kant, *Kritik der praktischen Vernunft*, Akademi-Ausgabe Bd.5, S. 161f.
32 『천주실의』제1권, 59-60쪽, "四之中, 基模者質者, 此二者在物之內, 爲物之本分, 或爲陰陽是也." 한자경, 2008, 『한국철학의 맥』, 서울: 이화여자대학교출판국, 249쪽 참고.

칸트가 인간 이성의 비판 즉 도야 또는 훈육을 통해서 획득한 인간 마음 (Gemüth)의 무한성은 신본주의적 관점에서처럼 더 이상 신에 대한 숭배를 통하거나 인간의 마음을 떠난 초월적인 존재에서 찾는 것이 아니라 인간 마음 자체 안에서 찾아야 한다. 그리고 관습이나 습관이 또는 외적인 타율적 권위가 아닌 인간의 마음 자체가 도덕 법칙의 기준이 된다.

칸트의 인간관과 마테오 리치의 인간관의 본질적 차이는 마테오 리치의 사상적 기반인 아리스토텔레스의 4원인설을 통해 입증할 수 있다.

> 작자(作者, 운동인)와 위자(爲者, 목적인)는 둘 다 사물 바깥에 사물을 초월 하여 먼저 존재하고 있다. 그러므로 사물의 본래적 몫일 수가 없다. 내 생각 에 천주가 사물의 소이연이라고 하는 것은 다만 운동인과 목적인을 뜻하는 것이지, 형상인과 질료인을 말하는 것이 아니다.[33]

한자경의 『한국철학의 맥』에 따르면 마테오 리치는 아리스토텔레스의 4 원인을 유학에서 음(陰)과 양(陽)으로 해석하여 '질료인: 質子(재료) 陰', '형상 인: 模子(모양) 陽', '운동인: 作者', '목적인: 爲者'로 정리하고, 질료인과 형상 인을 '사물의 내적 본분'으로 운동인과 목적인을 '사물의 외적 작용'으로 구 분하여 이해한다. 운동인과 목적인은 인간에게 갖추어진 것이 아니며 세계 바깥에 신의 존재로서 천주의 작용이 된다.

> 천지는 스스로 이루어질 수 없으며, 창제하신 자가 반드시 존재해야 한

---

33 『천주실의』 제1권, 59-60쪽, "四之中, 基模者質者, 此二者在物之內, 爲物之本分, 或爲 陰陽是也." 한자경, 2008, 『한국철학의 맥』, 서울: 이화여자대학교출판국, 249쪽 참고.

다. 그가 곧 우리가 천주라고 이름하는 자다.[34]

　　천주는 현상세계 바깥의 실재이며, 현상세계 사물들의 존재 및 운동 계열에서 그 최초의 작용인이며 최후의 목적인이 된다. 이는 곧 현상세계 사물들은 그 각각 개별적 실체로서 존재하되, 자신 밖의 다른 작용인에 의해 움직여지고, 자신 밖의 다른 목적을 지향하는 그런 불완전한 존재임을 말해 준다.[35]

신에 의해 만들어진 일체의 현상세계는 질료와 형상으로부터 만들어진 것이며 천주를 뜻하는 운동인과 목적인에 따르는 수동적 존재일 뿐이며 천주를 뜻하는 운동인과 목적인이 없이는 인간 존재는 '짧은 시간 동안 생명력을 부여받은 후에는' 사라지는 '불완전한 존재'에 불과하다. 따라서 마테오 리치에게 무한성은 신의 속성이지 인간 마음의 특징이 되지 못한다. 4원인설을 통해서 확인할 수 있는 것은 천주와 피조물의 질적 차이다.

　　형상과 질료로 구성된 인간이 더 이상 스스로 정신과 몸을 돌볼 수 없기

---

34 『천주실의』 제1권, 50쪽, "天地不能自成, 定有所爲製作者, 則吾所謂天主也." 한자경은 유교에서의 천지와 마테오 리치의 피조물로서의 천지 개념의 본질적 차이를 다음과 같이 분석했다. "유교에서는 천지를 '스스로 그러한 것'이란 의미에서 '자연'이라고 부른다. 천지를 스스로 이루어진 것으로 볼 것인지 아닌지는 쉽게 단정하기 힘든 문제로, 이는 천지와 천지의 근원을 어떤 관계의 것으로 볼 것인가, 즉 우주의 근원을 우주 외적 실재로 볼 것인가, 우주 내적 실재로 볼 것인가의 문제에 의거하는 것이다. 우주의 근원[神]을 우주 밖에 설정하면 우주는 다른 것(신)에 의해 만들어진 것이 되고, 그 근원(신)을 우주 내재적 힘으로 보면 우주는 그 근원(신)의 자기 전개로, 저절로 그러한 것으로 이해된다." 한자경, 2008, 『한국철학의 맥』, 서울: 이화여자대학교출판국, 247쪽.
35 한자경, 2008, 『한국철학의 맥』, 서울: 이화여자대학교출판국, 249쪽 참고.

때문에, 신본주의자들은 정신과 몸을 돌보기 위해 도야의 기준을 인간 밖의 초재적 존재, 즉 신을 숭배하는 것에서 찾았다면, 키케로의 인본주의적 전통을 계승 발전시킨 칸트는 신적인 무한성을 인간 밖의 초월적 존재자가 아닌 인간의 마음 안에서 찾았던 것이다. 칸트에 따르면 인간은 도야의 기준을 "초절적인 것 속에 있는 것으로 인간의 시야 밖에서 찾고 한낱 추측해서도 안 된다."라고 말했다. 또한 인간은 도야의 기준이 되는 도덕법칙을 인간의 "눈앞에서 보고, 그것들을 인간의 실존 의식과 직접적으로 연결해야 한다."고 말했다. 그뿐만 아니라 도야를 통해 획득한 마음의 인격성은 동물성으로부터, 더 나아가 전 감성 세계로부터 독립해 있어야 하며 이성의 생의 조건들과 한계에 제한받지 않는다고 했다.

　칸트의 인간관이 마테오 리치 또는 신학적 인간관과 비교하여 본질적 차이가 있듯이 인간을 한갓 물질적 존재만으로 이해하는 유물론적 인간관과도 차이가 있다. "인간의 마음은 감성 세계로부터 독립해 있어야 하며 이승의 생의 조건들과 한계에 제한받지 않는다."는 그의 인간관은 인간의 마음 안에서 무한성을 발견하지 못하고 인간을 단지 질료와 형상의 차원으로만 이해하는 유물주의에 대한 비판을 담고 있다. 유물주의적 관점에서 인간의 정신과 영혼 그리고 마음은 다른 여타의 자연물들과 마찬가지로 힘에 의한 작용 반작용의 관계에 따라 기능할 뿐이다.[36] 이러한 유물론적 관점에 따르면 인간은 이기적이고 자기 욕망만을 끊임없이 추구하는 투쟁적 존재일 뿐이며 이러한 사적 욕망을 스스로 통제할 능력이 없다. 그런데 칸트에 따르면 인간은 이기적이고 탐욕적인 동물성으로부터 독립할 수 있으며 제한받

---

36 한자경, 1997, 『자아의 연구-서양 근·현대 철학자들의 자아관 연구』, 파주: 서광사, 82-107쪽 참고.

지 않을 수 있고, 인간 마음에 내재해 있는 무한성을 획득하는 것이 인간의
사명이다.

　　유물론의 근거로부터 사고하는 주관으로서의 나의 성질에 대해 설명하
는 것은 불가능하다는 결론이 나온다.[37]

　　동물성으로부터, 더 나아가 전 감성 세계로부터 독립해 있는 생을 나에
게 개시한다. 적어도 이것이 도덕법칙에 의해 이승의 생의 조건들과 한계
에 제한받지 않고, 무한히 나아가는, 나의 현존의 합목적적 규정[사명]으로
부터 추정되는 만큼은 말이다.[38]

칸트가 유물주의적 인간 이해를 비판한 것은 신본주의 비판의 원칙에 따
르는 당연한 논리적 귀결이라고 할 수 있다. 신 존재를 단지 관념적 추상물
로만 이해하는 유물론자에게는 신이 부재하는 곳에 오직 물질적 존재로서의
인간만이 남기 때문이다. 이 점에서 인간을 오직 질료와 형상으로만 이해하
는 마테오 리치의 신본주의적 인간 이해와 유물론적 인간 이해는 신에 대한
입장은 비록 다르지만 인간관에서는 매우 유사하다는 것을 알 수 있다.
　칸트가 신의 존재, 영혼의 불멸 등과 같이 형이상학을 논의의 핵심 주제로
삼고 있는『순수이성비판』'초월적 변증학'에서 다룬 신 존재의 유무에 대한
물음, 세계의 시초에 대한 물음인 우주론, 영혼 불멸에 관한 영혼론 문제는,
서양철학사 전체가 이 문제들에 대한 해답을 추구해 온 역사라고 할 만큼 중

37　Kant, *Kritik der reinen Vernunft B*, p.420.
38　Kant, *Kritik der praktischen Vernunft*, Akademi-Ausgabe Bd.5, S. 161f.

요한 문제다. 칸트는 '대답할 수 없는 문제'를 다음과 같이 정식화했다.

> 과연 세계는 시작을 가지며, 공간상에서 그것의 연장이 어떤 한계를 갖는가; 과연 어디엔가에, 어쩌면 나의 사고하는 자아에 분할될 수 없고 파멸될 수 없는 단일체가 있는가, 아니면 분할되고 소멸적인 것 말고는 아무것도 없는가; 과연 나는 나의 행위들에 있어서 자유로운가, 혹은 다른 존재자들과 마찬가지로 자연 및 운명의 실에 이끌리는가?; 마지막으로 과연 최상의 세계 원인이 있는 것인가, 아니면 자연물들과 그것들의 질서는 우리가 우리의 모든 고찰에서 거기서 멈추어 설 수밖에 없는 최후의 대상을 이루는 것인가?[39]

칸트는 인류의 역사 이래로 인간 이성이 '대답할 수 없는 문제'들로 인해 '괴롭힘' 당해야 한다고 보았다. 그러나 한편으로는 이러한 질문이 인간의 이성을 괴롭히지만, 다른 한편으로는 인간을 해방시키는 '이성의 신호'[40]라고 말했다. 비록 대답할 수 없는 물음인 신 존재 증명이나 인간의 영혼 불멸의 가능성에 대한 철학적 물음과 그에 대한 답변들은 한편으로 비록 아무런 결실도 없는 사변적 논의에 불과할 수 있지만, 더 이상 이론적 차원에서 답변을 모색하지 않을 때, 인간 이성을 도덕적인 '실천적 사용'으로 전환시키는 '이성의 신호'가 될 수도 있다.

이성적 영혼론은 우리의 자기 인식에 무엇인가를 덧붙이는 교설로서는 있지 않고, 단지 훈육(Disziplin)으로서 있을 뿐이다. 이 훈육은 사변 이성에

---

39 Ibidem B, p.491.
40 Kant, KrV B, p.421.

게 이 영역에서 넘어설 수 없는 한계를 정해 주는데, 그것은 한편으로는 '영혼 없는 유물론(der seelenlosen Materialism)'에 무릎 꿇지 않고, 다른 한편으로는 이생의 우리에게는 '근거 없는 유심론(der grundlose Spiritualism)'에 휘둘려 길을 잃지 않도록 하기 위해서이다. 이 훈육은, 이생을 넘어서는 호기심 어린 물음들에 만족할 만한 답을 제공하기를 우리 이성이 거부하는 것을, 우리의 인식을 결실 없는 초험적 사변에서 결실 많은 실천적 사용으로 전환하려는 이성의 신호로 보도록 우리의 주의를 환기시킨다. 이 실천적 사용은 오로지 언제나 경험 대상들을 겨냥하고 있지만, 그것의 원리들을 훨씬 더 높은 데서 취해 오고, 우리의 사명이 경험을, 즉 이생을 넘어서 무한히 멀리까지 이르는 것처럼 그렇게 태도를 정한다.[41]

그러나 칸트의 비판철학이 철학사에 등장하기 전에 철학-특히 아리스토텔레스와 스콜라철학-은 대답할 수 없는 질문들, 즉 인간은 자유로운 존재일 수 있는지, 인간의 영혼이 불멸하는 것인지, 신은 존재하는지에 대한 철학자들의 논의들을 '혼란과 당착'에 빠뜨렸으며 결국 철학은 무관심의 대상이 되어 버렸다고 칸트는 진단했다. 서양철학사에서 '신의 존재'와 '인간 영혼의 불멸'을 인간 이성을 통해 인식할 수 있다고 주장하는 독단론자와 반대로 신의 존재를 인식하는 것을 불가능하다고 주장하는 경험론자와 회의론자들의 논쟁은 끊임없는 '전쟁'을 야기했으므로 서양 형이상학은 곧 끊임없는 '전쟁터'[42]이며 인간 이성은 이러한 전쟁터에서 죽음에 이르렀다. 그러나 이러한 철학적 전쟁은 동시에 인간의 이성을 도야시키므로 철학적 전쟁에 인간은 반드시 귀 기울여야 하며 한 걸음 더 나아가 각각의 질문들에 대

41 Kant, KrV B, p. 421.
42 Ibidem A VII.

한 각각의 대답이라는 무기를 가지고 때로는 싸우라고 말했다. 다시 말해서 인간 이성이 도야되기 위해서는 스스로 독단론자, 경험론자, 회의론자가 되어 대답할 수 없는 문제들의 이율배반적 요소를 발견해야 하는데 그 발견의 과정은 곧 인간 이성이 도야되는 과정이 되는 것이다.

그러므로 여러분은 여러분의 적으로 하여금 오직 이성만이 말을 하도록 하고, 오로지 이성의 무기만을 들고 그와 싸우도록 하라. 그 외에 (실천적 관심이라는) 훌륭한 문제는 걱정하지 말아라. 그 문제는 한낱 사변적인 싸움에는 결코 휩쓸려 들지 않으니 말이다. 그러면 그 싸움은 이성의 몇몇 이율배반 외에는 발견하는 것이 없을 것이다. 이 이율배반은 이성의 본성에 기인하는 것이므로, 반드시 경청하고 검토해야함 할 것이다. 그 싸움은 이성의 대상을 양편에서 고찰함으로써 이성을 도야하고(cultiviert), 이성의 판단을 제한함으로써 그 판단을 바로잡는다.[43]

위 인용문에서 칸트가 사용하는 독일어 동사 ‘cultiviert’는 ‘도야’를 의미하며 키케로 이후 철학의 특징인 ‘정신의 돌봄(cultura anima)’에서 사용되는 라틴어 cultura의 의미를 계승하면서 동시에 서양철학사에서 등장한 기존의 신학적 독단론과 회의주의를 비판하는 과정이 곧 인간 이성의 도야라는 새로운 의미를 지니게 된 것이다.[44]

---

43 Kant, KrV B, p.772.
44 칸트는 자신의 철학을 개념적으로 설명하기 위해 용어의 선택에 있어 신중을 가한다. 예를 들면 칸트가 1794년 7월 1일 야콥 지기스문트 벡에게 보낸 답장에서 그가 Beylegung 이라는 단어를 라틴어로 정확하게 이해하고 있는지에 대해서 묻는다. Kant, Brief, Akademie-Ausgabe, Bd. 11, S, p.514. 참고. 만프레드 퀸(Manfred Kühn)

『순수이성비판』은 서양철학사 전체와의 대결이다. 실제로 칸트는『순수이성비판』마지막 장인 '초월적 방법론'에서 '이성의 역사'를 지성주의(플라톤)와 경험주의(아리스토텔레스, 로크, 흄)로 구분했다. 서양철학의 역사는 바로 지성주의자(플라톤), 감각주의자(에피쿠로스)와 경험주의자(아리스토텔레스, 로크, 흄) 혹은 회의주의자들 간의 전쟁의 역사라고 규정했다. 칸트는 『순수이성비판』에서, 인간 이성의 역사에서 등장한 경험주의자, 지성주의자, 회의주의자, 운명론자, 유물론자들의 주장을 법정에 세우고 소송 기록을 상세하게 작성하여 인간 이성의 역사를 아카이브(기록 보관소)에 보관하여 비슷한 방식의 오류를 다시 범하지 않도록 하는 것을 목적으로 했다.

> 『순수이성비판』의 목적은 서양철학사에서 나타난 모든 주의 주장들 간의 전쟁을 법정에 세우고 소송 기록을 상세하게 작성하여 인간 이성의 역사를 아카이브(기록 보관소)에 보관하여 인류가 미래에 비슷한 방식의 오류를 다시 범하지 않도록 하는 것을 목적으로 한다.[45]

그는 인간 이성 비판을 통해서 유물론, 숙명론, 무신론, 자유사상적 무신앙, 광신 또는 미신 그리고 관념론과 회의론의 뿌리를 자르고자 했다. 각각의 주의와 주장의 뿌리를 자르는 행위는 cultura 개념의 경작의 의미를 지니면서 비유적으로 정신의 돌봄이라는 의미를 갖는지니는 것과 동일한 도야의 맥락으로 이해할 수 있다. 인간의 이성 비판을 통해서 "유물론 · 숙명

의 칸트 자서전에 따르면 칸트는 학교에서의 배움보다는 방과 후 친구들과 라틴어로 쓰여진 작품들을 열정을 갖고 즐겨 읽었다. Manfred Kühn, Eine Biographie.
45 Ibidem B, p.732.

론 · 무신론 · 자유사상적 무신앙 · 광신 또는 미신, 그리고 마지막으로 학파들에게는 위험하지만 대중들에게는 거의 전이되지 않는 관념론과 회의론의 뿌리를 자를 수 있다."[46]

철학사적 관점에서 칸트에게 철학사의 서술자는 이성 자신이 곧 '역사 서술가(Geschichtsschreiber)'[47]라고 말했다. 이는 철학사에 등장한 많은 주의 주장들이 곧 이성 자신의 분열이며 이성 자신의 분열로 인한 철학의 역사의 서술은 이성 자신을 통해서 가능한 것이다. 다시 말해서 철학사에서 등장하는 독단주의는 인간 이성 스스로를 독단주의로 이해한 것이고, 회의주의는 인간 이성을 회의주의로 이해한 것이고, 경험주의는 인간 이성을 경험주의로 이해한 것이다. 대답할 수 없는 물음에 답하고자 했던 철학의 역사는 한편으로는 주의 주장들 간의 혼동과 혼란의 역사이면서, 다른 한편으로는 이성 자신과의 투쟁인 변증법의 역사라고 말했다.

부분적으로는 이성의 경험 사용을 혼란시키고, 부분적으로 이성을 이성 자신과 서로 다투게 하는 변증법이다.[48]

'초월적 변증론'에서 명제(플라톤주의)와 반명제(경험주의) 간의 대립은 곧 이성의 자기 분열의 결과임을 말하는 것이다. 이성은 한편으로 자기 자신을 플라톤주의와 동일시하고, 다른 한편으로는 감각주의의 에피쿠로스주의와 동일시한다. 이성주의를 대표하는 플라톤주의와 감각주의를 대표하는 에

---

46 Ibidem BXXXV.

47 Kant, XX, p.259.

48 Kant, *Prolegomena zu einer jeden künftigen Metaphysik*, die als Wissenschaft wird auftreten können, Akademie-Ausgabe, Bd.4, S, p.350.

피쿠로스(Epikuros, B.C.341-B.C.270)의 대결은 서로 상관없는 주의와 주장들의 대결이 아니라 이성 자신과의 대결이 되기 때문에 칸트는 이성의 역사는 '철학적 고고학'[49]이라고 했다. '대답될 수 없는 질문들에 대한 답'을 추구해 온 철학의 역사, 즉 회의주의 · 독단주의 · 이성주의 · 경험주의는 인간 이성을 달리 이해했고 그 결과 철학의 역사는 전쟁의 역사로 규정되었다. 그렇다면 왜 이성은 자기 자신을 분열시켜 가면서 이러한 전쟁의 상태에 빠지는 것인가? 칸트는 이러한 상태를 인간 이성을 도야하는 과정에서 겪어야할 필연적 상태로 보았다.

칸트는 정원(Garten)의 예를 들어 다음과 같이 설명했다. 인간 이성이 스스로를 회의주의와 독단주의가 되어 잘 성장할 수 있도록 물과 영양을 주는 것은 잘못된 이성의 자기 이해를 완전히 근절시키기 위해서이다. 독단주의나 회의주의는 마치 땅속의 씨앗처럼 눈으로 볼 수 있는 것이 아니기 때문에 물과 영양을 주어 그 모습을 드러내도록 하지 않는 이상 근절시킬 수 없는 것이다. 이것이 바로 인간 이성을 도야(陶冶)하는 과정이다.

우리는 여기서 적대자를 항상 우리 자신 안에서 찾아야 한다. 왜냐하면, 초월적으로 사용되는 사변 이성은 그 자체로 변증적이기 때문이다. 두려워해야 함직한 반박들은 우리 자신 안에 놓여 있다. 우리는 오래되었지만, 결코 시효가 소멸하지 않은 주장들 같은 것들을 찾아내어, 그것들을 절멸시키고 그 위에 영원한 평화를 건설해야만 한다. 외면적인 평온은 단지 겉보기일 뿐이다. 인간 이성의 자연 본성에 놓여 있는, 불복들의 싹은 근절되어야만 한다. 그러나 우리가 만약 이 싹에다 자유를 주고, 채소가 돋아나도록 영

49 Kant XX, p.341.

양분까지도 주어, 그것이 모습을 드러내도록 한 다음, 그것을 뿌리째 뽑아 버리지 않는다면, 우리는 그것을 어떻게 근절시킬 수 있겠는가? 그러니 여러분 스스로 미처 적대자가 착상하지 못한 반박들을 생각해 내고, 적대자에게 무기까지도 빌려주고, 그가 단지 소망하기만 할 뿐인 유리한 위치도 양도해 주어라. 이 경우 두려워할 것은 전혀 없다. 오히려 능히 기대할 수 있는 것은 여러분이 모든 미래에 걸쳐 결코 더 이상 불복당할 것이 없는 소유를 얻게 될 것이라는 것이다.[50]

독단주의자, 회의주의자들이 잘 자랄 수 있도록 영양과 물 그리고 전쟁을 위해 손에 무기 까지 주는 것은 궁극적으로 인간 이성의 자기 인식에 이르기 위해서 불가피하게 겪어야 할 과정이며 동시에 인간 이성을 도야(陶冶, Kultur)하는 데 필연적인 과정이다.

IV. 맺음말

동아시아복음화연구원장 김동원 신부는 그리스도교 문명과 동아시아 전통의 유 · 불 · 도 사상의 통섭 속에서 출현한 천학은 동아시아학의 선구이자 기초로서 관심 있게 보아야 할 필요성이 있다고 강조하면서 '천학은 조선에 전해져 성호 이익으로부터 비평을 받은 이래, 광암 이벽이 1779년 천진암강학에서 천학을 종교 신앙의 차원으로 승화하여 한국천주교회를 시작하는 데 결정적인 역할'을 했으며 "이들의 천학 사상은 안중근 의사가 천

50 Ibidem B 805f.

주교에 입문하고 하얼빈 의거 후에 체포되어 감옥에서 간절한 염원으로 저술한 '동양평화론'으로 면면히 이어지고 있다."고 말했다. 이 말이 마테오 리치의 천학이 안중근의 '동양평화론'의 사상적 실천적 원천이라는 견해를 의미하는 것인지는 추천사만으로는 확인할 수는 없다.

그러나 우리는 적어도 마테오 리치의 천학과 안중근의 동양평화론의 사상사적 관계성에 대한 김동원 신부의 견해뿐만 아니라 학계에 만연된 동서양 사상, 철학, 종교의 교류에서 마테오 리치가 차지하는 위상에 대한 호의적이고 긍정적인 평가에 대해서 브루스 커밍스(Bruce Cumings, 1943-현재)가 『한국근현대사』에서 언급한 바 있는 '관념의 파편성'을 떠올릴 필요가 있다.

브루스 커밍스는 알레스데어 매킨타이어(Alasdair MacIntyre)의 역작 『미덕을 본받아(After Virtue)』를 인용하면서 우리가 지금 가지고 있는 관념은 잃어버린 총체성의 파편일 수 있다는 사실을 강조했다. 본문에서 아리스토텔레스의 4원인설을 계승한 스콜라철학을 사상적 기반으로 하는 마테오 리치의 형이상학과 인간관은 서양철학사에서 특정한 시기의 신학이 지배한 시대정신의 산물임을 확인할 수 있었다. 따라서 그의 불교, 도교 원시 유교의 천 그리고 송대 리학 등의 리(理) 개념에 대한 관념도 파편일 수 있는 것이다. 그런 파편화된 그의 관념에 과연 동서양의 '호혜적 교류의 극점'이라는 찬사를 붙이는 것이 과연 타당한 것인지에 대한 문제 제기가 바로 본 연구의 목적이었다.

좀 길지만 아름다운 문장이며 본 연구의 맺음말에 적합하기에 브루스 커밍스의 말을 인용한다. 그는 한국 고유의 유교에서 강조하는 '마음'-오직 인간을 유한한 피조물로만 이해하는 마테오 리치가 결코 자각하지 못한 인간 마음의 능력-이 중국 사람이나 헤브라이 사람의 마음과는 다르다는 점과 '한국은 고유하며 외국의 영향을 아낌없이 한국화했다는 것이지 그 역이 아닌 것' 등을 강조했다. 그리고 '유교는 흔히 전통, 지나간 황금기에 대한 존경, 제의(祭儀) 수행에 대한 세심한 주의, 물질적인 것, 상업 또는 자연개조에 대한 경멸, 윗사람에 대한 복종, 상대적으로 엄격한 사회적 서열제의 선호 등을 강조하는 보주적인 철학'과는 '다른 경향'도 존재하고, "우리 시대의 한국에 대한 논평의 많은 부분은 유교 유산에 대해 근거 없이 주장되는 정적이고, 권위적이고, 반민주적인 성격에 초점을 맞추고 있다."는 것을 분명히 밝혔다.

20세기 독자들에게 그들이 자신을 로크적 자유주의자라고 생각하든 아우구스티누스적인 가톨릭교도라고 생각하든 아리스토텔레스적인 합리주의자라고 생각하든 간에, 그들 마음속에 머무는 관념은 잃어버린 총체성의 파편이라는 점을 이해하라고 설득한다. 이러한 사상 체계들이 인간 상호작용의 총체성을 구축하던 유일한 관념이고 사람들도 그것을 마치 공기처럼 빨아들이던 세계를, 지금은 이미 사라지고 없는 그 전체를 다시 붙든다는 것은 단연코 불가능하다. 한국도 마찬가지다. 유교, 불교, 토착 관념이 혼합된 세계관이 천 년에 걸쳐 한국인 됨이 무엇을 의미하는지를 정의해 왔지만 우리 시대에 와서는 순식간에 사라져 버리고 말았을 따름이다. 하지만 여전히 한국 사람들의 사고 속에는 이 세계의 파편이 잔존하며, 그것은 어째서 많은 한국 사람들이 그들 식으로 행동하며 어떻게 근대적 삶에 자신들을 적응시켜 왔는지를 설명해 준다. 옛 한국은 자족적인 우주, 완전히 구현된 독보적인 인간의 역사였다. 그것은 미덕에 의해 정의되는 세계였다. 비록 지금 세계의 다른 곳에서와 마찬가지로 한국에서도 그 미덕이 후퇴하는 중이라 하더라도 그 미덕은 여전히 한국인의 마음을 움직인다. 이 마음은 한국인들이 알든 모르든 수천 년 역사와 깊이 뿌리박은 도덕성을 '선불로 지급하는' 그런 마음이다. 오늘날 우리는 '유교'라는 포괄적인 용어로 그러한 미덕의 의미를 암시한다. 유교는 흔히 전통, 지나간 황금기에 대한 존경, 제의(祭儀) 수행에 대한 세심한 주의, 물질적인 것, 상업 또는 자연개조에 대한 경멸, 윗사람에 대한 복종, 상대적으로 엄격한 사회적 서열제의 선호 등을 강조하는 보수적인 철학이라고 한다. 유교에는 이런 경향도 있지만 또 다른 경향도 존재한다. 예를 들어 가문에 대한 유익한 헌신이 있는데, 이는 다른 가문과 물질적 부를 다투는 경쟁으로 변형될 수 있다. 다른 예로 도덕적 간언(諫言)에 대한 강조도 있다. 이것은 학생과 학자로 하여금 권력자에게 진실을 말할 수 있는 윤리적 자세를 갖도록 한다. 우리 시대의 한국에 대한 논평의 많은 부분은 유교 유산에 대해 근거 없이 주장되는 정적이고, 권위적이고, 반민주적인 성격에 초점을 맞추고 있다. 하지만 이러한 측면에 대한 일면적 강조는 남한의 대단한 상업적 활기와 물질주의, 새로운 엘리트들의 현저한 소비열이나 한국 노동자와 학생들이 보여주는 민주화를 위한 결연한 투쟁을 설명하지 못한다. … 이 유교라는 시냇물 옆에는 말로 표현되지 않는 격언과 믿음의 거대한 강이 흐르고 있으니, 교육받지 못한 사람들, 글자를 모르는 사람들, 규방에 갇혀 바깥출입이 금지되어 있던 여성들, 논에서 일하는 등 굽은 농부, 지게에 수백 근의 짐을 지고 서울 거리를 헤치고 다닌 노인, 막걸리의 멍한 기운을 빌려 달을 보며 울부짖는 산업 노동자, 호기심 많은 어린아이, 서로의 성에 대한 발견에 마음을 빼앗긴 젊은 부부, 눈에 보이지 않는 천민 등등의 마음속에 살고 있는 고유한 생각의 계통이 바로 그것이다. 그 생각은 귀와 귀 사이가 아니라 명치뼈 아래에 자리 잡고 있다. 리처드 러트(Richard Rutt)가 말한 대로 "한국 사람들은 중국 사람이나 헤브라이 사람처럼 생각의 처소는 머리가 아니고 가슴이라고 생각한다." 한국 사람들이 '내 생각에'라고 말할 때 그것은 자기 가슴을 가리킨다. 마음은 심정(心情) 또는 심(心)이며, 사고와 감정을 합치는 본능적 지식으로, … 한국인들의 이 심정이란, 만물(곰·귀뚜라미·나무·꽃·집·강·산 등)의 본성 속에, 밤에 돌아다니는 귀신과 도깨비 속에, 주문을 외는 샤먼 속에, 무당의 몸부림치는 주문을 들으며 마음과 몸을 하나로 합하는 이단적인 여성들 속에 깃든 혼에 감응한다. 이것은 내장과 몸에 연결된 인간의 마음이 자연환경과 접촉하는 것이며, 이로부터 미신·직관·계시·통찰력·광기·지혜 그리고 무엇보다 자유가 도출된다. 이것이 노래와 시와 춤과 꿈과 정서 속에 스며들어 있는 가장 순수한 한국의 전통이다. 이것은 감각을 잘라 내거나 정념의 불을 묻어 버리려는 모든 시도에 저항한다. 이것은 서구 합리주의자인 내가 가장 알 수 없는 한국이다.[51]

군이 마테오 리치의 천학을 언급하지 않아도 우리는 한반도 천 년을 잇고 있는 미덕으로 안중근의 평화론을 제시할 수 있지 않겠는가? 마테오 리치의 천학 때문이 아니라, 천 년을 잇는 미덕이 있었기에 '도덕적 간언(諫言)'[52], '학생과 학자가 권력자에게 진실을 말할 수 있는 윤리적 자세', '한국 노동자와 학생들이 보여주는 민주화를 위한 결연한 투쟁'이 한국 현대사에서 가능할 수 있다고 해석하는 것이 우리의 정신사를 바르게 해석하는 것이 아닐까.

서구 근대가 야기한 일국 중심의 배타적 민족주의를 극복하기 위해 '서구의 재중세화론'을 강조하는 것을 우리는 어떻게 이해해야 하는 것일까?『초기 근대 서구지식인의 동아시아사상과 지식체계』의 저자 전홍석은 탈근대

---

51 브루스 커밍스/김동노, 이교선, 이진준, 한기욱 옮김, 2016,『한국현대사』, 서울: 창비, 108쪽.
52 같은 책 28쪽.

적 '중세화(medievalization)론'을 강조하며 '신중세화 체제'가 '문명 공동체 범주의 보편성과 특수성을 잇는 거시적 구도의 결합조직이자 생태학적 관계망을 긍정하는 다양성 속의 조화를 지향'하며 "세계화의 원심력과 국민국가의 구심력에 대한 균형성이 어느 때보다도 요구되는 오늘날 보편적 세계성과 특수적 지역성이 함께 어우러져 있는 중세화 과정의 재발견으로 요약할 수 있다."고 전망했다. 그러나 탈근대적 중세화라는 것이 서양철학사적 관점에서 아리스토텔레스와 스콜라철학으로의 역행이며 퇴보일 수 있지 않겠는가! 그뿐만 아니라 과연 '재중세화론'이라는 개념이 근대의 일국 중심주의와 민족주의적 배타성을 넘어 생태학적 관계망을 회복하는 탈근대의 대안이 될 수 있다는 주장이 좀 더 객관적일 수 있기 위해서 배타적 일국 중심주의와 생태 파괴에 근원적 원인을 제공한 근대 자본주의 체제에 대한 사회과학적 분석이 뒷받침이 되어야 할 것이다.

마테오 리치가 중국 원시 유교의 형이상학 이외에 불교나 도교의 형이상학을 부정한 것과 달리 브루스 커밍스는 "한국의 형이상학은 실로 동아시아의 여타 지역에서 필적할 상대가 없었다."[53]는 점을 강조했다. 한반도의 미덕에 무엇인가 부족해서 서양으로부터 보충이 필요한 것이 아니라는 말이다. 한반도 조선의 성리학자들은 "우주를 단일한 유기적 전체, 즉 인간과 그밖의 모든 피조물이 조화롭게 통일되어 있는, 살아 있는 유기적 전체, 즉 살아 있는 물리적 연속체라고 보았다."라는 견해에서 우리는 충분히 조선 시대의 유교로도 생태학적 관계망을 제시할 수 있지 않겠는가?

브루스 커밍스가 "물자체 같은 것은 없다. 우리는 비교와 유추, 은유를 통해서만, 또한 우리 욕망의 대상이 우리에게 빛을 던질 때 그것을 정찰하는

---

53 같은 책 27쪽.

투시적 자세를 통해서만 우리의 세계를 알 수 있다."고 말한 것처럼, 마테오 리치가 이해한 중국의 원시 유교, 중국의 성리학 그리고 그들 타자의 시선으로 우리의 사상과 문화를 이해하는 한국의 그런 유교는 없다. 따라서 그가 "유럽에 알려진 종교 외에 다른 종교를 가진 민족 가운데 종교 문제에 관해서 나는 고대 중국인들만큼 순수하며 또한 잘못된 관념이 적은 민족을 본 적이 없다. … 그들은 줄곧 최고의 신을 숭배해 왔다."[54]라고 말할 때, 그는 안타깝게도 그가 생각한 중국의 신, 신을 향한 숭배의 참된 의미를 최소한 비교·유추·은유를 통한 투시적 자세로 이해하지 못한 것이다.

---

54 마테오 리치, 2013, 『마테오 리치 중국 선교사 I』, 신진호·전미경 옮김, 서울: 지식을 만드는지식, 140쪽.

동학에서의 제천의례의 일상화 / 조성환

김경탁, 1992(초판은 1965), 「하느님 관념 발달사」, 『한국문화사대계(X) - 종교 · 철학사(上)』, 고대민족문화연구소출판부.

김석근, 2005, 「고대 국가의 제천의식과 민회(民會) - 한국정치사상사의 '고층'과 '집요저음'을 찾아서」, 『한국정치연구』 14-1.

김지하, 2012, 「인간의 사회적 성화」, 『남조선 뱃노래』, 자음과 모음.

노길명, 1996, 「대종교의 제천의례」, 『한국신흥종교연구』, 경세원.

박광수, 2009, 「대종교의 단군신화 수용과 제천의례의 체계 연구」, 『종교교육학연구』 제29권.

서영대, 2009, 「한국 고대의 제천의례」, 『한국사 시민강좌』 45.

이규성, 2011, 『최시형의 철학』, 이화여자대학교출판부.

차옥숭, 2017, 「천도교의 음식문화: '만사지 식일완'(萬事知 食一碗) - 밥의 의미를 중심으로」, 『종교문화비평』 32.

최종성, 2008, 「숨은 천제 - 조선후기 산간제천 자료를 중심으로」, 『종교연구』 53.

_____, 2019, 「초기 동학의 천제(天祭) : 제천(祭天)과 기천(祈天)」, 『종교와 문화』 제37호.

조성환, 2018, 『한국 근대의 탄생』, 모시는사람들.

_____, 2012, 「바깥에서 보는 퇴계의 하늘섬김사상」, 『퇴계학논집』 제10호.

_____, 2019, 「원주 동학을 계승한 장일순의 생명사상」, 『강원도 원주 동학농민혁명』, 모시는사람들.

_____, 2020, 「최시형의 생태철학과 지구도덕-동학에서의 철학의 창조와 도덕의 전환」, 『근대한국 개벽운동을 다시읽다』, 모시는사람들.

대종교의 제천의례 / 김동환

〈원전〉

『檀君世紀』

『太白逸史』

『三聖記』

『三國史記』

『三國遺事』

『高麗史』

『揆園史話』

『修山集』

『檀奇古史』

『三國志』

『金史』

『宣化奉使高麗圖經』

『朝鮮王朝實錄』

〈기초사료〉

김교헌, 1914, 『神檀實記』, 대종교총본사.

_____, 1923, 『神檀民史』, 大倧敎西二道本司(中國·上海).

정열모 편, 1949, 『譯解倧經四部合編』, 대종교총본사.

대종교총본사편, 1954, 『홍암신형조천기』, 대종교총본사.

종경종사편수회편, 1971, 『대종교중광육십년사』, 대종교총본사.

최남선, 1973, 『육당최남선전집』 2·3, 현암사.

_____, 1974, 『육당최남선전집』 9, 현암사.

신채호, 1982, 『단재신채호전집(개정판)』 상·중·별집, 형설출판사.

정인보, 1983, 『담원정인보전집』 4, 연세대출판부.

안재홍, 1992, 『민세안재홍선집』 3, 지식산업사.

김교헌 외/김동환 편역, 2006, 『檀祖事攷』, 흔뿌리.

대종교종경편수위원회, 2002, 『대종교경전』, 대종교총본사.

〈국내논저〉

김경탁, 1972, 「한국원시종교사(Ⅱ)-하느님관념발달사」, 『한국문화사대계(宗敎·哲學
    史)』 Ⅵ, 고려대민족문화연구소.

_____, 2002, 「대종교와 홍익인간사상: 弘嚴思想과 대종교의 五大宗旨를 중심으로」,
    『국학연구』 제7집, 국학연구소.

_____, 2007, 「고구려 삼신신앙에 대한 연구」, 『올소리』 제4호, 국학연구소.

_____, 2013, 「대종교 聖地 청파호 연구: 종교지리학적 관점을 중심으로」, 『국학연구』 제17집, 국학연구소.

_____, 2013, 「한국종교사 속에서의 단군민족주의: 대종교를 중심으로」, 『선도문화』 제15권, 국학연구원.

_____, 2015, 「홍암 나철 죽음의 대종교적 의미」, 『국학연구』 제19집, 국학연구소.

김득황, 1964, 『韓國思想史』, 南山堂.

김상기, 1986, 「國史上에 나타난 建國說話의 檢討」, 『東方史論叢』(改訂版), 서울대학교출판부.

노길명, 1995, 「대종교의 제천의례」, 『한국의 제천의례』, 수원가톨릭대학교전례연구소 제2회 학술발표회논문집.

박광수, 2009, 「대종교의 단군신화 수용과 제천의례의 체계 연구」, 『종교교육학연구』 제29권, 한국종교교육학회.

에릭 홉스봄, 2004, 『만들어진 전통』, 박지향 外 옮김, 휴머니스트.

유동식, 1978, 『韓國 巫教의 歷史와 構造』, 연세대학교출판부.

윤관동, 2006, 「近代 韓國仙道의 祭天儀禮 硏究: 대종교를 중심으로」, 『도교문화연구』 제24권 24호, 한국도교문화학회.

윤내현, 1988, 『商時代 崇帝思想-中國의 天下思想』, 민음사.

_____, 1994, 『고조선연구』, 일지사, 이병도 · 김재원, 1959, 『韓國史(古代篇)』, 을유문화사.

이성시, 2001, 『만들어진 고대-근대국민 국가의 동아시아 이야기』, 박경희 옮김, 삼인.

이 욱, 2003, 「대종교의 선의식과 단군의례」, 『신종교연구』 제8권, 한국신종교학회.

_____, 2006, 「근대 제천의례를 통해 본 민족정체성 연구」, 『국학연구』 제11집, 국학연구소.

_____, 2010, 「조선 및 한국 근대의 제천문화」, 『선도문화』 제8권, 국학연구원.

정경희, 2004, 「한국 仙道의 수행법과 제천의례」, 『도교문화연구』 제21집, 한국도교문화학회.

조남호, 2019, 「일제강점기 강화의 마니산 참성단과 삼랑성에 대한 대종교계열 학자들의 연구」, 『선도문화』 제27권, 국학연구원.

최윤수, 2002, 「우리 겨레의 하느님 신앙」, 『국학연구』 제7집, 국학연구소.

한영우, 1988, 「북애자의 《규원사화》, 조여적의 《청학집》」, 『한국의 문화전통』, 을유문화사.

허태근, 2015, 『홍암 나철의 대종교 중광과 朝天 硏究』, 부경대학교박사학위논문.

현상윤, 2000, 『조선사상사』(影印本), 민족문화사.

〈외국논저〉

張玉書 等/王引之 等 校改本, 1996,『康熙字典』, 江南古籍出版社(中國·上海).

Charles A. Clark, 1961, *Religions of Old Korea*, The Christian Literatrue Society of Korea

〈신문〉

《독립신문》

《동아일보》

원불교 법인기도(法認祈禱)의 정신적 자기희생과 종교적 함의 / 허석

『대산종사법문집』제2집(원불교법무실, 1980).

『원불교교고총간』제5집(원불교정화사, 1994).

『원불교전서』(원불교정화사, 1977).

권동우, 2019, "법인기도의 근·현대 종교사적 의의-소태산의 '문명'론을 중심으로",『원불교사상과 종교문화』82.

김한상, 2018, "자기희생에 대한 초기 불교의 태도",『불교학연구』56.

김형수, 2016,『소태산평전』, 파주: 문학동네.

남궁문·서임기, 2007, "원불교 영산성지 법인기도봉 위치 측량결과 보고서",『원불교사상과 종교문화』35.

노길명, 1996,『한국신흥종교연구』, 서울: 경세원.

류성민, 2003,『성스러움과 폭력』, 파주: 살림출판사.

박광수, 2001, "원불교 종교의례에 나타난 상징체계: 혈인기도를 중심으로",『원불교학』6.

＿＿＿, 2009, "대종교의 단군신화 수용과 제천의례의 체계 연구",『종교교육학연구』29.

＿＿＿, 2016, "이산 이순순 종사의 생애와 실천적 삶",『원불교 구인선진 개벽을 열다』원불교100년기념성업회 등, 서울: 모시는사람들.

박광수·임병학, 2019, "원불교 법인기도의 제천의례 성격과 팔괘기의 역학적 이해",『신종교연구』41.

박용덕, 1997,『원불교 초기교단사』1, 익산: 원광대학교출판국.

반 게넵, [1960]1992,『통과의례』, 전경수(역), 서울: 을유문화사.

신순철, 2007, "원불교 법인기도의 9인 기도봉 위치 검토",『원불교사상과 종교문화』35.

원영상, 2019, "법인정신과 원불교의 공공성",『원불교사상과 종교문화』82.

윤이흠, 1998, "종교와 의례",『종교연구』16.

이연승, 2019, "엮은이의 말", 『동아시아의 희생제의』 이연승 외, 서울: 모시는사람들.

이혜화, 1994, "법인성사의 신화학적 조명", 『원불교사상과 종교문화』 17 · 18.

정산 송규, [1937]2018, 『주석 불법연구회창건사』, 서문성(주), 익산: 원불교출판사.

정진홍. 1992. 『종교문화의 이해』, 서울: 서당.

조경달 · 박맹수, 2016, "식민지 조선에 있어 불법연구회의 교리와 활동", 『원불교사상과 종교문화』 67.

최수빈, 2019, "도교의 희생제의, 그리고 제물", 『동아시아의 희생제의』, 이연승 외, 서울: 모시는사람들.

한기두, 1993, "법인성사가 지닌 역사적 의미", 『원불교사상과 종교문화』 16.

Sem Vermeersch, 2019, "동아시아 불교에서의 희생제의", 『동아시아의 희생제의』, 이연 승 외, 서울: 모시는사람들.

대종교 · 원불교의 제천의례와 역학적 의미 / 박광수 · 임병학

〈원전〉

『朝鮮王朝實錄』

『周易』

『周易本義』

〈국내논저〉

금장태, 1978, 「고대중국의 신앙과 제사 - 그 구조의 종교사학적고찰」, 『동대논총』 8.

_____, 1992, 「제천의례의 역사적 고찰」, 『유교사상연구』 4 · 5.

김강산, 2001, 「태백산 천제」, 『강원민속학』 12.

김덕진, 2013, 「전라도 광주 무등산의 신사와 천제단」, 『역사학연구』 49.

김도현, 2009, 「태백산 천제의 역사와 의례」, 『역사민속학』 31.

_____, 2010, 「태백산 천제단과 마니산 참성단 의례비교」, 『아시아고대학』 23.

김일권, 2007, 『진한시대의 국가제천의례의 역사와 사상』, 서울: 예문서원.

김태수, 2007, 「동호동 천제단 제사의 전승실태와 민속적 의의」, 『강원민속학』 18.

노길명, 1996, 『한국신흥종교연구』, 서울: 경세원.

대종교총본사, 1971, 『대종교 중광 60년사』, 서울: 동진문화사.

류남상 · 임병학, 2013, 『一夫傳記와 正易哲學』, 대전: 도서출판 연경원.

류남상, 1980, 「正易思想의 근본문제」, 『논문집』 7(2).

류병덕, 1974, 『한국신흥종교』, 익산: 원광대 출판국.

박광수, 2009, 「대종교의 단군신화 수용과 제천의례의 체계 연구」, 『종교교육학연구』 29.

_____, 2001, 「원불교 종교의례에 나타난 상징체계」, 『원불교학』 6.

_____, 2012, 『한국신종교의 사상과 종교문화』, 서울: 집문당.

박내경, 2005, 「무등산 천제단 개천제 신앙고」, 『남도민속연구』 11.

박달식 · 김영수, 1986, 『새 회상 거룩한 터』, 익산: 원불교출판사.

박미라, 1997, 「중국 제천의례 연구」, 박사학위 논문, 서울대학교 대학원.

_____, 1997, 「삼국 · 고려시대의 제천의례와 문제」, 『선도문화』 8.

박용덕, 1997, 『소태산의 대각, 방언조합운동의 전개』, 익산: 원광대학교출판국.

서영대, 2009, 「한국 고대의 제천의례」, 『한국사 시민강좌』 45.

_____, 2014, 「한국의 제천의례」, 『상산문화』 20.

안후상, 2019, 「보천교의 고천제와 '교단 공개'」, 『한국종교』 45.

양재연, 1979, 「위지동이전의 제문제: 위지동이전에 나타난 제천의식과 가무」, 『대동문
    화연구』 13.

원불교정화사 편, 1975, 『원불교교사』, 익산: 원불교교화부.

_____, 1978, 『정산종사법어』, 익산: 원불교출판사.

_____, 1974, 『원불교교전』, 익산: 원불교출판사.

_____, 2014, 『원불교전서』, 익산: 원불교출판사.

이능화, 1922, 「朝鮮神敎源流考(一)」, 『史林』 7(3).

_____, 1922, 「朝鮮神敎源流考(二)」, 『史林』 7(4).

_____, 1923, 「朝鮮神敎源流考(三)」, 『史林』 8(1).

_____, 1923, 「朝鮮神敎源流考(四)」, 『史林』 8(2).

_____, 1923, 「朝鮮神敎源流考(五)」, 『史林』 8(3).

_____, 1923, 「朝鮮神敎源流考(六)」, 『史林』 8(4).

_____, 2002, 『조선무속고』, 이재곤 옮김, 서울: 동문선.

_____, 2007, 『조선신사지(朝鮮神事誌)』, 서울: 동문선.

이 욱, 2010, 「조선 및 한국 근대의 제천문화」, 『선도문화』 8.

이은봉, 1999, 『한국고대 종교사상』, 서울: 집문당.

임병학, 2018, 「대종경 주역으로 만나다 15. 일원팔괘도를 찾다 2」, 《원불교신문》.

_____, 2016, 「『周易』의 河圖洛書論에 근거한 『正易』의 八卦圖에 대한 고찰」, 『원불교
    사상과 종교문화』 70.

정경희, 2005, 「한국의 제천 전통에서 바라본 정조대 천제 기능의 회복」, 『조선시대사학
    보』 34.

정수인, 2006,「대한제국시기 원구단의 원형복원과 변화에 관한 연구」,『서울학연구』27.

조우현, 2011,「고구려 제천의례의 전개」,『고구려발해연구』41.

최광식, 1999,「한국 고대의 천신관」,『사학연구』58 · 59.

최종성, 2008,「숨은 천제: 조선후기 산간제천 자료를 중심으로」,『종교연구』53.

증산계 종단의 치성의례 / 박인규

〈원전〉

『世宗實錄』

『禮記』

〈국내논저〉

강돈구, 2013,「대순진리회의 신관과 의례」,『종교연구』73, 한국종교학회, 145-175쪽.

대순진리회 교무부, 2012,『대순지침』, 대순진리회 출판부.

───────, 2010,『대순진리회요람』, 대순진리회 출판부.

───────, 1986,「도전님 훈시: 종통(宗統)은 도(道)의 생명」,《대순회보》5, 대순진리회 출판부.

───────,『의식』, 미발행.

───────, 2010,『전경』13판, 대순진리회 출판부.

───────, 2012,「무극도장의 자취를 찾아서」,《대순회보》134, 대순진리회 출판부.

대순종교문화연구소 편집,『우당 박한경 훈시』(미발행).

무라야마 지쥰(村山智順), 1991,『조선의 유사종교』, 최길성 · 박상언 공역, 계명대학교출판부.

박인규, 2015,「대순진리회 종통론의 특성 연구: 한국불교 법맥론과의 비교를 통해」,『대순사상논총』24-2, 대순사상학술원.

방옥자, 2016,「한국 신종교 의례에 나타난 음식의 상징: 대순진리회의 치성음식을 중심으로」,『종교문화연구』26, 한신대학교 종교와문화연구소.

이경원, 2009,「대순진리회 치성의례의 종교적 특질에 관한 연구」,『신종교연구』20, 한국신종교학회.

이영호, 1948,『보천교연혁사』상, 보천교중앙총정원.

張奉善, 1936,『井邑郡誌』, 履露閣.

증산종단친목회, 1971,『증산종단개론』, 증산종단친목회.

차선근, 2014,「대순진리회 상제관 연구 서설 2·15신위와 양위상제를 중심으로」,『대순 사상논총』23, 대순사상학술원.

태극도, 1962,『의식규정』, 태극도 출판부.

한국종교학회, 1985,『한국 신종교 실태조사보고서』, 한국종교학회.

홍범초, 1988,『범증산교사』, 한누리.

〈외국논저〉

Prunner, Gernot, 1976, 'The Birthday of God: A Sacrificial Service of Chungsan'gyo', *Korea Journal*, 16(3).

Wessinger, Catherine, 2005, 'New Religious Movements', *Encyclopedia of religion*, 2nd ed, vol,10, Macmillan Reference USA.

全羅北道, 1925,『無極大道敎槪況』, 學習院大學 東洋文化硏究所 M2-87.

_____, 1926,『普天敎一般』, 學習院大學 東洋文化硏究所 B393.

「判決文」, 大邱覆審法院 刑事 第二部, 刑控 第396446655號, CJA0001310, 1921년 11월 26일.

〈신문류〉

《동아일보》

《시대일보》

《조선일보》

금강대도의 경천사상과 치성 / 이재헌

고병철, 2002,「금강대도 교단의 정체성 확립 과정」,『종교연구』제26집, 한국종교학회.

금강대도교화교무원, 2000,『성훈통고』편집본.

금강대도총본원, 1956,『성적제강』.

_____, 1956,『성훈통고』제1권.

_____, 2000,『의례요람』.

_____, 1956,『현묘경』.

_____,『대정편년』(미출간 자료).

멜시아 엘리아데, 1979,『宗敎形態論』, 李恩奉 옮김, 螢雪出版社.

이재헌, 2003,『건곤부모님과 금강대도의 진리』, 미래문화사.

_____, 2005, 『금강대도 종리학 연구론』, 미래문화사.

_____, 2010, 『금강대도 종리학 연구론』 II, 미래문화사.

_____, 2012, 「한국 신종교 민족주의 운동의 변화와 전개」, 『신종교연구』 제26집, 한국 신종교학회.

_____, 2014, 「금강대도의 제도화 과정」, 『신종교연구』 제31집, 한국신종교학회.

村山智順 저, 최길성·장상언 공역, 1991, 『朝鮮의 類似宗教』, 계명대학교출판부.

토마스 F, 오데아·자네트 오데아 아비아드, 1996, 『종교사회학』, 朴元基 옮김, 이화여대 출판부,

『주역』으로 해석한 고구려의 제천의례와 삼족오 / 임병학

〈원전〉

『山海經』

『三國史記』

『三國遺事』

『三國志』

『禮記』

『周易』

『中庸』

〈국내논저〉

김인술, 2015, 「한민족 제천의례와 국조사전의 통시적 연구」, 원광대 박사논문.

김진섭, 2001, 『교과서에도 나오지 않은 우리 문화 이야기』, 서울: 초당.

류승국, 2008, 『유교문화연구총서10: 한국사상의 연원과 역사적 전망』, 서울: 성균관대학 교출판부.

서영대, 2009, 「한국 고대의 제천의례」, 『한국사 시민강좌』 45집.

송미화, 2003, 「고분벽화에 나타난 고구려인의 삼족오 인식 : 한-당대의 삼족오 인식과 관 련성을 중심으로」, 한국교원대 석사논문.

이병도, 1976, 『한국고대사 연구』, 서울: 박영사.

임병학, 2018, 『하늘을 품은 한자, 주역으로 풀다』, 서울: 골든북스.

_____, 2018, 『중용, 주역으로 풀다』, 서울: 도서출판 동남풍.

_____, 2016, 「『주역』의 시(時)에 대한 고찰」, 『인문학연구』 제24집.

조우현, 2010, 「4-5세기 고구려 국가 제사와 불교신앙 연구」, 인하대 박사논문.

마테오 리치 천학의 철학사적 위상 비판을 위한 시론 / 염승준

김상근, 2006, "동서문화의 교류와 예수회의 16세기 중국 선교의 배경", 『동서문화의 교류
와 예수회 선교역사』, 서울: 한들출판사.

마테오 리치/송영배 옮김, 『천주실의』, 서울: 서울대학교출판문화원, 2010.

브루스 커밍스/김동노, 이교선, 이진준, 한기욱 옮김, 2016, 『한국현대사』, 서울: 창비.

송영배, 2005, 『동서철학의 교섭과 동서양 사유 방식의 차이』, 서울: 논형.

이마누엘 칸트/염승준 옮김, 2013, 『프롤레고메나』, 서울: 책세상.

마테오 리치/신지호. 전미경 옮김, 2013, 『마테오 리치 중국 선교사 I 』, 서울: 지식을만드
는지식.

전홍석, 2018, 『초기 근대 서구지식인의 동아시아상과 지식체계-예수회 선교사의 유교오
리엔트: 호혜적 교류 형상』, 서울: 동과서.

한자경, 2008, 『한국철학의 맥』, 서울:이화여자대학교출판국.

_____, 1997년, 『자아의 연구-서양 근·현대 철학자들의 자아관 연구』, 파주: 서광사.

_____, 2019, 『성유식론 강해-아뢰야식』, 서울: 서광사.

_____, 2018, 「서양화의 물결과 우리의 시선: 오리엔탈리즘적 불교관과 유교관의 비판
을 겸함」, 『동아시아 근대 담론과 탈오리엔탈리즘』, 원광대학교 한중관계연구원 동
북아시아인문사회연구소 인문한국(HK+) 사업단 제5차 NEAD 국내학술대회.

『漢語大词典』, 1993, 上海: 上海中华印刷厂.

陳鼓應/최진석 옮김, 1992, 『老莊新論』, 서울: 소나무.

J. Niedermann, 1941, *Kultur. Werden und Wandlungen des Begriffs und seiner
Ersatzbegriffe von Cicero bis Herder*

Eckart Förster, 2011, *Die 25 Jahre der Philosophie*, Frankfurt am Main, Vittorio
Klostermann GmbH.

Historisches Wörterbuch der Philosophie, 1971, Bd. 1, Schwabe& Co. Verlag · Basel/
Stuttgart.

Kant, *Idee zu einer allgemeinen Geschichte in weltbürgerlicher Absicht*, Akademie
Ausgabe Band 8.

Kant, *Kritik der praktischen Vernunft*, Akademi-Ausgabe Bd.5,

Kant, *Kritik der reinen Vernunft,* Original-Ausgabe.

『汉书』, 1993, 「동중서전」: "臣聞命者天之令也, 性者生之質也, 情者人之欲也. 或夭或壽,
　　　或仁或鄙, 陶冶而成之, 不能粹美.",『漢語大词典』, 上海: 上海中华印刷厂.

한국종교연구총서 16

한국 근·현대 민중중심 제천의례 조명

등록 1994.7.1 제1-1071
1쇄 발행 2021년 2월 20일

기 획 원광대학교 종교문제연구소
지은이 박광수 김동환 박인규 염승준 이재헌 임병학 조성환 허석
펴낸이 박길수
편집인 소경희
편 집 조영준
관 리 위현정
디자인 이주향
펴낸곳 도서출판 모시는사람들
          03147 서울시 종로구 삼일대로 457(경운동 88번지) 수운회관 1207호
전 화 02-735-7173, 02-737-7173 / 팩스 02-730-7173
홈페이지 http://www.mosinsaram.com/

인 쇄 (주)성광인쇄(031-942-4814)
배 본 문화유통북스(031-937-6100)

값은 뒤표지에 있습니다.
ISBN 979-11-6629-024-4   93200

"이 책은 2017년 정부(교육부)의 재원으로 한국연구재단의 지원을
받아 수행된 연구임(NRF-2017S1A5A2A03068542)"